所谓正义，

需要的仅仅是常识和良知。

平权货币

货币的本质、原理及重建

周海林◎著

中国财富出版社有限公司

图书在版编目（CIP）数据

平权货币：货币的本质、原理及重建 / 周海林著．--北京：中国财富出版社有限公司，2025. 8. --ISBN 978-7-5047-8325-7

Ⅰ. F820

中国国家版本馆 CIP 数据核字第 2025ED4752 号

策划编辑	郑晓雯	**责任编辑**	步欣旻	**版权编辑**	武　玥
责任印制	尚立业	**责任校对**	庞冰心	**责任发行**	董　倩

出版发行	中国财富出版社有限公司		
社　　址	北京市丰台区南四环西路 188 号 5 区 20 楼	**邮政编码**	100070
电　　话	010－52227588 转 2098（发行部）		010－52227588 转 321（总编室）
	010－52227566（24 小时读者服务）		010－52227588 转 305（质检部）
网　　址	http://www.cfpress.com.cn	**排　　版**	宝蕾元
经　　销	新华书店	**印　　刷**	宝蕾元仁浩（天津）印刷有限公司
书　　号	ISBN 978-7-5047-8325-7/F・3840		
开　　本	710mm×1000mm　1/16	**版　　次**	2025 年 8 月第 1 版
印　　张	23.25	**印　　次**	2025 年 8 月第 1 次印刷
字　　数	251 千字	**定　　价**	68.00 元

名家推荐

《平权货币》一书不仅追溯了货币从实物到信用的演进轨迹，更前瞻性地构想了货币的未来发展。作者以深邃的洞察力，揭示了历史上那双“看不见的手”如何巧妙调控经济的律动。超越传统货币理论的局限，作者提出了“平权货币理论”的创新理念，主张货币发行权应法治化，在全球经济一体化的今天，这一观点尤为关键且富有远见。

作者多年深耕于此，以无功利之心，十年磨一剑，铸就此书。这不仅是一部融合经济学与法学的书，更是一部对货币哲学进行深度思考的力作。作者以法律专家的严谨和金融实践者的敏锐，揭开货币的神秘面纱，让我们认识到货币不仅是经济活动的媒介，更是维护社会公平与正义的关键。

书中还提出了建立国际统一财富价值基本单位的构想，为全球经济的平衡发展提供了全新的视角和思考路径。《平权货币》是一部值得经济学学者、政策制定者以及对货币有深入了解兴趣的读者细读的杰作。它不仅增进了我们对货币的理解，更激发了我们对经济、社会乃至人类文明深层次的思考。

——许多奇　复旦大学教授、复旦大学数字经济法治研究中心主任

货币是现代经济体系的核心，其形态和功能随着人类文明的发展不断演变。货币的演变本质是信用载体的升级，从物理价值到国家信用，未来向算法信用演进。理解货币需要把握其作为“经济血液”的流通特性，作为价值载体的信用本质，以及作为技术驱动的形态革新。在数字货币时代，货币管理能力将成为国家核心竞争力的重要组成部分。

周海林以军人的锐气、律师的睿智和学者的风骨，撰著了这部极具前瞻性与现实关怀的颠覆之作。在传统货币体系日益暴露其结构性矛盾的今天，《平权货币》以犀利的笔触揭示了货币演变的深层密码，并大胆构想了一种更具包容性的货币重建思路。书中融合历史纵深与未来图景的跨界思辨，为每一个关心货币经济运行的人提供了思想工具箱——无论你是经济学家、政策制定者，还是渴望理解世界货币原理的普通公民，这本书都将重塑你对钱的认知，并让你相信：真正属于未来的货币应当是人性的镜像，而非贵族的权杖。

——朱启贵　上海交通大学特聘教授、上海交通大学中国金融研究院副院长

尽管货币的载体从天然的珍稀物品发展到完全的人造物品，但始终建立在人们的共识和契约之上。人类财富和利益的集中体现，却没有人从权利义务的角度系统地分析过。本书开创性地以法律的思维和逻辑，揭示了不同阶段货币的本质和演变路径，把握了货币的原理，并在此基础上展开了一系列创新论述，打开了一扇认识货币、管理货币、改造货币的全新大门，特别是在数字货币出现的时代更有其理论与实践价值。

本书在货币学术史上的积极意义，在于展示了中国人在货币理论上的独特见解。本书以小岛模型叙事，深入浅出，既有生动的金融知识普及，也有深邃的学术理论分析；既适用于大众读者全面而深入地完成对货币的认识与思考，也值得金融、经济、法律、政治等专业的学者研读参考。

——吴弘　华东政法大学教授、上海市法学会金融法研究会会长

创新是新时代中国的特征，中国不乏具有创新精神的企业家，我很高兴看到中国的货币金融领域也有了自己的创新理论。中国作为全球第一大工业国、第一大货物贸易国、第一大外汇储备国以及世界第二大经济体，鼓励本土经济学家产出他们的原创经济学理论。

——秦朔　《第一财经日报》创办人、人文财经观察家、秦朔朋友圈发起人

作者通过深入的观察和分析，对货币的本质和创造进行了朴素的解读；对货币和债务、财富、经济增长的关系等提出了看法；对学术界的相关概念与理论进行了反思和重构。毫无疑问，货币在现代经济中具有重要的地位，本书有助于加深对当前和未来货币地位的理解。

——董兵兵　上海交通大学上海高级金融学院副教授、MBA 项目联席学术主任

推荐序

一个独特的视角：从法律关系切入考察货币体系

人们对货币的理性认知，滞后于它的演进。更为遗憾的是，人们对货币本质特征的理解和对其运行规律的把握，与货币在经济体系中的重要性完全不匹配。这种状态至今仍然没有彻底改观。因此，货币仍然是历久弥新的研究课题，激发了众多学者前赴后继、孜孜不倦的思考。

一个法律人对货币的思考

研究货币可以从不同的视角切入，这是很自然的。这好比研究苹果。如果你是美食家，可能会关注它的口味和质感。如果你是一名营养学家，可能会关注它的成分。如果你是一名农学家，可能会考虑如何栽培、施肥。如果你是一名画家，可能会关注它的色彩在不同光线下的呈现效果。当人们在观察、研究货币时，观察角度和关注重点会遵循特定的思维框架展开。

本书是一个法律工作者的思考总结。在法学家的眼里，一切人类活动都基于权利义务关系展开，货币体系因此也是建立在一系列法律关系之上的。作者周海林是我在上海交通大学上海高级金融学院的MBA学生。他考察货币体系的方法论是剖析货币发行与管理过程中各利益攸关方之间的法律关系，特别是其中的债务关系。他从货币体系中债务关系的梳理入手，尝试探究货币的本质，并由此展开一系列金融、经济的相关话题，对传统理论进行了大胆的批判和挑战，为此引入了诸多货币学、经济学的新概念、新观点，并在本书的最后部分提出了创立世界货币的设想。

以法律关系为切入点，抽丝剥茧地探讨货币的逻辑本质和运行规律，是值得鼓励的尝试。周海林认为，货币体系中的法律关系以债务关系最为显著。把握债务关系这把利刃，就可以有效揭示货币体系和经济体系的本质。相信如众多文献一样，本书所呈现的思考会为读者带来独特的启示。

货币体系中的债务关系

既然债务关系是本书庖丁解牛的尖刀，那就让我们首先梳理货币体系中存在的债务关系。货币体系由基础货币和派生货币构成。基础货币的生成机制中可能包含民法意义上的债务关系，也可能不包含债务关系。而派生货币的生成机制只能基于债务关系。

为阐释上述结论，我们从货币的定义说起。以下是我对货币的定义。在一个社区中，如果存在一种对象，它被社区中的人接纳为交换中介物，那么它就是基础货币。如果社区中存在一种债务凭证，被社区中的人认定可1：1无风险兑换基础货币，那么它就是派生货币。

让我对货币的上述定义做一些注解：

在货币的上述定义中，社区可大可小——可小到一个校园，也可大到一个城市、一个国家、一个地区乃至全球。在交换中被易手的对象可能是消费品、生产资料、投资对象，也可能是交换中介物，这取决于接纳该对象的人或实体的目的：若目的为消费，则是消费品；若目的为生产，则是生产资料；若目的是待其升值，则是投资对象；若目的为方便交换下一件物品，则为交换中介物。

基础货币的来源可以为大自然，也可以为某个机构；其物理形态可以为实物，也可以为账本上的数字；账本可以是石头的、纸质的、数据库的或区块链的。债务凭证则一定基于某种债务关系而存在。

一种对象要成为某个社区的基础货币，必要但不充分的条件是币值稳定，即与社区内的产品和服务的交换比率保持稳定。一个对象要成为该社区的派生货币，必要且充分的条件是被社区的人认定为可 1∶1 无风险兑换的基础货币。

基础货币中的债务关系

基础货币有三种主要发行机制。

第一种发行机制是“靠天吃饭”。譬如从地里挖黄金，从海滩上捡贝壳……这样的货币（黄金或贝壳）是纯天然货币。在这个机制中，没有任何人或实体对其他人或实体有任何民法意义上的承诺，因此不存在“债权—债务”问题。

第二种发行机制是资产本位信用货币。即法律授权一个特定机构（中央银行）发行一种凭证（资产本位信用货币），持有者可以随时到中央银行兑换约定数量的本位资产（如黄金）。如此一来，凭证持有者与中央银行形成民法意义上的“债权—债务”契约，中央银行是债务人，有义务随时用黄金赎回其发行的凭证。

第三种发行机制是纯信用货币。即法律授权一个特定机构（中央银行）发行一种凭证作为基础货币。中央银行以此凭证购买资产或者将此凭证以再贷款方式贷给金融机构，达成将凭证注入社区作为基础货币的目的。

在第三种发行机制中，中央银行自控基础货币发行量（以及通过利率和存款准备金要求等手段调控派生货币发行量）以保持币值稳定，从而赢得社区信任，使社区愿意接纳其凭证作为交换中介物。稳定币值是中央银行从立法机构秉承的使命，但不构成民法意义上的“债权—债务”关系。在这个机制中，中央银行对于凭证持有者也没有任何民法意义上的承诺，因此也没有“债权—债务”关系。

世界货币史上曾经有过第一种和第二种机制，但如今世界上的主流经济体大都采用第三种机制，如美国、中国内地、欧元区等。一个显著的例外是中国香港地区，它采用的是第二种机制，发行美元本位的港元，即承诺港元持有者可以按一定比例随时兑换美元。

派生货币中的债务关系

广义而言，派生货币泛指任何可以按 1∶1 的比率无风险兑换基础货币的凭证。狭义而言，派生货币特指任何人在商业银行的存款。派生货币通常由商业银行的贷款行为派生而出，故得其名。

举例解释如下。商业银行通过吸纳存款、从中央银行贷款，或者出售资产给中央银行获取基础货币，然后它可以基于这些基础货币对外发放贷款。譬如，当商业银行手中有 1 万美元的基础货币时，它可以向市场宣称有能力贷出 5 万美元。当然，当有人真的向它借款 5 万美元时，它无法向对方提供 5 万美元的基础货币，但它会劝说借款人将贷款存入银行，并承诺借款人可以随时将存款兑换为基础货币。

如此一来，通常情况下借款人并未带走 5 万美元的基础货币。当贷款加存款操作结束后，商业银行资产负债表的资产侧出现 5 万美元的贷款，负债侧出现 5 万美元的存款。这样，社区凭空出现了 5 万美元的存款。由于社区每个人都相信这笔存款可以随时兑换为中央银行发行的基础货币，存款被视为与基础货币具有同等价值的交换中介物。这就是派生货币的发行过程。

如此一来，派生货币是存户对商业银行的债权凭证，代表了存户与商业银行之间的“债权—债务”关系。

以上三段梳理可以明确在现代货币体系中存在着什么样的债务关系。读者在随后的阅读中，可以基于这个起点，通过剖析货币体系中的债务关系，展开对各种金融、经济问题的思考。

结语

现代货币体系是人类通过长期探索而沉淀下来的共同财富，

基本能满足现代经济体不断增长的需求。但这个体系也有诸多缺点，仍在不断演进的过程中，需要大家一起来反思和优化。在此过程中，我们鼓励百花齐放，百家争鸣。随着中国经济的发展，中国学者也应该并能够加入与时俱进的理论探索和实事求是的理论创新。

本书正是这样一份难能可贵的努力。它采用了一种创新的叙事方式，以小岛货币体系为模型，步步推演，层层递进，为读者展示了人类货币的历史演变。在此基础上，作者立足对法律关系的梳理，将货币区分为六大种类，为大家认识和管理货币提供了一种新的视角。本书还首创了“平权货币理论”，大力倡导“平权主义经济”，呼吁一个更加公正、平等、科学的世界货币体系。

货币作为重要的经济对象，其历史漫长而复杂。人们对货币的探索，也经历了曲折的过程。相信本书能够激发读者系统地考察货币起源、演变以及当前运行状态的兴趣。希望读者通过阅读本书，对货币问题有更加系统的思考，并培养出抵御种种阴谋论的抗体，以严谨的逻辑思考为工具，不断探究货币的本质、探索更优的货币体系，为人类的文明进步做出贡献。

胡捷
上海交通大学上海高级金融学院教授、
美联储前高级经济学家
2025 年 3 月 16 日于上海

自　序

2017年，当我还在上海交通大学上海高级金融学院就读时，有一位对中央银行颇有研究的同学在班级做“央行资产负债表”的主题分享。他谈道：“我们手里的所有美元都是美国中央银行（美国联邦储备系统，以下简称“美联储”）对我们的负债。”作为律师，我习惯将世界万物解析成具体可实现的权利义务关系，于是不禁发问：“如果我拿着100美元到美联储门前要求还债，他们会如何清偿债务？”这位同学显然被问住了。“全世界中央银行的资产负债表都是这么记账的，如果美元持有人要求清偿债务，美联储会给他等值的小面值美元。”他如此回答。我顿时感到义愤填膺，这相当于我代理的借款纠纷案被法官判决为：“债务人仅需用数张小额的借条替换原有的大额借条，即可被视为已经清偿债务。”这明显不能使我信服，我会立即决定上诉。后来，随着“货币金融学”课程的进行，我了解到，世界上权威的金融学教材和有声望的金融学教授进行着同样的表述。我开始感到迷茫，就像我拿着一份一审判决书，想上诉却无法充分说理，而且知道二审法院一定会维持原判。我意识到，这其中一定有着巨大的错误，但我无法解开这个难题。我查阅了许多书籍、论文，也没有找到想要的答案。于是，我开始自己探索原因。

我出生于经济落后的安徽省巢湖市，后来在商业繁荣的浙江省宁波市读大学，再到海军部队担任军官，转业之后进入商业银行负责信贷工作，后又辞职从事律师工作，成为一名律所高级合伙人。一路走来，我亲眼见证了农民工如鸬鹚般辛勤劳作而收入甚微，公司职员因工资流水不充足或者不稳定而无法取得住房贷款，而商人虽悠闲度日却财源广进，大型房企动辄获批几十亿元的银行授信，身边的期货投资人自称赚钱赚到双手发抖，成功的律师团队单个案件收费数亿元。我开始思考，虽然人们手中的钱有着相同的购买力，但是不同的人群获取金钱的方式和数量有着天壤之别。作为一名追求公平正义的法律从业者，我审视着金钱给人们带来的不公，天真地认为人们获取金钱的机会应该平等，房产等资产的价格不应该大幅度波动，人们应该通过诚实的劳动获取金钱。同时认识到，民众普遍对重要的金钱问题知之甚少，应该更加注重对金钱的理解并提高自身赚取金钱的能力。但我迟迟无法说出金钱的不公到底在哪里，究竟是什么造成了不公，以及应该如何在体制机制上进行改革完善。

几百年来，人类历史上出现了许多有见地的、名声显赫的经济学家。他们的观点明确而坚定，他们的思想如黑暗中的明灯，照亮了人类的意识空间，为人类的进步做出了杰出的贡献。同时，他们的观点又常常相互矛盾，形成了诸多经济学流派。仔细研究这些经济学家的观点，可以发现它们部分存在时代局限性和视野片面性，有的强调市场的自我调节，有的强调政府的干预，有的认为人是理性的经济人，也有的认为人是乌合之众。面对现实中的经济现象，权威的经济学家时常表现出观察失实、解读失当、对策失灵、预测失算的窘态。本应严谨、科学、准确的经济学至今仍然呈现模糊、粗糙和盲人摸象的态势。许多经济学理论和观点只停留在经济现象的表面就事论事，没有深入事物的本质去分析，“知其然，不知其所以然”。甚至试图“以其昏昏，使人昭昭”。关于货币的专门论述更是寥寥无几、浅尝辄止。

我一直认为现代货币制度存在不公，对其运行机理不明就里，内心充满疑惑，这些困扰共同推动着我对货币上下求索。作为一名执业律师，我没有充足的金融业实践经验和行业数据。于是我发挥自己的专业特长，避开归纳推理，采用演绎推理、类比推理、假设推理、因果推理的方式，以搭建小岛交易模型的形式，一点点探索，一点点顿悟，逐渐形成了自己的货币理论体系。几年来，在开车途中、在慢跑道上、在洗漱之时、在入睡之前、在梦醒时分、在交谈间隙，我在不停的思考中时常顿悟，便匆忙掏出手机、拿起纸笔记录灵感的乍现，之后再回到案前，对其加以充实完善。我不是金融学、经济学科班出身，我只是一名普通的货币追求者、货币使用人、货币研究者，怀着对民众的悲悯、对社会的关切、对真理的探索、对理想的追求，在揭示货币本质的道路上摸索前行。每一次开悟都给我带来巨大的喜悦。我庆幸自己能够深入思考、严谨推理，感恩上天给我智慧和悟性，让我形成了逻辑自洽、自成一体的货币理论体系。

我原本以为，自己的非金融专业出身会阻碍我对货币的探索。蓦然回首，我才发现，现代货币体系及以此为核心的现代经济体系实则是由一个个权利义务的约定构建的。毫不夸张地说，现代货币体系和经济体系正是建立在一份份合同之上。而分析合同、解构权利义务、查明事实真相不正是我这样的专业律师所擅长的吗?

作为律师，我还有一项优势，就是拥有追求公平正义的本能，凡事都讲究对等，讲究权利、义务、利益的均衡和统一。正是这种法律理想，让我对当前货币体系之下国与国之间的不公平、政府与私营部门之间的不公平、银行与其他非银行经营主体之间的不公平、人与人之间的不平等更加敏感，进而推动我努力探索一个公正、平等、科学的货币理想世界。

在发现了自身的法律专业优势之后，我更庆幸自己并非金融专业出身，这使我在思考、探索货币金融问题时没有偏见，不受学术权威的束缚，可以自由地思考，进而产生很多新颖的观点。

在本书的写作过程中，我明显地感觉到，自己经历了一个由浅入深的过程，讨论的主题从货币到财富，再到价格、经济，进而是国家货币策略和世界货币理想。有些思考似乎过于深刻，甚至有些晦涩，但我认为它们都是与国家和民众利益息息相关的内容，是必要的内容、有价值的内容，我已经试图以足够浅显的文字进行表述。

本书成稿后，为了验证自己的观点，也为了查漏补缺，以避免闭门造车，因孤陋寡闻而贻笑大方，我购买并阅读了大量与货币、金融和经济相关的图书、论文，也请教了多位相关领域的专家和教授。那些货币学、金融学、经济学、社会学、政治学先知的思想让我备受感召和鼓舞。令我感到惊喜的是，诸多现有的理论观点都印证了我研究成果的正确性，我基于逻辑提出的很多观点和主张竟然与历史上一些经济学大家的思想类似，内心那种惺惺相惜的亲切感和英雄所见略同的自豪感油然而生。同时，我也充分感受到，在我把握了货币、经济的本质和原理后，可以清晰地审视过往的相关经济学理论，自信地评价经济学家的观点。对照自己成型的理论体系，我可以清晰地指出自己阅读的货币相关图书、论文哪些只体现了粗浅的表象，哪些提出了明确的谬论，哪些包含了片面的认知，哪些有明显的遗漏，哪些是语焉不详的敷衍。面对纷繁复杂的经济现象和自媒体观点，我也可以扫除以往的一头雾水、盲目相信和人云亦云。“君子务本，本立而道生”，我信心满满地认为自己把握了货币的本质、逻辑和密码。“朝闻道，夕死可矣”，我为自己对真理的探索而感到快乐。

本书的分析视角、分类方法、推理结论很多是独特的，我相信这些研究和思考是极具价值的。我绝不满足于将本书作为一般的金融学知识的堆砌，而是努力在本书中完成对原创的、全新的货币理论体系的建构。我迫不及待地想将自己的研究过程和思想成果分享给那些与我一样爱好货币、追求货币、储存货币、使用货币的普通人，特别是其中那些研究货币、关心经济、探求真相的学者。我期待这本书能够给读者带来启发和收获，给社会带来平等和公正。

周海林

2025 年 7 月于上海

前　言

“因专研货币的本质而受愚弄的人，甚至比因恋爱而受愚弄的人还多。”19 世纪著名政治家、曾四度出任英国首相的威廉·尤尔特·格莱斯顿曾经对货币发出过这样的感叹。货币是完全的人造物，人类一手创造的货币却让人类自己感到费解，这真是人类对自己开的最大玩笑。货币和货币理论是经济与经济学的核心，货币学被视为经济学中最复杂和最难懂的部分之一。可以说，货币问题是人类给自己设置的大难题。与此同时，只有真正理解了货币，才能说真正理解了经济学。没有货币和货币理论的经济学，只能是一种理论残缺的经济学。因此，相对于其他我们可以选择回避的问题，货币问题是人类必须要解答的。

“人为财死，鸟为食亡”，古今中外，无论程度如何，几乎无人不爱财富，而财富最直接的形式就是货币。“有钱能使鬼推磨”，人们用货币可以最大限度地满足自己的需求，解决面临的实际问题。同时，“富者愈富，贫者愈贫”“穷人必须为富人服务”——可以说，货币又是天下最不公平的东西。

毫无疑问，货币是伟大、神秘、复杂的人造物，货币与人类的利益息息相关，甚至我们总是直接将货币作为财富和利益的代名词。我们热爱货币，天天都在使用货币，处处都离不开货币，可以说货币是我们最熟悉的事物之一。可我们懂货币吗？可以断言，我们绝大部分人对货币都缺少认识，甚至缺少思考。如果说我们正在找寻一种事物，它与人们的直接利益紧密相联，人们终生使用并习以为常，但对其知之甚少，甚至对其本质和原理都漠不关心，那么货币就是绝无仅有的符合上述特性的事物。可以说，货币是我们“最熟悉的陌生人”。

这是一种非常不合理也非常危险的状态。“落后者挨打，无知者被收割”，这种残酷的现实是否有其合理性和必然性呢？如果有，我们是不是都应该关注货币，理解货币，而不是一味埋头追求货币呢？

什么是货币？一个金元宝，一张带图案的纸，手机银行App上、计算机屏幕上的一串数字，或是一份商业银行存单、一张支票，人们凭此交易，都认为自己手中的货币就是财富，却很少关心货币到底是什么，代表什么权利。货币是物权、债权，还是形成权、抗辩权？中央银行“放水”到底怎么“放”？加息减息如何发挥作用？为什么通货膨胀成为各国的普遍现象？对于这些耳熟能详的话题，不少人几乎是一头雾水。以货币为核心的经济现象更是扑朔迷离、难以捉摸。经济学流派错综复杂、莫衷一是，关于经济的调控和预测时常事与愿违，让人大跌眼镜。

在长达几百年的时间里，经济学家一直艰难地尝试着为货币提供一套严谨的理论框架，但大多数努力都失败了。最令人感到诧异的现实情况是，随着经济学研究越来越精细，经济学理论对货币本质的讨论却越来越少。18 世纪，经济学家大卫·休谟总结出了一条看上去显而易见的道理，就是物价水平折射了货币供给与需求之间的平衡关系，而诺贝尔经济学奖得主克里斯托弗·西姆斯认为这种观点已经过时。甚至对于部分经济理论学家而言，货币的存在本身已经变成了一个不解之谜。

通过了解货币的本质属性、运行规律，我们可以更好地掌握货币、管理财富、造福社会、享受人生。货币的发展伴随人类历史的演化，现代货币是通过人类的生活实践逐渐发展演变而来的。审视货币理论和货币实践的现状，我不禁感叹，人类基于实用性而非科学性和公正性，凭着本能而非理性在创造、管理、使用、解释货币。货币这一与人类利益最相关的事物却在基础理论和根本制度上缺少理性的支撑，结果必然是逻辑混乱、漏洞百出。立足人类的理性和理想而非经验和本能去构建货币理论与货币体系，关乎人类的共同福祉和人类文明的进步。

本书根据货币形态的演变和各种形态货币所蕴含的内在法律关系，清晰地分析了货币从 1.0 版本到 6.0 版本的蜕变过程。通过构建小岛模型的方式，从农夫、按摩师、铁匠、铸币人、银行家的相互关系中，深入浅出地分析了 1.0 实物货币、2.0 凭证货币、3.0 承诺货币、4.0 契约货币、5.0 存款货币及 6.0 贷款货币的产生和本质。根据对货币本质的把握，本书大胆展望人类未来国际通用货币的诞生路径，以帮助读者完整地认识货币的过去、现在和未来，完整地解决了货币是什么、从哪儿来、到哪儿去的重大问题。

伴随着对货币本质的探究，本书进一步讨论了财富的本质、财富的计量以及货币与其他财富之间的关系——商品价格的形成，帮助人们超脱货币表象看待财富的本质和人们自身的需求。

本书认为，认识货币是为了更好地满足人类的需求，而对人类需求的认识和满足就是经济学的实质，讨论货币就必须讨论货币与整个经济之间的关系。本书深入探讨了货币如何推动经济增长、通货膨胀的根源、货币发行人的债务人类型等重要经济主题，列出了“市场交易方程式”，进行了通货膨胀和通货紧缩的全要素分析。本书开创性地提出货币学三大定律，创设了“财富价值基本单位”“客观财富价值”“价值感受度”“主观财富价值”“发行利息”“租用利息”“成交比”“货币权”等诸多经济学概念，引领出“利息的分类和规制”“人类的需求如何界定和测量”“新分类下各类货币的转换、测量和管理”等经济学新课题。为了具体直观地表述，本书还以美国为案例，分析了美国的金融强国之路、体制性弱点和他国的应对策略。区别于其他货币类图书大谈与货币关联性不大的其他经济学话题，本书紧扣货币这个核心，只探讨与货币直接关联的经济现象，既阐明了货币与经济之间的关系，又成功避免了主题泛化和焦点分散。

本书通过逻辑推理，抽丝剥茧，深刻揭示了信用货币的核心价值在于其蕴含的“借款人信用”，货币的“含金量”已经演变为“含信用量”，而且这个“信用”既不是中央银行的信用或政府信用，也不是国家信用，而是借款人信用。中央银行、政府、国家的作用只是保障借款人信用的真实可靠和运行良好。全书紧紧抓住“借款人信用”这个核心，分析货币本质、利息分类、借款人类型、通货膨胀根源、货币发行原理、货币权平等、政府债务限度等重大问题，构建了一套完整、独特、科学的货币理论体系。

本书运用法律思维，发扬批判精神，从货币运行过程中各参与主体的权利义务视角，大胆揭示了人们对货币本质及财富本质的认知错误、中央银行资产负债表中的科目记载错误、人们对各种经济现象的理解错误等传统认知误区，提出了现代货币不是中央银行负债而是法定铸币权的行使，现代货币的信用核心不是中央银行而是借款人，财富的计量标准不应是货币而应是需求，经济增长的原动力不是货币而是教育，通货膨胀的程度不在于货币发行量大小而在于借款人违约程度，货币权不应隶属于任何货币使用人而应成为独立的第四政治权力，货币发行权不应外溢至商业银行而应由中央银行垄断，货币发行不应针对特定对象而应普惠至所有经济体，中央银行的借款人违约不应直接核销而应统一进行弥补等挑战，甚至颠覆现有货币理论和货币实践的观点。

在此基础上，本书对现行货币体制提出了大胆的改革意见，大力倡导货币当局打破实践主义和经验主义的藩篱与桎梏，在理性和理想的基础上认识、设计、建立和运行一套全新的、适应时代发展的平权货币理论和平权货币体系，实践一种全新的、以人为本的平权主义经济学，真正让金融服务实体，真正实现人民金融。

本书的目的在于努力倡导所有人在货币体系和经济体系内拥有平等的权力与同等的机会，推动人类社会货币制度的理性化、高效化和公平化，让货币更好地发挥作用，成为广大人民的福祉，而不再是不同阶层、不同国家之间相互掠夺的工具。

导　语

• 货币：市场中被普遍接受的商品，交易价值是其核心价值，包括一切用于商品交易的媒介。

• 实物货币：基于天然属性而被人普遍接受的商品。

• 凭证货币：实物货币的存储凭证，储户通过在店铺存储实物货币而取得的存储凭证。

• 承诺货币：持有人没有实物货币的实际存储，由公认的实物货币存储人出借给借款人的存储凭证。存储人承诺该存储凭证的持有人可以随时向自身主张兑付实物货币。

• 契约货币：同样是由公认的实物货币存储人出借给借款人的存储凭证。但原来的实物货币存储人明确告知，自己不再对持有人兑付任何实物货币，可以理解为“空头实物凭证”。通常情况下，现行各国法定货币是契约货币，本书中与现金通用，表示同一种货币。

• 存款货币：契约货币的存储凭证，储户通过在商业银行存款而取得的存款凭证。

• 贷款货币：持有人没有契约货币的实际存储，由商业银行出借给借款人的存款凭证，商业银行承诺该存款凭证的持有人可以随时向自身主张兑付契约货币。

- 信用货币：货币发行人基于借款人信用而制造的社会通用商品，是契约货币、存款货币、贷款货币的统称。
- 初始货币：货币发行人凭借借款人信用对外发放贷款，借款人从货币发行人处借取的货币。
- 财富：能满足人类需求的一切事物，广义的财富包括货币、物品或服务，狭义的财富包括排除了货币的物品或服务。
- 商品：可供市场流通的财富，广义的商品包括货币、物品或服务，狭义的商品包括排除了货币的物品或服务。
- 产能：产出和供给物品或服务的能力。
- 政府：特指狭义的政府，即货币发行人、立法机关、司法机关之外的行政机关、执法机关。
- 货币发行人：有资格考查借款人的信用，并向借款人借出货币的人，与铸币人同义。广义的货币发行人包括当前货币体系下的中央银行和依据部分存款准备金而发放贷款的商业银行，狭义的货币发行人排除了本书认为不应该具备货币发行权的商业银行，仅指中央银行。
- 货币发行：货币发行人凭借借款人信用，以取得借款人债权的方式，对借款人发放贷款，货币因此离开货币发行人体系，进入市场流通。货币发行人以购买外汇或黄金的方式向外输出货币的，视为货币发行人同时作为借款人向自己申请了贷款，然后再作为货币使用人将货币带入市场流通。铸币与货币发行同义。

目　录

第一章

货币1.0版本到货币4.0版本

货币是度量价格的工具、购买商品的媒介、保存财富的手段，货币也是一种特殊的商品。如果只能用一句话来定义货币，那么其应该是“社会上普遍通用的商品”。可以说，货币伟大而神奇的力量在于人心，在于人们对其最广泛的认同和接受。随着人类历史的推进，货币捕获人心的方式和手段在不断升级、变迁，其自身也在不断脱胎换骨。下面我们通过一个简易的小岛模型来揭开货币的神秘面纱，充分认识货币的外表和本质。

货币 1.0 版本：实物货币

一座与世隔绝的孤岛——A 岛上有三个从不同地方漂泊过来的人，即一位农夫、一位铁匠、一位按摩师，分别代表现代社会的农业、工业和服务业。农夫生产粮食需要铁锹，铁匠制作铁锹需要按摩，按摩师提供按摩需要粮食。农夫每生产 100 千克粮食，需要 1 把铁锹；铁匠每生产 1 把铁锹，需要 10 小时按摩；按摩师每提供 10 小时按摩，需要 100 千克粮食。岛上的生活按理可以实现自给自足，但三人之间语言不通，无法直接交流，无法了解彼此的需求，更无法完成三角交易，因此只能过着艰辛的生活。

闲暇之余，他们会分别独自到海边散心。三人在海滩上偶尔会发现一种形状独特、色彩鲜艳、质地坚硬的贝壳，他们都十分喜欢，每次寻得都会带回收藏，一片片小小的贝壳给小岛上贫瘠的物质和精神生活带来了极大的慰藉。

有一天，按摩师发现农夫在自家门口把玩着收藏的贝壳，猜想农夫也有着共同的爱好，于是第二天揣着 10 个贝壳来到了农夫的屋子里，指着墙角堆放的 100 千克粮食，将贝壳交予农夫。农夫接过贝壳，十分喜悦，毕竟他家里现有的 8 个贝壳可是过去三年艰苦寻得的，而这 100 千克粮食自己也并不需要。按摩师虽然忍痛割爱，却拉回了自己梦寐以求的 100 千克粮食，生活质量得到了极大提升。农夫对新得到的贝壳爱不释手，同时深受启发，寻思着既然按摩师可以用贝壳换取自己的粮食，那自己是不是可以用贝壳去换取渴望已久的铁锹呢？第二天，农夫得偿所愿，用 10 个贝壳从铁匠处换回了 1 把铁锹。第三天，铁匠如法炮制，用 1 个贝壳去按摩师处享受了 1 小时的按摩。每个人都得到了极大的满足。

这个简单的故事反映了人类最原始的货币由来。天然海贝是货币的始祖，图 1 中的海贝出土于河南殷墟妇好墓等地，距今 3500 年以上。在世界各地，不同形式的实物被作为货币在特定的范围内流通，如中国汉武帝时期的白鹿皮、古俄国的松鼠皮、中国唐代的布帛、中世纪撒哈拉沙漠地区的食盐、瓦努阿图人的猪牙、古希腊的琥珀金币、第二次世界大战后德国的香烟（见图 2）。这些物品形态各异，但都有一个共同的特征——被人们普遍需要。这种在特定人群中的普遍需求源于人们生理上的温饱需求、精神上的审美需求或对特定物品的其他嗜好。

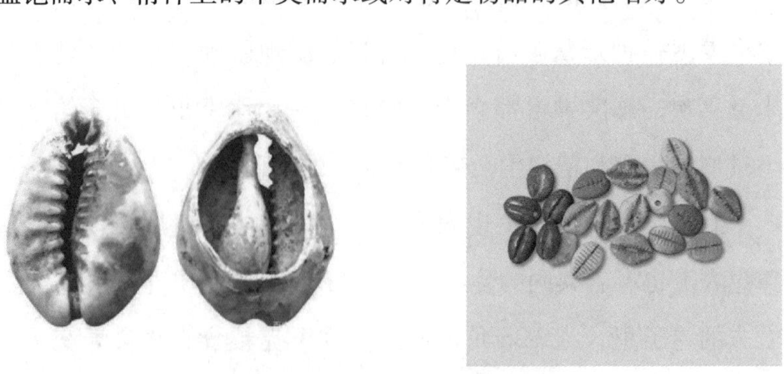

图 1　河南殷墟出土的古代货币

古俄国的松鼠皮

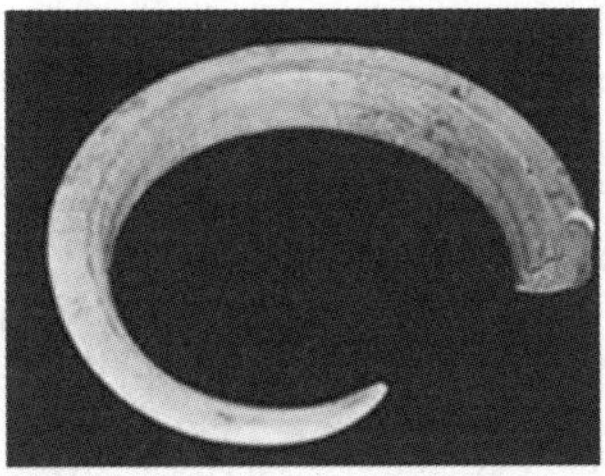

瓦努阿图人的猪牙

古希腊的琥珀金币

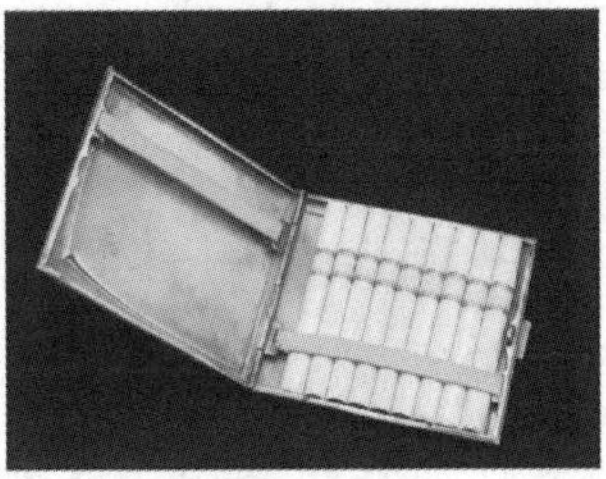

第二次世界大战后
德国的香烟

图 2　不同形态的实物被作为货币

知识拓展

第二次世界大战前，有一种货币也曾像现在的欧元一样流通于欧洲的大多数地区，那就是原德国的法定货币——帝国马克（Reichsmark）。第二次世界大战结束后，德国作为战争的发起者之一，面临着无条件投降的败局，国内一片混乱。德国的纳粹势力被清除，领土也被树立起的柏林墙一分为二。

在这种情况下，帝国马克自然不被大家认可，几乎丧失了它的本职功能。在绝大多数的交易中，商家拒绝接受帝国马克，宁愿选择回归原始社会的以物换物。

聪明的德国人很快发现，在市场中香烟具有货币属性，一是香烟标志容易核实，二是方便携带，不易变质。尤其是美国生产的骆驼牌香烟，用上好的烟叶和传统工艺制作而成，每支烟上都有醒目的商标，更具防伪性。因此，骆驼牌香烟很快成为人们约定俗成的货币。

自此，香烟成为战后盟军占领区黑市上唯一稳定的货币，市面上所有的东西都能够用香烟买。在当时的黑市上，一包普通的香烟价格在30美元左右；如果是美国的香烟，价格则能达到80美元。一根香烟能够抵上一户人家一天的开销。

其实早在第二次世界大战期间，香烟已经作为货币在普通人群中流行。不仅如此，在战俘营内，战俘也选择用香烟来交换自己想要的东西。在电影《肖申克的救赎》中就有用香烟交换物品的镜头，这类镜头源于第二次世界大战时期的真实场景。

交换是人类与生俱来的天性，多元的交换行为天然地形成了交易市场。一些物品因自身的实用价值、审美价值等天然属性而被人们在市场中普遍需要、普遍喜爱和普遍接受，又因其被普遍接受而被更加广泛地用于人们之间的交易。在长期的生活实践和广泛的市场交易中，这些特定商品的交易属性得到了充分的展现和发挥，开始在众多商品中显得与众不同，最终被人们遴选出来并冠以“货币”之名。交易属性正是货币的核心特征。当特定品的交易属性被人们在实践中发现后，人们开始以这类商品为原料，专门制造更加富有艺术美感、更加容易被识别的工艺品，并将其投入更广泛的市场交易。这些普遍用于一般商品市场交易过程的贝壳、布料、香烟、银币等特定商品就是人类历史上最初级的货币，我们称之为 1.0 版本的实物货币。在实物货币时代，货币天然是商品，只有具备交易属性的特定商品才有机会在交易市场中被选择出来充当货币。世界历史上各类制作精美的金属货币也只是艺术化了的实物而已。

在众多的实物材料中，黄金因其外观精美、化学稳定性强、使用安全、塑形便捷、携带方便等诸多特性被人类普遍喜爱和广泛使用。黄金的交易属性在众多实物中熠熠生辉，人类的普遍喜爱使黄金被誉为“金属之王”，黄金的货币属性凸显，逐渐成为最为世界各国人民所接受的实物货币。

货币 2.0 版本：凭证货币

A 岛上的生活在继续，岛上的贝壳越来越多。三人本来就因贝壳本身的质地、形状、色彩等天然特征而对其十分喜爱，现在，贝壳还在小岛的市场交易中被广泛使用，三人形成了对贝壳的刚性需求，因此更加珍视贝壳。

有一天，从海上又漂泊来了一个人，他是一位仓库管理员，通晓其他三人的语言。他上岸后发现了贝壳被岛上三人共同喜爱的事实，了解到小岛上发生过贝壳被遗忘在家中甚至被盗窃以及在交易途中被丢失的事件。于是他发挥语言优势和专业优势，在自己住处前挂出了一块招牌，分别用按摩师、农夫和铁匠使用的三种文字写明：“A 岛贝壳仓库”。又分别找来按摩师、农夫和铁匠进行游说：“你们三人可以将自己的贝壳存放在我的仓库，我分别给你们出具标明贝壳数量的凭证，你们进行交易时，只需将我出具的标明相应数量的凭证交付给对方即可。如此一来，你们之间的交易可以顺利进行，贝壳也可以随时取回把玩。万一凭证丢失，我这里也有账簿，你们可以过来挂失补办，这样还能避免实物贝壳的使用可能带来的丢失和磨损。”三人觉得仓库管理员言之有理，于是欣然同意。从此之后，贝壳不再出现在交易现场，取而代之的是仓库管理员出具的贝壳存单。

小岛上的故事在人类的历史中真实地上演着。中国北宋初年，人们将铁、铜、金、银作为货币。其中，铁钱体重、值小，1000 个大铁钱重 25 斤，买 1 匹绢需要 90 斤到上百斤的铁钱，流通很不方便。于是，四川成都出现了专为携带巨款的商人经营现钱保管业务的“银票铺户”——寄存人把金属货币交付给铺户，铺户把寄存人交付金属货币的数额填写在用楮纸制作的卷面上，再交还存款人。当寄存人提取金属货币时，付给铺户每贯 30 文钱的利息，即 3%的保管费。这种临时填写存款金额的楮纸券便被称作“银票”。随着商品经济的发展，银票的使用越来越广泛。约公元 1008 年，成都 16 家官商联合用楮树皮纸印刷凭证，上有图案、密码、划押、图章等印记，面额依领用人所交现款临时填写，作为支付凭证流通。世界上最早的纸币“交子”应需而生（见图 3）。

当实物货币被存放进保管者的仓库时，实物拥有者拿到该铺户签发的储存凭证并用于市场交易。此时，实物货币的交易属性已经从其实用功能中被提取出来，这种交易属性被印刷在

图 3　北宋交子

实物货币的存储凭证上。1.0 版本的实物货币被放进了仓库，市场中流通的货币升级成了实物货币的存储凭证，我们称之为 2.0 版本的凭证货币。凭证货币的背后仍然是人类普遍接受的实物，人们凭此可以随时从实物保管者那里取回实物。此时，凭证货币有两项功能，一是从凭证货币发行人处兑回实物，二是与其他市场主体进行广泛的交易。

货币 3.0 版本：承诺货币

A 岛上的生活在继续。随着物质条件的提升和劳动技能的改进，A 岛上的生产能力显著提升，需求也同步扩大。农夫每生产1000千克粮食，需要10把铁锹；铁匠每生产10把铁锹，需要100小时按摩；按摩师每提供100小时按摩，需要1000千克粮食，可谓供需两旺。

虽然按摩师、农夫、铁匠在闲暇之余还在捡贝壳，但小岛上的贝壳数量十分有限。仓库管理员清点了库存，发现仅有150个，其中包括按摩师存放的40个、农夫存放的20个、铁匠存放的60个和仓库管理员自己捡来的30个。如果按照原本10个贝壳可以换取100千克粮食、10小时按摩或1把铁锹的标准进行交易，那么按摩师、农夫、铁匠都需要100个贝壳的存单。而他们手上的贝壳存单显示的数量都不够，因此交易无法进行，或者要多次周转才能完成。A岛经济由此陷入紧缩。

聪明的仓库管理员了解到小岛的困境，又找到三人进行游说。他对按摩师说："这些年我除了帮你们保管贝壳，空闲时间都到海边去寻找贝壳，加上你们三人也将大量贝壳存放在我的仓库，我现在已经拥有了数量足够多的贝壳，具体数量我不便透露，但可以保证多到你吃惊。我了解到你现在一年需要100个贝壳用于购买粮食，而你在我这儿仅存储了40个。你看这样可好？我给你写一张标明100个贝壳的存单，其中60个贝壳算我借给你的。你用这个存单去和农夫交易。农夫无须知道你的贝壳从哪里来，你可以替我带个便条转告他，如果他需要这100个贝壳，可以随时凭这张贝壳存单来我这里领取。当然，你不去转交这个承诺便条也无妨，农夫与我熟识多年，使用这种存单也有许多年了，这个存单本身就是我的承诺，你们对此早已知晓。你同意的话，就在账簿上签个字，借款期限是一年。一年到期后，你还给我 63 个贝壳或者交回标注为 63 个贝壳的存单即可，多出的 3 个贝壳算我借你 60 个贝壳的租借费用，这合情合理吧?”按摩师被仓库管理员的智慧深深打动，高兴地签了字，领走了 100 个贝壳的存单。

仓库管理员又分别找来农夫和铁匠，说了类似的话，同样给他们各签发了 100 个贝壳的存单，小岛上的交易又顺畅了起来。此时 A 岛上的存单所显示的贝壳数量共计 300 个，而仓库内实际存储的贝壳只有 150 个，仓库管理员通过虚设存单数量出借贝壳 180 个。一年后，仓库管理员因这三张存单获得了 9 个贝壳的租借费，分别按约定从按摩师、农夫、铁匠的存单上扣减了 3 个、4 个、2 个，按摩师的贝壳库存从原来的 40 个减少为 37 个，农夫的贝壳库存从原来的 20 个减少为 16 个，铁匠的贝壳库存从原来的 60 个减少为 58 个。这一年，虽然小岛上的贝壳实际上只有 150 个，但市场中存在着总计显示为 300 个贝壳的存单，这些存单充分保障了小岛上 1000 千克粮食、100 小时按摩、10 把铁锹的交易，小岛的经济又繁荣了起来。

当仓库管理员不仅向实物寄存人发行实物存储凭证，还通过虚设出借的方式向没有那么多实物寄存的人进行发行，同时声称用实物存储凭证可以从签发人处换取实物时，2.0 版本的凭证货币再次升级——3.0 版本的承诺货币被拥有特定信用的仓库管理员创造出来。人们用“自己会如数归还货币发行人”的承诺取得承诺货币，用于更广泛的市场交易，而愿意接受承诺货币而交出自己的物品或服务的人，是出于对承诺货币发行人“可以如数兑换”的承诺——他们确信持有这张凭证，随时可以向承诺货币发行人兑换实物。自此，承诺货币在多边承诺下诞生，而承诺货币本身的价值来自货币发行人的信用。

第二次世界大战后期，为了促进战后世界经济的恢复和发展，西方主要国家着手构思和设计战后国际货币体系。此时，美国拥有了全球四分之三的黄金储备。1944 年 7 月，美国邀请参加筹建联合国的 44 国政府代表在美国布雷顿森林举行会议。经过激烈的争论，各方最终签定了《布雷顿森林协议》。在这次国际货币金融会议上，美国政府承诺“美元与黄金挂钩”，由美联储发行美元。任何人只要持有 35 美元，就可以去美国的商业银行窗口兑换一盎司的黄金。这就是在告诉世人，美元就是黄金的存储凭证，美元的价值就是黄金的价值。基于美国政府的承诺，人们对美元的含金量确信不疑，以美元为中心的国际货币体系雏形“布雷顿森林体系”得以建成。人们对黄金的接受和喜爱被转移到了美元上，人们开始将美元称为美金。殊不知，美金能否真的兑换出黄金，凭靠的不仅是美国政府的承诺，还有美国政府履行承诺的意愿，更要看美国政府有没有交出足够黄金的能力。

如果此时美国政府向世界发问：“美元能否兑换黄金，这个问题重要吗?”相信绝大部分人都会回答：“非常重要，美元就是一张纸，如果不能兑换黄金，它自身没有价值。”此时的美元能否兑换黄金是影响其能否广泛用于交易的决定性因素。新生的美元需要黄金这个“金属之王”的背书才能建立起人们对自己的普遍接受，其本质上是美联储的承诺书，是 3.0 版本的承诺货币。

此时的人们所看中的是美元这个特定物品一半的功能，即可以兑换黄金。人们还没有意识到，此时的美元已经成为国际公认的货币，其另一半的功能才是其最大的价值所在——可以被广泛接受并用于国际商品交易。只要人们一如既往地相信美元、使用美元，即使美国不能按承诺兑换黄金，也丝毫不会影响美元作为国际货币的根本职能。

货币 4.0 版本：契约货币

A 岛上的生活在继续，仓库管理员的思考也在继续。他在想："我不停地签发贝壳存单，他们的交易全部通过存单进行。至于仓库里的贝壳，三人除了偶尔取回少量把玩几天，基本不会关心。如果贝壳本身与交易无关，那么我为什么不发明一种新的纸张？只要三人都认可，同样可以使他们完成交易，我也消除了不能足额兑换贝壳而失信于人的风险。"

拿定主意后，仓库管理员将按摩师、农夫、铁匠三人同时叫到自己的住处。此时，他大门口那块"A 岛贝壳仓库"的招牌已经不知去向，取而代之的是一块更加醒目的招牌，用三种不同的语言书写着"A 岛中央银行"。仓库管理员分别用三人听得懂的语言说："这么多年来，我通过借给你们贝壳，让你们可以互相交易，你们原本存放在我仓库里的贝壳由于每年支付给我 5%的好处，已经基本归我所有了。当然，你们也许会说，我并没有把实物贝壳交到你们手上，只是给你们签发了贝壳存单。这一点不假，可这影响你们使用了吗？并没有。你们的根本目的并不是占有大量的贝壳，而是将存单用于交易。既然你们之间的交易只要存单，并不需要贝壳，那么我们为何要被贝壳束缚呢?”

按摩师、农夫、铁匠三人听了仓库管理员的分析后连连点头。“我经过深思熟虑，决定不再从事仓库管理员的工作，而是转行制作一种独特的纸张。这种纸张的名字我也取好了，就叫‘A币’。其实，A币也并不神秘，就是把以前的存单稍作改变，原来标明多少个贝壳，现在改为多少‘值’。‘值’是A币的价值计量单位，相当于表述贝壳数量的‘个’。当然，为了区别之前的贝壳存单，我打算用标记为‘10值’的A币代替原来标记为‘1个’的贝壳存单。你们可以这样理解，‘100值’相当于10个贝壳，‘1000值’相当于100个贝壳，以此类推。以后你们就用A币来进行交易，而目前存放在我仓库里的贝壳，大家各自取回家鉴赏吧！贝壳存单以后也不再签发了。”仓库管理员娓娓道来。其实，这时候不能再称他为仓库管理员了，因为他已经是中央银行的铸币人了！

三人听到这里陷入了沉思。按摩师恍然大悟，带头发言：“你说得确实有道理，原本我们收集贝壳就是出于喜爱，并没有想着专门用于交易，更没想到会有这么大的交易量。既然你发明的A币能够让我们一样交易，那我们也没有理由拒绝。”

农夫接着说：“我有个疑问，既然我们大家都愿意接受你的A币作为支付手段，当我把1000千克粮食交给按摩师时，他将支付给我1000值A币。但如果我支付给铁匠1000值A币，他却生产不出10把铁锹，A币在我这儿岂不是变成废纸了?”

铸币人听罢，胸有成竹地回答："这个问题我早就想过了，现在你们都愿意接受 A 币，这对我们 A 岛的货币改革来说，已经成功了一半！大家现在关心的是 A 币能不能换取你们需要的物品，这是很合理的质疑，毕竟用以前的存单你们是可以换回自己需要的贝壳的，那是我之前对你们的承诺。现在没有了我的承诺，你们的顾虑我完全理解。"

铸币人喝了一口水，继续说道："不过这个问题确实是多余的。农夫，根据你过去这么多年的经验，铁匠能打出铁锹来吗？"农夫憨憨一笑："能，这几年来，他每年都能生产出 10 把铁锹。"

"铁匠，我借你 100 值的 A 币，你去向按摩师换取 100 小时的按摩，那么你能承诺在接下来的一年里生产出 10 把铁锹吗？"铸币人面向铁匠，郑重地问道。

"当然可以！我一直都能做到，这个大家都知道的，而且我还在改进方法，产量只会增加，不会减少。"铁匠大声回答道。

铸币人将铁匠的话如实翻译给农夫听，同时坚定地说道："有铁匠这样的承诺，我可以断言，铁匠将如约提供 10 把铁锹，A 岛的货币改革完全成功了！农夫你放心，除了铁匠刚才的承诺，我也会对你负责。我给铁匠使用 A 币的期限与给你和按摩师的一样，都是一年。一年到期，铁匠必须如数向我归还 A 币。如果他生产不出你需要的铁锹，你也不会付给他 A 币，而铁匠的 A 币已经付给了按摩师，他就无法获得 A 币归还给我。那么来年，我就不会再借 A 币给他，他用什么来购买按摩？你要是铁匠，会不会努力完成这 10 把铁锹？此外，你没想到的问题我也替你想到了：万一铁匠发生意外死亡，我额外承诺你，我会想办法与岛外取得联系，要么再引进一位铁匠，要么让你与岛外的铁匠建立交易，你可以用手里的 A 币向新的铁匠购买铁锹。”铸币人妙语连珠，耐心地做着三人的思想工作。

农夫如释重负，欣喜地说道：“有铁匠的表态，再加上你主持公道，我就放心了，以后我也不用为了保障交易去努力寻找贝壳了！”

小岛上的人们达成了一致意见，统一用铸币人的 A 币作为彼此之间交易的工具。A 币只用于交易。这一天是小岛货币史上的重要日子，小岛上的人们创造了一种与天然物完全没有关联的人造物，这是一种新型的货币，一种建立在人们之间共同契约精神之上的货币。与之前的三种货币不同的是，这种货币的信用不依赖天然物，也不依赖铸币人，它的信用内涵我们将在第四章第三节“信用货币的本质和三层信用”中作详尽的分析。

寓言照进现实，布雷顿森林体系下的美国尼克松政府同样完成了从“仓库管理员”向“中央银行铸币人”的蜕变。1971 年 7 月，第七次美元危机爆发，尼克松政府于同年 8 月 15 日宣布实行“新经济政策”，停止履行外国政府或中央银行可用美元向美国兑换黄金的承诺，布雷顿森林体系正式瓦解。当美元仅可用于交易而无法再用于从美联储兑换黄金时，美元不再是美国政府和美联储关于兑换黄金的承诺，即不再是 3.0 版本的承诺货币。

知识拓展

布雷顿森林体系下，美元体现了美国政府兑现黄金的承诺。美元越印越多，美国政府的黄金储备却没有随之增加。

正如 1927 年 5 月法兰西银行行长艾米尔·莫罗要求英格兰银行每周兑换价值 300 万英镑的黄金那样，到了 19 世纪 60 年代，欧洲聪明的战略家、法兰西第五共和国第一任总统夏尔·戴高乐看出了美元存在的问题——法国人又一次带头站了出来，果断决定把自己手里的美元全部兑换成黄金，还要让“黄金回家”。戴高乐甚至放狠话，他将亲驾军舰运送美元到美国，换回本该属于法国的黄金。在那之后，法国开着飞机、船舶、潜艇，浩浩荡荡从美国运回黄金，存到巴黎的金库中。到 1971 年，法国换回的黄金已经达到 3000 吨。

德国、意大利等欧洲国家顿感不妙，纷纷效仿，络绎不绝地从美国运回黄金。美国的黄金流失越来越多，到 1970 年，美国国库里剩下的黄金已经不足 1 万吨。终于，美国绷不住了。

1971 年 8 月 15 日，尼克松政府正式宣布，停止美元兑换黄金！运行了 27 年的布雷顿森林体系就此瓦解，世界从此进入了信用货币时代。

现代银行的鼻祖——于 1694 年成立的英格兰银行所发行的银行券最初也可以随时兑换黄金。马克思曾经就英格兰银行的银行券谈论道：“只要银行券可以随时兑换货币，银行就绝对不能任意增加流通的银行券的数目。”1720 年，当历史上的“南海泡沫”破灭时，人们纷纷涌向英格兰银行，致使英格兰银行面临实物货币的严重挤兑，从而不得不采取故意放慢支付动作、以小面值硬币支付等方式勉强应付。随着时势的发展，18世纪末，伦敦商人最终不打折扣地接受了无法兑换黄金的英格兰银行券。“银行券是否应该被无条件兑现黄金”这一话题还引发了19世纪初英国议会著名的“金块论争”。该论争以1819年颁布《恢复兑现条例》告终，但其后该条例又遭到1825年及1836年至1839年两次经济危机的冲击，致使兑现屡濒危险，宣告终结。纸币最终从货币发行人关于可兑换实物货币的信用背书中超脱了。

时至今日，已经没有哪个国家的货币发行人继续履行货币持有人可以向其兑换黄金、白银的承诺，但3.0版本承诺货币的样本仍然在英国的纸币上得到了完好的保留。随意拿出一张最新版的50英镑纸币，票面上赫然写着“I PROMISE TO THE BEARER ON DEMAND THE SUM OF FIFTY POUNDS”（我承诺在持票人要求时支付50镑）。这是英格兰银行最初的承诺，持票人可以将纸币兑换为黄金。这个庄严的承诺曾经被忠实勤勉地履行着，而现在，只能被看作对那个承诺货币旧时代的纪念。同时，这个承诺也在告诫我们，货币已经发生了改变，我们的思想认识也应该与时俱进了！这何尝不是一种尖锐的讽刺呢？令人遗憾的是，我们并没有察觉到这一讽刺，对于货币的认识仍然远远落后于时代。第五章将对此进行详细阐述。

当承诺货币不能再从货币发行人的仓库中提取出任何实物时，它的交易属性得到了进一步提炼。此时的它只存在纯粹的交易属性。我们将这种失去实物货币兑换承诺的新型货币称为4.0版本的契约货币。当前货币体系下，各国人所使用的中央银行现金纸币就是这种契约货币。我们之所以将其这样命名，是因为这些纸币的发行都是通过借款合同进行的。也许有人会提出质疑："目前各国中央银行发行货币，不完全是通过对外出借货币的方式，还有通过购入黄金或者他国货币的方式。"是的，这两种方式确实存在，也许以后的中央银行还可能购入其他资产，但本书首先认为这种方式仍然属于出借，可以看成中央银行作为货币发行人先对自己出借了货币，再以货币使用人的身份对外进行买卖。其次，本书反对中央银行这种对自己出借货币的行为，认为中央银行应当专注于货币发行人的角色，只进行货币的对外出借和回收，没有必要兼职货币使用人的角色。通过买卖商品实现货币调控，这项工作可以交给政府来做。对此我们将在后文分别进行全面、深入的讨论。

不同于承诺货币的价值建立在货币发行人这一中心角色的信用之上，契约货币再也无法向承诺货币一样可以向货币发行人主张获取特定的实物。人们愿意接受契约货币，完全是出于另一个原因：相信手上的货币可以在市场上换取别人的商品。为什么可以这样相信呢？因为普通的理性人都可以做出这样的推测：货币的源头是货币发行人，货币发行人出借货币时，借款人曾经向货币发行人承诺，自己将在一定期限内偿还借款，而还款的货币只能通过自己到市场中进行交换来取得。这就意味着借款人一定会为市场提供足够价值的商品，否则其无法清偿债务。按此逻辑，契约货币的价值其实是建立在向货币发行人举债的借款人的信用之上，即借款人会按约定为社会提供足够价值的商品或服务。关于什么是价值以及契约货币的价值基础，我们会在第六章以及第四章第三节“信用货币的本质和三层信用”中进一步阐述。

借款人会提供足额商品或服务是一个应然的事件，而不是一个必然的事件。合法有效的借款合同完全可以得到法律的支持，但法律也无法保证债权人实现每一笔债权，更没有谁能保证借款人一定会为市场提供足够价值的商品或服务。那么人们为什么仍然愿意接受契约货币呢？这是因为人们还相信，即使借款人没有提供足够的商品或服务，也会有新的市场参与者出现。新的没有借款的主体可以提供价值相当的商品或服务，并且也愿意接受自己手中的货币。由此可以看出，契约货币的价值建立在两个契约和一个信心之上：契约一是指社会主体共同约定，全部同意使用这种货币；契约二是指货币发行人的借款人如约提供商品或服务、偿还借款；一个信心是指当举债者无力偿还时，社会其他主体有足够的商品或服务可以作为补充，为市场提供交易标的。

法律就是社会共同的契约，市场的创新和人民的勤劳就是补充产能的源泉。因此，契约货币往往依赖立法，经常被人们称为法币。人们也一直提倡发展，因为只有发展才能弥补违约借款人产能不足的问题。

至此，货币的发展经历了四种型态——1.0 版本的实物货币具有普遍实用属性附带交易属性，2.0 版本的凭证货币具有普遍实用属性附带背书交易属性，3.0 版本的承诺货币具有货币发行人自身信用背书交易属性，而 4.0 版本的契约货币则完全脱胎换骨，基于使用人自身而非货币发行人的信用，具备了更加独立的交易属性。

最初的货币就是实物，从人类社会活动中自然产生。货币发行人基于人们对实物货币天然价值的认同创造了凭证货币，凭证货币的信用来自实物货币。在广泛使用之后，凭证货币的信用得到强化，凭证货币利用自己的信用帮助货币发行人建立了货币发行人信用，货币发行人又利用货币发行人信用创造了承诺货币。承诺货币同样在交易中强化了自己的信用，然后，承诺货币利用自己的信用摆脱了对货币发行人信用的依赖，在货币发行人的帮助之下，升级成了具备独立信用的契约货币。货币和货币发行人共同努力，相互支撑，通过多年的努力，逐步将货币的精华，即交易功能，从物品中提取了出来，建立起人类对货币纯粹交易属性的认可。

第二章

契约货币的运行

契约货币是当前世界各国中央银行发行的主流货币类型，后文将要介绍的存款货币和贷款货币也都建立在契约货币的信用基础之上，以至于人们根本没有意识到它们在本质上的不同。契约货币作为金融及经济的核心要素，被人们广泛讨论，并在推动经济发展方面被各国政府寄予厚望。认清其运行机制是全面理解货币现象的基本要求。

契约货币保障市场交易的进行

让我们回顾一下第一章中A岛中央银行和A币的创设过程。经过铸币人对A岛上农夫、铁匠、按摩师的游说，结合A岛过去的生产交易经验，A岛的人们经过合议，达成共识：由铸币人制作一张标记为100值的绿色纸币A币，让一张这样的A币代替原来标记为10个贝壳的存单。原本10个贝壳的存单可以换取1把铁锹/10小时按摩/100千克粮食，现在100值的A币可以购买1把铁锹/10小时按摩/100千克粮食。A币在新年到来之日开始使用。

此时，海上又漂来了一个守财奴，他什么也不生产，什么也不消费，却对铸币人发行的绿色纸币A币情有独钟。他专注于收藏A币，对其购买力极其在意，他将见证A币的购买力变化。

新年的太阳冉冉升起，小岛上的货币改革正式实施，A币开始流通。农夫、按摩师、铁匠和守财奴四人来到铸币人的住处，分别在其住处的白色墙板上写下“-1000值”，并按下手印，然后拿走10张A币。农夫把10张A币交给铁匠，换来了

10把铁锹；铁匠把10张A币交给按摩师，换来了100小时按摩；按摩师把10张A币交给农夫，换来了1000千克粮食；守财奴则把10张A币放在了自己的枕头下，酣然入睡、怡然自得。

此时，粮食1千克1值，按摩1小时10值，铁锹1把100值。守财奴虽不需要交易，但对此心知肚明。按照他们共同熟知的A币使用规定，农夫、铁匠、按摩师每年1月1日从铸币人处借走A币，每年12月31日全部归还；而守财奴不用定期归还，仅在铸币人要求其归还时才归还。

A币顺利代替了贝壳存单，保障了小岛上1000千克粮食、100小时按摩、10把铁锹的交易。农夫、铁匠、按摩师、守财奴四个人的生计得以年复一年地维持下去，在岛上快乐地生活着。

此时，契约货币自身的实物价值只剩下了一张纸的价值（如果用纸显示信息的话），几乎可以忽略不计。但这丝毫没有影响小岛上的交易，因为人们建立了共识，用这张纸保障了A岛的市场交易和经济运行。我们将契约货币完美保障交易的故事称为故事一。

产出多于消费导致储蓄的产生

农夫的运气来了。某一年风调雨顺，加之农夫奋发努力，粮食丰收，产量直接增加了一半，年产1500千克。按摩师十分钟爱粮食，决定全部买入，于是在新年的1月1日，按摩师来到铸币人处说明情况，表明想多借 500 值，铸币人欣然同意。按摩师在铸币人的白色墙板上写下"-1500 值"，拿走 15 张 A 币并全部交给了农夫。然而，按摩师并没有多提供按摩服务，像往年一样，他只通过按摩服务从铁匠处换回 10 张 A 币，铁匠也如以往一样卖给农夫 10 把铁锹，取得 10 张 A 币。当年 12 月 31 日，农夫还清借款，家里还剩余 5 张 A 币，而按摩师在铸币人处还有 5 张 A 币没有偿还。小岛上第一次有人在没有自身负债的情况下拥有了 A 币——财富增加，储蓄产生，5 张 A 币被农夫存放到自己的抽屉里。我们将储蓄产生的故事称为故事二。

货币每被使用一次，经济就得到一次增长

经济活动的根本目的是满足人们的需求，人类的多样需求只有通过交易才能实现，而交易的媒介就是货币。因此，人们每使用 1 分钱，经济就增长 1 分钱，提高货币在市场中的交易量就可以直接提升经济。我们在此将货币使用与经济增长之间的这一特定关系称为货币学第一定律。提高货币使用量的方式有如下几种。

1. 增加信贷

A 岛铸币人仍然在不断思考，他要想方设法提高岛上四人的需求满足程度，让他们生活得更加快乐。铸币人受到农夫丰收、按摩师增加借款的启示，在新年第一天对按摩师说："去年农夫丰收，年底还有了 500 值 A 币存款，他非常

高兴。今年我再多借你1000值，你去告诉农夫，让他再加倍努力，多产粮食，同时，你也能吃得更饱。听说你家里还存了粮食，那么你也应该多付出劳动，增加按摩服务的时间。你欠我的500值不能一直拖下去呀！”按摩师连声道谢，从铸币人处取走了20张A币。白色墙板上写着“按摩师：-2500值”。

果然，农夫收到按摩师20张A币的付款后，夜以继日地工作。这一年气候不好也不差，但通过努力，农夫一年的产量居然真的达到了2000千克。同时，由于工作量大增，工具消耗加大，这一年他向铁匠订购了18把铁锹，铁匠也加班完成了交付，收到了农夫支付的1800值。为了完成任务，铁匠更加需要缓解疲劳，因此享受了按摩师170小时的按摩服务，为此支付了1700值。

到了年底结算时，农夫收到2000值，支付1800值，多存了200值，加上在故事二中的现金留存，还清铸币人的借款后，他的抽屉里已经储存了700值。铁匠收到1800值，支付1700值，还清铸币人的借款后，也第一次有了现金储蓄100值。按摩师收到1700值，年初借款2000值，他在铸币人处的债务又增加了300值，达到800值。

这一年，铸币人的A币投放从原来的3500值，增加到了4500值，而A岛上的三人交换了2000千克粮食、18把铁锹、170小时的按摩服务，总产值为5500值。A岛上产出的财富增加了，三个人的需求得到了极大的满足。通过增发货币，小岛的经济得到了发展。我们能明显地看到，货币的信贷投放是推动经济总量增长的正向激励手段。我们将这个信贷促进经济增长的故事称为故事三。

2. 减少储蓄

又到了新的一年，按摩师再次从铸币人处借入 2000 值 A 币，购买了农夫生产的 2000 千克粮食。农夫为了进一步扩大生产，动用了自己抽屉里储蓄的 300 值，共购买了 23 把铁锹。铁匠收到 2300 值，及时享乐，购买了 220 小时的按摩，为此付出了 2200 值。铁匠最终又储蓄了 100 值。按摩师付出了 2000 值，收回 2200 值，年底全部归还给铸币人，原有 800 值的负债减少了 200 值。这一年，A 岛上的三人交换了 2000 千克粮食、23 把铁锹、220 小时按摩，总产值为 6500 值。A 岛上产出的财富相比故事三又有了显著的增加，三个人的需求也得到了更大的满足。通过货币储蓄者将货币投入消费，经济得到了进一步的增长，我们称之为故事四。

3. 民间借贷

以上我们讨论了提高货币使用量进而提升经济总量的两种方式：一是货币发行人对没有货币存款的人发放贷款，二是让货币存款人将货币投入使用。这两种情况，我们分别通过故事三和故事四进行了推演。

下面我们再讲一个故事。在故事二中，农夫通过劳动多产出了 500 千克粮食，按摩师用多借来的 500 值 A 币换走了粮食，年底结算时，农夫的抽屉里留存了 500 值 A 币。故事二发生后的一年，铸币人和往年一样对三人各发放了 1000 值 A 币。农夫了解到，按摩师有意愿也有能力提供更多的按摩，但铁匠没有能力产出更多铁锹。在此情形下，农夫向铁匠提出，自己家的白色墙板也可以记账。于是，铁匠在农夫的白色墙板上写下“铁匠：-500 值”，从农夫处借走了 500 值 A 币，随后支付给了按摩师，多享受了 50 小时的按摩服务。年底结算时，三人对铸币人都没有不能清偿的债务，但相对于前一年，500 值 A 币从农夫的抽屉转移到了按摩师的抽屉，而铁匠有 500 值 A 币无法向农夫偿还。这一年，留存的 500 值 A 币基于农夫与铁匠之间的借贷投入使用，从而推动 A 岛的产值增加了 500 值。在这个新的故事中，民间借贷产生了，提高货币使用量进而促进经济增长的第三种方式出现，我们称这个故事为故事五。

契约货币的产生是历史的必然和进步

货币被发明出来，用于保障各类商品的多边交换，这就要求货币的供应量与全部商品的交易量相匹配、相适应。货币从人类生活实践中产生并发展，初级的货币要么是单一的特定物品，要么是特定物品的凭证和承诺，这从根本上决定了 1.0 版本实物货币、2.0 版本凭证货币和 3.0 版本承诺货币在供应量上无法满足人类日益增长的商品交易量，必然会被历史淘汰。4.0 版本契约货币的产生打破了特定物品对交易媒介的捆绑和限制，货币不再是单一物品的代表，而是全部物品的代表；不仅是现有物品的代表，还是未来可能生产出来的商品的代表。只有如此，货币供应量才能适配商品交易量，货币才能更好地服务全部物品的交易。契约货币的产生既是历史的必然，也是历史的进步。

布雷顿森林体系下的美元本质上是美国政府对持有人兑换黄金的承诺，属于承诺货币。如果要保证全部美元都有可供兑换的黄金，美联储对外发行美元只能按 35 美元对应 1 盎司黄金的比例，将发行总金额限制在其自身拥有的黄金储备量范围之内。在此范围之外，如果还要发行美元，美联储只能通过向黄金持有者购买黄金的方式完成美元发行。只有这样，才能保证其有足够的黄金储备量，从而具备充分履行兑换承诺的能力。

美元对外发行的对象主要限于美国国内主体，而美国政府和美国国内的全部黄金储备量必然是有限的。而随着全球化进程的发展，国际贸易量在不断上升，需要越来越多的美元用于交易支付，与黄金挂钩的美元总有供应量无法满足的一天。

在全球化自由贸易的背景下，美国国内主体可以使用美元与国外主体进行交易。当美国发生贸易顺差时，美国的商品流向国外，国外的美元流回美国，这意味着国外的美元不足。在这种情况下，美国国内主体就可以用手中的美元换取国外主体手中的黄金。美联储就又可以继续从国内主体手里收取从国外换来的黄金，再把美元留在国内主体的手里。如此持续，国外的黄金就随着美国的贸易顺差而源源不断流入美国，美元就可以得到持续发行。在美国对外贸易总体处于顺差的情况下，国外的黄金流入美国以换取美元。然而，美国国外的黄金也是有限的，贸易顺差情况下的“美元与黄金挂钩”制度虽然能背靠全球黄金储备量，但最终必然走向崩溃，因为全球的黄金储备量也有限，无法支撑全球贸易量所需要的海量美元供应。

当美国对外贸易总体处于逆差时，意味着美元会留在国外，此时，境外的国际收支对美元的需求得到了满足，美国只能依托国内主体拥有的黄金发行货币。美联储能换取黄金、发行美元的数量就更加有限。

综上所述，美联储如果要满足其国内外的交易支付需求，让美元承担起国际支付的重担，就需要大量发行美元。而每发行 35 美元，美联储的黄金库存就有多兑换出 1 盎司的可能性。同时，无论是美国国内还是全世界，黄金的存量必然有限，黄金的增量无法与需要交易的商品增量匹敌。这样一来只会出现两种情况，一是人们根本不要求兑换黄金，二是美元根本兑换不出黄金。无论哪种情况，“美元与黄金挂钩”都无法长期维系。

既然美国通过黄金的信用背书建立了美元的世界通用货币地位，美元作为世界通用货币就需要有与国际贸易量相匹配的货币发行量。而美元发行量又受到美国政府黄金储备量的限制，美国政府当年努力做的工作实际上是试图“用发行量受限的货币实现货币发行量的不受限”——这听起来相当荒唐、滑稽，但确实是美国政府曾经给自己设置的一道不可能解决的难题。这道难题后来被美国经济学家罗伯特·特里芬所察觉。

解码“特里芬难题”

美国人给自己所出的难题有一种表述方式就是“特里芬难题”。罗伯特·特里芬指出，美国的货币策略要求美国同时实现贸易顺差和贸易逆差，这自相矛盾。

“特里芬难题”为什么会出现呢？我们试想，如果美国之外的黄金储备量无限大，那么国际结算所需要的美元就可以用黄金向美国换取，不需要美国国际收支长期逆差。即使美国保持长期贸易顺差，也可以依托国外的黄金流入而源源不断地向外输出美元。相对应地，如果美国国内的黄金储备量无限大，那么即使长期逆差，也可以依托其国内的黄金源源不断地发行美元，用于国际采购。在“美元与黄金挂钩”的承诺下，正是因为美国之外的黄金有限，美元要作为世界货币就必然要求美国贸易长期逆差；正是因为美国国内的黄金有限，美元要作为世界货币就必然要求美国贸易长期顺差。“特里芬难题”的根源在于无论是在美国国内还是国外，黄金储备量和增长量都根本无法与国际贸易量相匹配，“美元与黄金挂钩”的承诺和美元与世界贸易匹配的要求是一对天然的矛盾，不可能同时实现。

布雷顿森林体系下，要实现美元国际化，美国贸易就要长期逆差，因为美元只能对本国主体发行，却要在海外不断沉淀。贸易长期逆差，美元就不可能与黄金挂钩，因为这时需要大量发行美元，而美国国内黄金储备量始终有限。以上推导说明，美元国际化决定了美元无法与黄金挂钩。布雷顿森林体系下，完整的美元难题是“要美元国际化，就不能要贸易顺差，就不能与黄金挂钩；要与黄金挂钩，就不能要贸易逆差，就不能要美元国际化；要贸易顺差，就不能要美元国际化；要贸易逆差，就不能与黄金挂钩”。

事实上，贸易交易量海量增加需要美元的海量供给，但黄金存量有限、增量受限，这对矛盾不可能得到解决。无论美国保持贸易顺差还是贸易逆差，只要美元大量发行（作为美国国内货币或者世界货币)，“美元与黄金挂钩”就不可能长期维持。贸易顺差只可能暂缓美元含金量下降的进程，不可能从根本上解决问题。因为美元含金量的下降只是部分受到美国贸易逆差的影响，贸易逆差不是美元含金量下降的根本原因。

知识拓展

“特里芬难题”源于1960年美国经济学家罗伯特·特里芬的著作《黄金与美元危机：自由兑换的未来》，是指由于美元与黄金挂钩，而其他国家的货币与美元挂钩，美元虽然取得了国际核心货币的地位，但是各国为了发展国际贸易，必须用美元作为结算与储备货币，这样就会导致流出美国的美元在海外不断沉淀，对美国国际收支来说就会发生长期逆差；而美元作为国际货币核心的前提是保持美元币值稳定，这又要求美国必须是一个国际贸易收支长期顺差国。这两项要求相互矛盾，被称为“特里芬难题”。

“美元与黄金挂钩”不是目的，而是手段。美国人的目的是保证美元的信用，从而使美元成为世界货币，因为只有信用度高的美元才能被全世界的人们接受。在黄金有限的客观限制下，如何同时实现美元信用度高和发行量充足这两大目标呢？我们来做一个假设，如果美联储可以直接向国外主体发行货币，即国外主体可以直接向美联储借美元呢？在此情形下，国际结算与国际储备所需要的美元就可以通过国外主体的信用向美联储取得，就不需要美国国际收支长期逆差，即使美国保持长期贸易顺差，也可以凭借国外主体的信用源源不断地向外输出美元，美元信用下降与美元供应量上升的难题将迎刃而解。至此，我们找到了“特里芬难题”出现的另一个原因：美元只能向美国国内主体发行。这一点至今没有改变，导致美元的难题尚未得到彻底解决。我们将在第十三章“美国的金融强国之路及其弱点”第六节“新型美元难题和出路”中进行阐述。

布雷顿森林体系的核心问题在于海量的货币需求被人为地限制在限量的黄金之上，要解决这个问题，只能打破这种不合理的限制。布雷顿森林体系的解体是美元货币发行人及美国政府的公然违约和集体失信，但是这源于人类对货币的不理解，是必然的违约、进步的违约，是货币跟上人类社会发展的必然结果。契约货币满足了人类进行广泛而巨量交易的需求，促进了人们之间的交流，增进了人类的福祉。

科技的进步，生产力的提高，世界范围内的商品流通，决定了没有任何实物能够支撑起庞大的交易需求，货币作为满足交易需求的独特物品完全不需要有其他功能，更不需要其他任何具有实际价值的物品背书，契约货币才是真正只用于交易的货币，是纯粹的货币、高级的货币。

第三章

商业银行实际拥有了货币发行权

人们通常认为，一个国家的法定货币只有一种，且由中央银行发行。具备金融学知识的人知道，商业银行通过对外贷款对中央银行发行的货币产生了货币乘数。但没有人指出商业银行已经实际拥有了货币发行权，甚至有的已经悄悄成为各国主要的、直接的货币发行人，并且其制造的货币是性质完全不同的货币。也没有人在意，商业银行作为以营利为目的的公司组织，是否应该被赋予与国运密切相关的货币发行权。

商业银行出现了，以仓库管理员的身份

农夫在故事二中所赚取的500值A币，已经在自己的抽屉里留存很久了。农夫只会生产粮食、购买铁锹，根本不懂得如何经营A币，他也担心A币放久了会发霉损坏。

这一天，A岛上又漂过来一个人，是一名商业银行家。他在熟悉了小岛的情况后，效仿“A岛中央银行”的做法，在自己的家门口树起了两块招牌，一块写着“A岛商业银行”，一块写着“A币仓库”。他找来农夫，讲述了自己过去在岛外从事货币经营管理的丰富经历，取得了农夫的信任。他给农夫出具了一张红色的纸，上面记着“农夫在我处存款A币500值”，纸的抬头显示着醒目的“商业银行存单”几个字。商业银行家在红纸上签上了自己的名字，随后农夫取走了这张商业银行存单，而将500值A币留在了商业银行。

货币5.0版本：存款货币

农夫已经将手中5张100值的A币换成了一张500值的商业

银行存单。农夫在故事四中向铁匠购买23把铁锹时，除了向铁匠直接支付了从铸币人处借来的1000值A币和从按摩师处收取的1000值A币，还带着铁匠来到了商业银行处，当场将自己手中写着“农夫在我处存款A币500值”的商业银行存单，改为了“农夫在我处存款A币200值”。同时，商业银行向铁匠出具了内容为“铁匠在我处存款A币300值”的商业银行存单。

农夫、按摩师和铁匠发现，相比拿着多张100值A币相互交换，直接到商业银行处更改存单更加方便快捷，而且将A币留存在商业银行处也更加安全。

于是，在新的一年里，三人将从铸币人处借来的A币全部留存在了商业银行。以后的交易，无论金额多少，三人都到商业银行更改商业银行存单上的金额就可以了。从此，三人很少再碰A币了。

当商业银行出具存单并提供存单信息变更或者存单所有权转让的方式作为A岛市场交易中通用的支付手段时，商业银行的货币存单成了新型货币，商业银行从原来的货币借入者和留存者变成了新型货币的发行人，这时的货币由绿色的A币变为红色的存单。

商业银行看似是一个专业而新颖的机构，可我们又觉得它似曾相识。那位最早来到A岛的仓库管理员、现在的中央银行铸币人，当初保管的是人们的贝壳，现在的商业银行家保管的是人们的A币，两者都是出具存单，且库存中的贝壳和A币都被用于交易。如此看来，现在的商业银行家和曾经的贝壳仓库管理员之间并没有什么本质上的不同。当初的贝壳存单、此时的 A 币存单重新具备了 2.0 版本凭证货币的本质。正如马克·吐温所说："历史不会重演，但会押韵。"人类的货币历史在此刻进步，也在此刻重演。

2.0 版本凭证货币是 1.0 版本实物货币的存储凭证，现在商业银行的货币存单是 4.0 版本契约货币的凭证。至此，现代人类的 5.0 版本货币产生了——这种商业银行的货币存单，我们称之为"存款货币"。

存款货币上的每一笔金额都有对应的 A 币存在，存单只是 A 币的替代，A 岛上实际可供交易的货币总量并没有发生变化。货币发行的总量仍牢牢掌控在铸币人的手里，商业银行的存单只是让货币的留存和支付手段发生了改变。商业银行因其货币存单被普遍接受而在契约货币的基础上改造出了一种新型凭证货币。至此，商业银行的功能还是仅限于存储以及附带的存储信息变更，本质上还是仓库。现在的商业银行家与曾经的贝壳仓库管理人之间并没有本质上的区别，前者存储货币，后者存储贝壳，而他们之间的相似并没有到此为止。接下来，商业银行家也要脱胎换骨，他将像曾经的仓库管理员出具空头的贝壳存单一样，对外出具空头的货币存单。

货币 6.0 版本：贷款货币

继续前文的讲述，农夫在故事二中留存的 500 值 A 币被放到了商业银行处，商业银行出具了存单。

商业银行家找到按摩师，对其说道："据我了解，铸币人不愿意再多贷款给你了。我这儿有500值，可以借给你，不过你没有必要拿走这500值。你将这500值留存在我这里，我给你出具我的商业银行存单——这张500值的银行存单，你照样可以用于交易。”按摩师欣然答应，于是在商业银行的白色墙板上写下了“按摩师：-500值”，并拿着内容为“按摩师在我处存款A币500值”的商业银行存单回家了。他内心的喜悦和当年从仓库管理员处第一次借取贝壳时一样。

商业银行家又找到铁匠，进行了类似的操作。此时商业银行的库存里只有500值A币，而A岛上已经出现了三张500值A币的存单。只不过，按摩师和铁匠手中的存单背后不是真实的存款，而是写在商业银行白色墙板上的两笔500值A币的借款。

第二年，三人各自从铸币人处借走1000值，但三人都具备了支付1500值的能力。同时，三人将从铸币人处借取的全部A币都存入了商业银行，三人各自的1500值不再通过A币直接支付，而是通过到商业银行处更改存单信息的方式进行。此时，因为按摩师和铁匠手中各有一张500值的空头货币存单，A岛的货币供应量增加了1000值。商业银行承诺，这1000值的A币随时可以从其仓库中提取出来，但事实上这标记为1000值A币的存单是如何产生的，我们已经一目了然，即通过农夫的真实留存，先后对按摩师和铁匠出借而发行。问题的关键在于，农夫已经有了一张500值的存单，这张存单已经在市场中用于交易流通，向按摩师和铁匠多发行的这1000值存单完全形成了供应量的新增。基于借款而取得的商业银行存单是新增的货币发行量，只是货币发行所对应的负债从铸币人的白色墙板转移到了商业银行的白色墙板上。

这时的存单不是基于现金的留存出具，而是基于负债出具，也可以视为借款人基于负债借出了货币，又将货币存入出借人处而取得存单——两者的效果是相同的。从本质上说，这是借出来的商业银行存单，而不是存进去的商业银行存单，完全可以认为是商业银行凭借借款者的信用凭空出具的。

至此，小岛的货币不仅有铸币人制作的绿色A币，还有商业银行制作的用于替代A币的红色商业银行存单，另外还有按摩师和铁匠凭自身信用从商业银行处借出的空头商业银行存单。

当商业银行可以基于对借款人信用的评估，通过在自己的白色墙板上记下债权而增加A岛上的货币供应量时，商业银行家具备了铸币人的能力。人类的货币史再次演化推进，6.0版本的货币产生。我们将这种空头商业银行存单称为“贷款货币”。

贷款货币虽然看起来还是存单，背后却对应着持有人对商业银行的负债。通俗地说，存款货币是基于向商业银行存款的存单，而贷款货币是基于向商业银行贷款的存单。存款货币是对中央银行发行的契约货币的替换，贷款货币则是在中央银行契约货币之外，由商业银行发行的新型货币。

现在，我们来看看存款货币和贷款货币产生时，商业银行资产负债表的变化情况，以便加深对贷款货币这种抽象的新型货币的理解。

当有人向商业银行存款100万元时，商业银行的资产和负债同时增加（见表1）。

表 1 存款产生后的银行资产负债表

资产	负债
库存现金 100 万元（来自存款人）	存款 100 万元（存款人持有存单）

现行货币体系下，多数国家要求商业银行对外发放贷款时必须满足一定的存款准备金的要求，即每一笔存款进入商业银行后，商业银行都要留存一部分以备存款人提取或转出，其余部分可用于对外发放贷款。留存的部分就是存款准备金，留存的比例就是存款准备金率。

我们按 7%的存款准备金率计算，基于这 100 万元的存款，商业银行可以向外发放 93 万元的贷款。当有人向商业银行申请这 93 万元贷款并得到批准后，商业银行将 93 万元划转至借款人在本行开设的账户，借款人拥有了商业银行存单，即贷款货币，而商业银行拥有了借款人的借款合同，其资产负债表进一步扩张（见表 2）。

表 2 贷款产生后的银行资产负债表

资产	负债
库存现金 100 万元（来自存款人）	存款 100 万元（存款人持有存单）
贷款 93 万元（对借款人的债权）	存款 93 万元（借款人持有存单）

当借款人需要对外支付，将 93 万元存款取现或转账至他人在其他商业银行开设的账户时，商业银行的资产和负债同时减少（见表 3）。

仔细看看发生了什么吧！存款人存储的 100 万元库存现金只剩下 7 万元，存款人持有 100 万元银行存单却已经无法从商业

表 3　　贷款金额被取用后的银行资产负债表

资产	负债
库存现金 7 万元（来自存款人）	存款 100 万元（存款人持有存单）
贷款 93 万元（对借款人的债权）	

银行处取回 100 万元现金。即使存款人要将这 100 万元转至其他商业银行的账户，原本出具存单的商业银行也无法完成了。因为其中的 93 万元被商业银行“挪用”了——存款人的 93 万元存款被借款人“掏空”，取而代之的是商业银行库存里借款人出具的借款合同。

现实情况是，商业银行不会只有这一笔 100 万元的现金库存，每一笔存款都会留取一定比例的准备金，也不太可能同时被要求提取现金或转账至其他商业银行。商业银行正是凭借这种全部存款人的准备金留存和部分存款人的存单留存维系着少数人的提现和跨行转账。很多份“7 万元”的准备金留存保障着少数“100 万元”的提现和转账。因此，通常情况下，存款人持有的 100 万元银行存单仍然可以通过转账的形式对外进行支付，也就是说，贷款的 93 万元是商业银行新创造出来的货币。

当前流行的现代货币理论认为“不是存款创造了贷款，而是贷款创造了存款”。这句话的前半句是对的，贷款人对外发放贷款时确实不需要存款的支持，单凭借款人的信用就可以进行。即使有些国家制定了部分存款准备金制度，这部分保证金也只是为了维持现金流的需要。在存款保证金制度下，存款仅可以被视为贷款的约束条件，而不能被视为贷款的来源，并且存款保证金制度并不会对贷款构成根本上的约束。只要贷款人所借出的货币没有流出贷款人的体系，即借款人没有用存单取出现金或将其转移到其他商业银行，贷款就可以无限制地进行，更何况有许多国家要求的存款保证金率为零。

而这句话的后半句是错的。贷款只是创造了存单，并没有创造存款。借款人取得的也只是贷款人发放的存单，这种存单可以在市场上用于商品交易，作为货币使用，所以我们视其为一种新型货币。贷款人出具存单时，也没有取得存款，而只是取得了借款人的借款合同。

存款和存单之间有本质的区别。在本书的货币分类中，前者是中央银行发行的现金纸币，即契约货币；而后者是商业银行出具的新型货币，根据来源不同可被分为存款存单或贷款存单。当借款人将存单取现时，现金存款从贷款人仓库流入借款人手中，借款人用现金在市场中进行交易，而不再是用之前的存单进行交易。在这个过程中，存款也没有被创造，只是从贷款商业银行的仓库转移到了市场。即便借款人选择提取现金并存入其他商业银行，或是将存单显示的金额转账至开设在其他商业银行的任何人的账户，抑或借款人向他人购买商品，出售商品的人将取得的现金存放到另一家商业银行，看似其他商业银行的存款增加了，但贷款的商业银行存款也相应减少了，另一家商业银行所产生的新增存款也只能看成贷款的商业银行原有存款的转移。贷款还是没有创造存款，也不可能创造存款。因为存款源于现金纸币，即契约货币，而这种货币只有中央银行才能创造。

贷款货币的供应量是 n 次贷款金额的总和。由于存款准备金率的规定，每一次贷款是上一次存款的折扣，即使借款人取得贷款后不进行纸币提现，商业银行每一次贷款的金额也会递减。设定初始现金存款货币量为 A，存款准备金率为 a，第 n 次贷款货币发行后被以契约货币（纸币现金）提取的金额为 Bn（由一家商业银行划转至另一家商业银行，可以视为提取后又存入。由于商业银行的运行是一致的，所以从整体上看不算提取），假设商业银行每次都能够将存款准备金以外的金额全部用于贷款，那么由这部分存款货币所能产生的第 1 次贷款货币 $A1$ 为：

$$A1 = A \times (1 - a)$$

第 n 次贷款所生产的贷款货币 An 为：

$$An = (An - 1 - Bn - 1) \times (1 - a)$$

由 A 这部分现金存款货币所产生的贷款货币总量 Xn 为：

$$Xn = \sum_{k=1}^{n} (Ak - 1 - Bk - 1) \times (1 - a)$$

假设全部贷款货币都不会被提取而以契约货币（纸币现金）的形式离开商业银行，那么第 n 次贷款货币 An 为：

$$An = A \times (1 - a)n$$

由 A 这部分存款货币所产生的贷款货币总量 Xn 为：

$$Xn = \sum_{k=1}^{n} A \times (1 - a)k$$

现实中，商业银行不太可能用尽可以对外贷款的额度，所以以上公式是商业银行基于现金存款所能够创造的贷款货币的最大值。每家商业银行所发行的贷款货币的具体数额就是其资产负债表中“发放贷款及垫款”科目所显示的金额。

货币的演变历史

1.0 版本的实物货币基于人们对特定物品的普遍接受。2.0 版本的凭证货币是存储实物货币的凭证。3.0 版本的承诺货币声称可以像凭证货币一样兑换实物，实则由货币发行人凭空通过出借的方式发行，货币发行人的仓库实际上根本没有足量的实物可供兑换。4.0 版本的契约货币直接打破兑换实物的法定义务，告诉人们根本没有实物，完全凭空借出，但一样可用于市场交易。5.0 版本的存款货币是 4.0 版本契约货币的存储凭证。6.0 版本的贷款货币则和 3.0 版本的承诺货币一样声称可以像存款货币一样兑换契约货币，实则根本没有对应的契约货币，即现金纸币的留存（见图 4）。

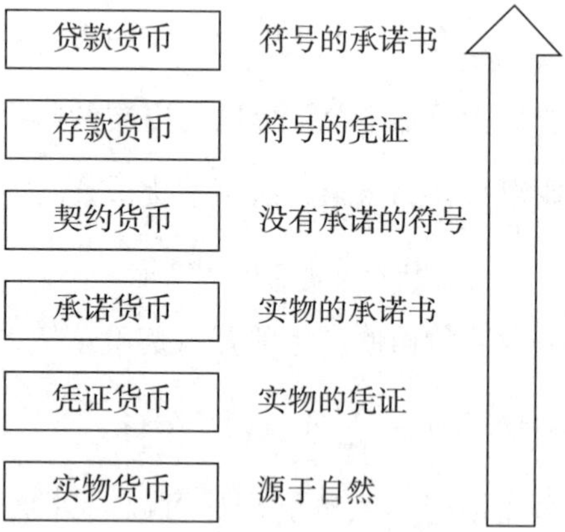

图 4　货币的演变逻辑

货币的发展演变沿着特定的轨迹展开，遵循着简单而清晰的逻辑。4.0 版本的契约货币是新型的 1.0 版实物货币，5.0 版本的存款货币是新型的2.0版本的凭证货币，6.0版本的贷款货币是新型的3.0版本的承诺货币。人类通过几千年的历史，慢慢将交易功能从自然物中提取出来供自己使用，货币也从实物演变成了仅仅存在于人类共识中的符号。

试想，如果贷款货币的承诺被再次打破，或者更准确地说被识破呢？这时，商业银行就会出现挤兑，人们也不再将契约货币存储在商业银行，5.0版本的存款货币就会消失。商业银行也不再具有发放贷款的功能，6.0版本的贷款货币也会消失，货币发行权再次完全由中央银行掌握，人类货币将重回4.0版本的契约货币的时代。当中央银行的契约货币信用也崩塌时，人类只能重拾实物货币了。

2023年12月30日，美国新罕布什尔州已经正式宣布货币自立，允许雇主用金银支付雇员工资。2024年1月7日，美国印第安纳州众议院提交的一项提案（HB1043）宣布该州在金融货币上将采取重要步骤，将黄金和白银视为货币，可以用来偿还债务和缴纳税款。2024年1月10日，美国肯塔基州众议院通过了一项法案（HB101），正式宣布将黄金视为法定货币，同时，还免除了黄金和白银交易时的资本利得税。截至2024年，美国已经有40余个州取消金银销售税，这一举措是将黄金和白银视为货币而不是商品的关键步骤。

货币的中国哲学思辨

在《道德经》里有“道生一，一生二，二生三，三生万物”的说法，这不也正契合了货币六个阶段的历史演进吗？从广义上说，货币也是商品，货币和其他商品都是人类的财富。从狭义上说，货币与商品是相互对应的一对矛盾关系和辩证关系，两者一阴一阳，相互作用，共同维持着人类财富的运行。我们不妨在此利用《易经》的思辨方法对货币进行一个简单的趣味分析。现在，我们一起来“八卦”一下货币。

从《易经》的哲学角度看，阴性意味着稳定、柔顺、滋养，阳性意味着强健、兴盛、创造。我们认为，货币的天然属性更符合阳性的特征，而商品的天然属性更符合阴性的特征。因此，商品应该是阴性的财富，货币应该是阳性的财富。财富是人类幸福之源。我们认为，货币是人类幸福之父，商品是人类幸福之母。那么，货币的整体状态应当对应《易经》中的乾卦。乾卦象征纯粹的阳和健，表明兴盛强健。卦辞是“元、亨、利、贞”，代表吉祥如意。

具体到每一个爻的爻辞（见图 5），初九的爻辞为“潜龙勿用”，意思是“潜藏的龙，不要施展威力”。实物货币处于这个位置，寓意实物货币不应大行于市，而应多加隐藏，需晦养以待时机。我们不要将黄金、珠宝等珍贵实物或所谓“硬通货”频繁用于交易，也不要将这些实物过多地对外展示，这样容易丢失，也容易损坏。

九二的爻辞为“见龙在田，利见大人”。意思是龙已经出潜离隐，出现在地面之上，到了该发挥作用、有所施展的时候了，这位有大德的大人已经展现于世，其恩惠必将泽及于天下，天下的人都高兴见到它。凭证货币处于这个位置，寓意凭证货币

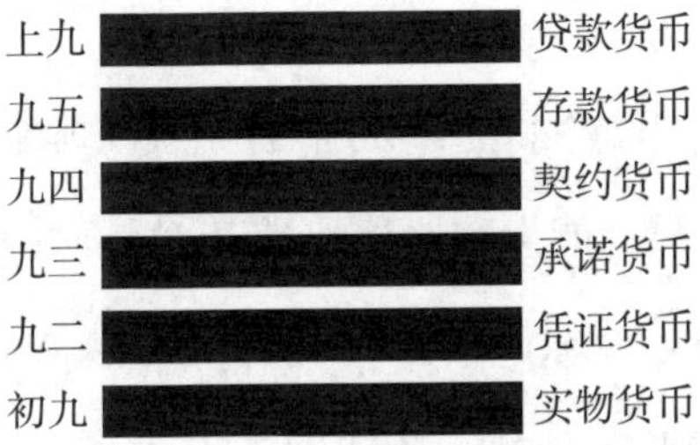

图 5　乾卦对六种货币的哲学思辨

应当大力推广，以求广为人知，这样才能有更多的人存储实物，也会有更多的人认可这个凭证，进而更有利于市场的交易。

九三的爻辞为“君子终日乾乾，夕惕若厉，无咎”。意思是终日戒慎恐惧，自强不息，即使到了晚上，还是心怀忧惕，不敢有一点松懈。多凶的危厉之地，本来要有咎害的，但由于它刚健得正，能够做到“终日乾乾，夕惕”，有咎害也被转变成了无咎害。承诺货币处于这个位置，寓意承诺货币应该时刻保持谨慎和奋发图强，不可有一时的松懈。毕竟，承诺货币的背后并没有真实的实物存储，这是明确的过错，如果不能保持足够的艰苦努力、勤勉尽责，就会让人产生怀疑，进而造成实物货币的挤兑。这个位置有一定凶险，但可以有效化解，转危为安。

九四的爻辞为“或跃在渊，无咎”。意思是龙或飞跃上天，或潜入龙潭之中，没有咎害。契约货币处于这个位置，寓意中央银行现金纸币的发行和运用需要审时度势，待机奋进，张弛有度，该严控时严控，该投放时投放。这个度如何把握，关键在于考查借款人有无未来产能。关于这一点，我们会在后文中进行详细的论述。

九五的爻辞为“飞龙在天，利见大人”。意思是一条腾飞的巨龙，在空中自由翱翔，“圣人是君子大人中最高明、最伟大的，其修养、智慧、能力和地位能使其对任何困难都应付自如，犹如龙飞在天上，圣洁高贵，腾越自由，以至于云雷风雨交集而下，普天之下感受其利。这样的大人是天下人所利见的”①。存款货币处于这个位置，寓意存款货币可以大行其道，充分展示力量，充分发挥作用，充分发扬光大。因为存款货币有实实在在的现金库存，可以经得起任何考验。我们在本书后面的章节中极力主张收回商业银行的货币发行权，推行100%的存款准备金制度，让商业银行回归货币经营管理的本职，无意中也与《易经》的精神相契合。日常生活中，中国人强调“现金为王”，而《易经》则明确地表述了存款为尊，因为存款货币正好处于九五之尊的位置。尊者至高无上。在中国古代的统治阶级序列中，“尊”代表皇帝，“王”代表诸侯，“尊”明显高于“王”。显而易见，在中国人的哲学中，存款和现金都有着高贵显赫的身份，并且存款的地位高于现金。

上九的爻辞为“亢龙有悔”。意思是身居高位的人要戒骄，否则会因失败而后悔，也指盛久必衰。贷款货币处于这个位置，这充分说明了我们运用贷款时应该保持歉抑、谨慎的态度。杠杆用得过头，容易物极必反，反噬其身。《易经》似乎正在告诫人们，“现金为王，存款为尊，贷款为悔”。

解读到此，我们不禁感叹，万物相通，大道如一。八卦中

① 金景芳，吕绍刚．易经全集［M］．吉林：吉林大学出版社，2015.

的初爻到上爻，千变万化，周而复始。人造的货币，从 1.0 版本到 6.0 版本，竟也如此契合大自然的规律和审美。

现代金融体系下的货币种类及相互转换

当前各国中央银行发行的现金纸币主要是 4.0 版本的契约货币，人们将赚取的契约货币存入商业银行，换取 5.0 版本的存款货币（非基于借款而是基于现金存款的存单，以存折或互联网系统作为记录存款信息的载体）。商业银行享有对社会主体发放贷款的权利，借款人依据自身与商业银行签署的借款合同而持有的商业银行存单是 6.0 版本的贷款货币。借款人拿到存单后，要么以现金纸币的方式拿在手中，要么以存款的方式存入商业银行（表现为以存折或互联网系统进行记录的商业银行存单）。无论哪种情况，这部分货币都源于债务。当借款人选择提现时，贷款货币变成了契约货币；当借款人选择向他人转账时，贷款货币变成了他人的存款货币。但在变化之前，贷款货币已经被创造出来，并被借款人带到了市场。

也就是说，现代金融体系下，市场中使用的货币有 4.0 版本的契约货币、5.0 版本的存款货币、6.0 版本的贷款货币三种。其中，4.0 版本的契约货币又可以被理解为以两种形式存在于市场：一是直接存在，即银行体系以外各个单位的库存现金和居民手持的现金；二是间接存在，人们将其存进商业银行，换取商业银行开具的银行存单，包括活期存款和定期存款，即 5.0 版本的存款货币——4.0 版本的契约货币的替代。

由于存款货币、贷款货币的发行主体是商业银行，表现形式都是商业银行存单，市场上可以用于交易的货币总量为非商业银行市场主体持有的现金总量以及商业银行存单显示的存款总量之和。需要指出的是，存款货币、贷款货币的载体为存单，而存单又以多种形式出现在市场中。我们手中的银行存折，网络银行或手机银行上的账户界面，银行本票、汇票和支票在本质上都是存单，我们在使用这些存单进行交易时，只需进行存单转移或存单信息的变更、过户，而不需要动用商业银行的库存现金。

由于4.0版本的契约货币、5.0版本的存款货币、6.0版本的贷款货币都是基于借款人的负债发行的，区别于之前版本的基于实物价值发行的货币，这三种货币没有任何实物支撑，我们将这三种货币统称为“信用货币”，会在第四章“信用货币的逻辑和本质”中进一步探讨信用货币的信用内涵。

需要注意的是，这三种信用货币之间存在一定的相互转换关系，贷款货币仅在商业银行发放贷款时将贷款金额转入借款人在本银行开设的账户时存在，此时借款人取得商业银行的存单。借款人凭存单提取现金后，贷款货币就消失了，借款人提取的现金本质上已经转换成了契约货币；或是借款人将存单金额划转至其他人的账户后，这部分贷款货币也会消失，其本质上已经变为存款货币。贷款货币虽然转换了性质，但它的功能已经实现——正是通过贷款货币的创设和转换，借款人将债务留在了货币发行人的账簿上，将货币供应量带到了市场上。契约货币和存款货币也在持有人存取款过程中进行着相互转换。

现行货币供应量分类方法及改进方向

我们将某个时点上全社会可以承担流通和支付手段的全部货币存量称为货币供应量。货币都是用于交易，但根据货币被存放的状态，可以大致推测出货币被用于交换的时间，从而推断出一定时期内市场中的货币实际被用于交易的总量。比如，某个家庭的保险箱里总计有100万元现金，但他们每年只打算用10万元，那么这个家庭每年给市场带来的实际货币供应量就只有10万元。因此，人们对一定时期内全社会的总货币供应量进行了分类，试图以此判断货币对经济的影响。各国通常将货币供应量划分为三个层次。

一是流通中的现金（M0），指在银行体系以外，各个单位的库存现金和居民的手持现金之和，即市场中4.0版本的契约货币没有被商业银行储蓄的部分。

二是狭义货币供应量（M1），指M0加上企业、机关、部队、学校等单位在银行的活期存款。即各个单位将部分契约货币存放进商业银行，由商业银行出具的活期存单，也就是5.0版本的存款货币和6.0版本的贷款货币的一部分。

三是广义货币供应量（M2），指流通于银行体系之外的现金加上企业存款、居民储蓄存款以及其他存款，包括M1、单位定期存款、城乡居民活期及定期存款、外币存款和信托类存款。即可用于交易的货币总量，也就是我们所定义的4.0版本的契约货币、5.0版本的存款货币、6.0版本的贷款货币之和——现金加存款。这与我们根据货币本质进行的货币供应分类不谋而合。

这种对货币供应量的传统划分建立在这样几个假设之上：一是个人短期内用钱通常使用现金，因此个人只要将钱存放在银行，无论是活期存款还是定期存款都代表短期内不会使用；二是单位短期内用钱通常使用现金或通过银行转账，且短期内使用的钱会放在活期存款中；三是单位不打算短期内使用的钱会放在定期存款上。因此，通常认为 M0 代表与消费密切相关的购买力；M1 反映经济中的现实购买力；M2 不仅反映现实的购买力，还反映潜在的购买力。若 M0 增速较快，则代表居民变得更加富裕，消费也可能随之活跃起来，反映出市场交易活跃，资金流动性强；若 M1 增速较快，则反映出消费和终端市场活跃，容易出现通货膨胀；若 M2 增速较快，则反映出投资和中间市场活跃。

很明显，这种对货币供应量进行的分类，没有根据货币的本质区别进行划分，或者人们根本没有认识到货币在本质上有何区别。事实上，目前尚没有其他人按本书的逻辑将现金和商业银行存款、商业银行贷款进行本质上的区分，进而将货币进行本质上的分类。传统的货币供应分类方法只是浅显地认为，银行存单、银行存款、现金三者之间没有本质区别，是相同的法定货币，从而只能通过存放形式的不同来揣摩货币持有者的使用意图和使用计划。这种根据货币表象而作出的分类必然会带来判断上的偏差。人们频频发问：为什么 M0 增速如此快，社会却陷入消费降级？为什么 M1 大涨，经济却出现了紧缩？为什么中央银行大放水，M2 暴增，投资却一直萎靡不振？传统的货币供应分类方法似乎经常处于失灵、掉线状态。

事实上，随着科技的发展，电子支付已高度发达，单位和个人已经极少使用现金，M0 早已不能代表消费购买力。随着各个商业银行及各种支付软件提供的理财产品日益丰富，很多打算在短期内使用的货币也以定期存款的形式存放在银行，M1、M2 之间的转换越来越灵活，借此分类判断支付意图的功能越来越弱。加之现行分类方法没有将贷款货币从银行存单中区分出来，也没有将金融单位持有的货币和实体经济持有的货币进行区分——这些内在因素造成了传统的 M0、M1、M2 分类对经济影响的判断越来越不灵敏。

为了更加准确地判断各类货币对经济的影响，对货币供应量更加科学合理的分类方法应该是根据货币的本质不同进行分类：一是契约货币，即银行体系之外的纸币，这和现行的 M0 一样；二是贷款货币，即商业银行通过对外贷款产生的借款人在商业银行的存单；三是存款货币，即商业银行不是通过对外发放贷款而是通过吸收存款向外出具的银行存单。

贷款货币的借款人具有明确、强烈的使用货币的意图，可以根据贷款货币的借款人身份、贷款期限和增信方式等进一步对贷款货币进行分类，以进一步判断贷款货币的使用预期。对于契约货币和存款货币，也可以根据持有者是属于银行同业、非银行金融机构还是实体企业进行分类，再根据活期、定期进行细分。需要注意的是，不应简单地认为城乡居民存放在商业银行的存款都是短期内不打算使用的，也不应简单地认为现金就是打算在短期内使用的。通过电子支付平台，居民将货币存放在商业银行，可以随时使用，同时，将现金存放在自己手中，往往也不是为了在短期内使用，而是有其他原因或目的。尤其需要指出的是，当前的M2包括商业银行自身的存款。按照本书的分析和分类，商业银行是主要的货币发行人，商业银行自身的存款应该被视为货币发行人体系内的货币，并没有被借款人带入市场。这部分货币只能算是半成品的货币，无法真正进入市场流通，对分析市场预期几乎没有意义。当我们从本质上对货币进行了区分之后，可以更加科学地对货币进行细化分类，以便为经济预判和经济决策提供支撑。我们期待经济学家、决策者沿着这个方向开拓下去。

第四章

信用货币的本质和逻辑

当前各国正在使用的全部货币可以被统称为信用货币。传统的观点认为信用货币是中央银行信用或是政府信用，而信用的本意是能够如约履行义务。中央银行或政府对货币持有人负有义务吗？如果有，中央银行和政府在信用货币上的法定义务是什么？如果没有，我们持有的信用货币到底让我们拥有了什么权利？对应的义务人是谁？信用货币只是一个符号，为什么会被人们视为主要的财富形式？它的价值之源在哪里？对信用货币的信用本质和底层逻辑的探索至关重要。

总储蓄永远等于总负债

前文的故事三发生后，铸币人通过增加贷款投放，成功推动了A岛上的经济增长，同时让部分人有了储蓄，而其他人有了不能清偿的负债。到了年底结算时，农夫收到2000值，付出1800值，又多存了200值。加上故事二中的现金留存500值，还清铸币人的借款后，他的抽屉里已经储蓄700值了。这一年，铁匠收到1800值，支付1700值，还清铸币人的借款后，也第一次有了现金储蓄100值。这一年，按摩师收到1700值，年初借款2000，年底结算还款，他在铸币人处的债务又增加了300值，达到了800值。而按摩师在铸币人处无法清偿的800值正好是农夫和铁匠抽屉里700值和100值的储蓄之和。

在故事四中，农夫将储蓄投入交易，同样推动了A岛上经济的增长。当年，农夫收入2000值，支付2300值，年底结算时，农夫当年多付出了300值。实际上，农夫当年本有300值的贷款无法归还，所幸他的抽屉里还有700值的现金留存，可以用这部分存款支付300值，因此，他抽屉里的现金留存从700值变为400值。铁匠收入2300值，支出2200值，又有了100值的存款，加上在故事三中的100值，铁匠现在有了200值的存款。而按摩师支出2000值，收入2200值，多收入200值，往年在铸币人处无法清偿的债务800值减少到了600值。按摩师在铸币人处无法清偿的600值也正是农夫与铁匠抽屉里的现金留存400值与200值之和。

通过以上两则故事，我们发现，无论三人的支出和收入如何，年底结算后留在小岛上抽屉里的A币和铸币人白色墙板上无法清偿的数值总是相等的，存款和负债永远是一个零和游戏。当然，在这类分析中，我们没有加入货币发行人收取利息的因素。但无论是否收取利息，存款和负债对应的规律不会改变。

在案例分析完成之后，我们通过逻辑推理，也可以得出同样的结论。但凡出现在市场中的货币，都是通过货币发行人（中央银行或者商业银行）对借款人的出借而产生的。如果要消除货币发行人账簿上的负债，就必须拿回市场中相应的货币。根据原命题和逆否命题为等价命题的原理，可知如果原命题成立，那么逆否命题也成立。由此可以推导出：如果货币没有被拿回，即留在了市场主体的手中，那么货币发行人处的债务就没有消除。人们手上的每一分钱留存都是另一个人在货币发行人处的负债。当然，如果人们手上的钱是自己贷款而来，那么这个负债主体就是他们自己。简而言之，储蓄与负债永远对应，我们手上的每一分存款都存在对应的负债。在货币发行人体系之外的交易市场中，全部市场主体手中的储蓄总量永远等于全部市场主体对货币发行人的负债总量，即总储蓄永远等于总负债，我们可以称之为货币学第二定律。

需要指出的是，当货币发行人向借款人发放贷款并回收时，需要向借款人收取利息。表面上看，此部分利息会使货币发行人之外的总债务高于总储蓄。当货币储蓄人将货币回借给货币发行人，即将货币存储在货币发行人处时，货币发行人会向其支付利息。表面上看，此部分利息会使货币发行人之外的总债务低于总储蓄。在这两种情形下，货币学第二定律似乎被打破了。但深入分析后我们会发现，货币发行人收取的利息是货币发行人的盈利，此部分货币可以直接用于市场交易，在本质上区别于货币发行人体系内的半成品货币。这部分货币实际上是货币发行人的服务所得（我们将在第八章“信用货币的发行人及信用货币的发行”第五节“对发行利息和租用利息的区分”中进行论述），货币发行人在收取这部分货币时，是以货币发行人身份之外，为市场提供服务的一般市场主体的身份进行的。因此，此部分货币不应归属货币发行人体系，而应归属货币发行人体系之外的交易市场体系。同理，当市场主体将货币存储在货币发行人处时，货币发行人为此支付利息。在这种行为下，货币发行人是以非货币发行人的一般借款人身份出现的，支付利息所用的货币也不是货币发行人体系内的半成品货币，而是发行人拥有的可供直接使用的货币。因此，此部分货币也应归属货币发行人体系之外的交易市场体系。货币发行人的身份和行为应严格限制在“凭借借款人信用，拥有借款人债权，向借款人出借并回收等量货币”之内，这个界定之外的身份、行为和货币都应属于货币发行人体系之外的一般交易市场体系。货币学第二定律并没有被打破。

货币是货币发行人制造的商品，货币发行的过程就是借款人与货币发行人进行交换的过程。借款人将自己的债务交给货币发行人，货币发行人将货币交给借款人。因此，市场中的每一笔存款都对应着一笔负债，而每一笔负债都对应着一份对未来提供商品的期待。这份期待一旦落空，货币就会成为多余。

货币形式的演变本质上是权利类别的演变

前文中，我们立足货币的历史演变过程，将货币进行了六种形态的分类。现在，我们来看看这六种货币在本质上到底有什么不同，即为什么说它们是本质上不同的六种货币呢？由于货币体系就是合同体系、权利义务体系，对货币的本质分析要根据权利义务界定。

按照民事权利的作用，可以将民事权利分为支配权、请求权、形成权和抗辩权。

支配权，又称管领权，指权利主体所享有的对权利客体直接管领和控制的权利，具有排他性。物权为典型的支配权，其他如准物权、人身权、知识产权也属支配权。

请求权，指法律关系的一方主体请求另一方主体为或不为一定行为的权利。权利人不能对权利标的物直接支配，只能对义务人请求。请求权由基础权利产生，因基础权利不同，可分为债权上请求权、物权上请求权、人身权上请求权、知识产权上请求权等，债权是典型的请求权。

形成权，指权利人依单方意思表示就能使民事法律关系发生、变更与消灭的权利。撤销权、追认权、解除权、选择权等都是形成权。

抗辩权，指一方依据抗辩事由，能够阻止对方权利实现的一项权利。广义的形成权包括抗辩权。抗辩权的防御性质使其区别于请求权而成为一类独立的权利，包括同时履行抗辩权、先履行抗辩权和不安抗辩权等。

1.0 版本的实物货币属于支配权中的物权，是普世的绝对权。2.0 版本的凭证货币是对银票铺户的返还实物请求权，是针对铺户的相对权，人们基于对银票铺户的信任而普遍接受银票（凭证货币）。3.0 版本的承诺货币仍然是可以向货币发行人主张给予实物的请求权，具有对货币发行人的相对权。近代中央银行的信用使承诺货币受到更广泛的信任和使用，布雷顿森林体系之下的美元就是承诺货币的典型代表。4.0 版本的契约货币，即布雷顿森林体系崩溃之后的中央银行纸币，虽然在货币发行人和外形上与 3.0 版本的承诺货币完全相同，但已经完全不具备对货币发行人，即中央银行的任何债权请求权。

法律规定任何单位和个人不得以非法定理由拒绝使用或拒收现金，这使人们认为契约货币失去了对货币发行人的债权请求权，却拥有了对普世的债权请求权，即拿着一张纸币，在自由市场下，可以向任何人请求交换商品。但这是一种错误的认知，因为法律只规定了如果人们要出售商品，就只能收取指定的货币，却没有强制规定只要持有货币的人向任何人要求交易，此人就必须出售自己的商品，更没有强制规定此人必须以特定价格出售自己的商品。即便是在当下极度商品化、市场化的世界，有钱也不是在任何时候、任何情形下、以任何价格都可以购买到任何事物的。比如你想要购买豪宅，如果你拥有足够多的钱，则大概率可以买到某一类型的别墅，但法律并不保证你能买到具体哪一栋别墅，因为那栋别墅的主人可能根本就不卖，或者就是不愿卖给你。在极端通货膨胀的情形下，人们根本不愿意接受法定货币，拒绝向货币持有者出售任何商品，也没有任何法律可以追究这些人的责任。因此，契约货币所具备的民事权利并不是对任何人的债权请求权。

那么契约货币所具备的民事权利到底是什么呢？当人们持有契约货币时，他们所拥有的只是对契约货币本身的支配权。对，你没有看错，他们仅享有一张纸的支配权，这是一种物权，人们可以基于物权而主张对这张纸的占有、收益、不被侵犯等排他性的权力。可以说，契约货币的产生完成了货币物权本质的回归，只是这个物从一块黄金变成了一张标记了数字的纸，而这张纸既可能蕴含着非凡的价值，也可能一文不值。当然，如果你将这张纸交给商业银行，取得了商业银行的存单，你对这张纸的所有权也就消失了，你手里的货币变成了存款货币。根据你和商业银行之间的存款合同，你拥有了对商业银行的给付纸币请求权。

5.0 版本的存款货币、6.0 版本的贷款货币，是商业银行基于 4.0 版本的契约货币而发行的商业银行存单，由于其采用实名登记的方式对外发行，通过转移或更改登记信息的方式供人们划拨使用，持有商业银行存单只是拥有向商业银行主张给予4.0版本的契约货币的权利，因此，5.0版本的存款货币、6.0版本的贷款货币是对商业银行的债权请求权。进一步说，持有商业银行存单的人不能主张对存单本身的占有、收益。如果你在马路上捡到了一张银行存单，你并不能实际占有这张纸的全部价值。法律上，这张纸仍然属于存单上登记的权利人，其完全可以去商业银行挂失补办一张存单。

人们通过网络银行、ATM机或银行柜台所做的转账行为，转移的不是物权，而是对商业银行的现金请求权，即要求银行给付现金的债权。我们可以将商业银行账户之间的转账行为看成商业银行存单持有人的债权转让行为。当转出账户与转入账户开设在同一家商业银行且商业银行收到通知时，它只是更改一下自己账簿上的债权人名称和金额。当转出账户与转入账户开设在两家不同的商业银行时，相当于商业银行存单持有人，即债权人，通知存款商业银行，即债务人，将自身的债权转让给收款商业银行，再由收款商业银行将债权转让给收款人，最终完成债权从转出人向接收人的转移。

5.0版本的存款货币、6.0版本的贷款货币之所以具备价值，不仅是因为债权请求权，更是因为持有人可以请求的物品是4.0版本的契约货币，这种货币具备物权价值。

信用货币的本质和三层信用

4.0版本的契约货币、5.0版本的存款货币、6.0版本的贷款货币等信用货币只是一张纸币或银行存单。随着科技的进步，银行存单甚至连纸也省去了。中央银行数字货币的推广也正在省去契约货币的那张纸，人们只需要登录相应的 App 账户、官方网站账户就可以查看和操作。如此看来，我们似乎可以断言，现金纸币的价值肯定不是那张可有可无的纸的价值，而是其被赋予的权利的价值。可是，我们已经分析过，人们对现金纸币的全部权利仅仅就是对这张纸的所有权，因此这张纸的价值就是现金纸币的全部价值。

我们不能将货币发行人制作现金纸币的成本作为评价其价值的标准，那样就太过狭隘和无理了。正如我们对一幅名画估值时，不能说绘制这幅画所用的纸张成本是 100 元，墨水成本是 50 元，就只能将其估值 150 元，也不能简单地加上画家的劳动费用，就得出这幅画的价值。列奥纳多·达·芬奇的作品《救世主》于 2017 年 11 月 15 日以约 4. 5 亿美元落槌成交，人们认为这幅画的价值在于它的文化艺术价值。同样地，一瓶中国贵州 53 度飞天茅台的成本在 100 元左右，市场的售价却在 3000 元左右，人们认为这瓶酒的价值在于它的品牌价值。现金纸币之所以有价值，原因不在于纸，而在于其富含的购买力。同样的道理，商业银行存单这张纸的价值也在于其富含的购买力。

信用货币所富含的购买力到底从何而来呢？正如房屋所有权包括占有权、使用权、收益权和处分权，我们认为购买力是信用货币的一项具体权利。权利和义务相互促进、相辅相成、一一对应，具体的权利对应具体的义务，具体的权利人对应具体的义务人。权利源于义务，购买力所对应的义务是什么呢？只有找到具体的义务，才能期待义务的履行。我们沿着信用货币的创造、使用、循环之路找寻购买力的义务人和义务的具体内容。在这个过程中，国家进行了货币立法，货币发行人进行了贷款投放，借款人签署了借款合同，商品出售人接受了借款人的付款，可以断定义务人一定就在这些主体之中。

自从兑换实物的承诺被废除后，货币发行人对信用货币持有人已经没有兑付任何商品的义务了，政府也没有这个义务，但我们并不能认为货币发行人和政府对货币持有人没有任何其他义务，因为法律赋予了货币发行人货币发行权，也赋予了政府货币政策制定权和监管权，有权利就一定有义务。借款人、货币发行人、政府，我们找到了这些义务人，但其各自的义务有主次轻重之分。

在经济领域，尤其是货币领域，我们习惯用信用来代替义务进行表达，那么什么是信用呢？我们将义务人按约履行义务的预期称为信用，将这种预期的现实视为义务人对信用的遵守。因此，信用货币购买力源于信用，源于特定义务人对自身信用的遵守。

信用货币的本质是货币发行人取用借款人信用而制造的社会通用商品。信用货币的原材料既不是黄金，也不是纸，而是借款人的信用。信用货币的制造商是法定的货币发行人，因其制造行为是专属性的垄断行为，货币在制造过程中加入了货币发行人信用的配方，信用货币的制造许可证由国家颁发，国家通过立法为信用货币穿上了国家信用的外衣。

1. 借款人的承诺是信用货币的核心信用

如前文所述，纸币源于中央银行，而且是中央银行通过出借的方式发行出来的，因此，契约货币从根源上说都有对应的特定借款人对中央银行的负债；存款货币是契约货币的替代品，只是将契约货币存储在商业银行而换取的商业银行存单。存款货币从根源上说同样是借款人向中央银行的负债；贷款货币则是借款人向商业银行的负债。

契约货币的货币发行人是中央银行，存款货币、贷款货币的货币发行人是商业银行。无论货币发行人是谁，都没有任何法律规定或合同约定此三种信用货币的货币发行人需要为货币持有人直接兑换任何实物或提供任何服务。也就是说，信用货币的持有人无法从货币发行人处用信用货币交易任何商品。货币发行人和国家在信用货币中的信用是抽象的、模糊的、虚化的。看看那些货币严重贬值的国家，货币发行人和政府并不会被追究明确的法律责任。

这就引发了一个值得沉思的问题：人们为什么会心甘情愿地接受信用货币呢？信用货币兑换黄金的承诺早已失效，人们接受信用货币肯定不再是因为其与黄金挂钩。是因为货币法定吗？显然也不是。在许多有自己法定货币的拉丁美洲国家和其他发展中国家，签订合同用美元计价是很普遍的现象，私人交易使用美元支付也很常见。即使是在美元被当地政府明确抵制并宣布为非法的国家，美元也被人们广泛接受。但极度通货膨胀下的法定货币也被人们普遍唾弃。传统教科书中可能还有这样的解释：人们接受本国货币是因为他们相信其他人也会接受。这更是肤浅的、敷衍的答案。即使是热恋中的姑娘在向情郎提出“你为什么爱我？”这一问题时，也不会满意这样的回答：

“因为我认为其他人也会爱你。”现代货币理论信心满满地声称找到了其中的奥秘，即税收驱动货币。该理论认为因为政府在征税时只接受指定的信用货币，所以该种信用货币被人们广泛接受。这样的回答还不如上面情郎的回答能让人接受，相当于回答：“因为我认识的最有实力的一位男生很爱你。”我们完全可以追问一句“政府为什么接受呢?”如果信用货币最终并不能购买所需的物品或服务，那么任何人都不会接受。信用货币被人们广泛接受一定是因为其自身具备一定的价值。

包括政府、企业、个人在内的任何一个经济体，都会着眼于自身的需求来审视环境、做出决策。能够最终满足人的需求的必然是物品或服务，即商品。人们之所以接受信用货币，根本的原因在于信用货币具有购买力，即信用货币的背后有货币持有人需要的商品。那么，信用货币持有人所需要的商品由谁来提供呢？我们认为，应当由货币发行人的借款人来提供。有无法律上的依据呢？有！

当借款人从货币发行人处借取货币时，信用货币被创造出来。此时，借款人和货币发行人之间签订借款合同，借款人说明还款来源是成功申请贷款的必要条件，借款合同约定货币发行人提供货币给借款人使用，借款人限期还本付息。那么，当货币被借款人消耗之后，借款人依靠什么还本付息呢？只能通过自己的劳动去创造财富，即为市场提供物品或服务，并以此取得收入，换取货币，进行还本付息。借款合同直接约定“借款人负有向货币发行人还本付息的义务”，相当于间接约定“借款人承诺自己将会为市场提供价值不少于贷款本金与利息之和的商品”。当然，如果借款人只是借钱用于投资，用投资所得偿还货币发行人的债务也未尝不可。这时借款人只是将别人用物品或服务换取的货币装到了自己的口袋里。借款人也许还会将自己的家产拿到市场进行出售，以取得收入进行还款。无论如何，只要借款人遵守信用还本付息，总会有人为市场提供可供交易的物品或服务。我们试想，如果所有借款人取得货币后只有消耗，没有产出，那么市场中很快将没有可供交易的商品，货币也就失去了价值。至此，我们找到了信用货币购买力的核心义务人——借款人。其核心义务为还本付息，核心信用为借款人信用。

信用货币发行人要求借款人以其发行的货币进行还款，借款人要想履行还款义务，就必然会通过劳动为市场提供商品。当一位市场中的商品出售人面对一位持有信用货币的购买人时，货币持有人的货币只有两种合法来源：一是交易所得，他已经为市场提供了商品；二是贷款所得，他承诺未来将为市场提供商品，并以此作为还款来源。无论哪种情况，信用货币最初从货币发行人处被借款人带到市场时都是得到了借款人“将为市场提供足够商品”的承诺。区别于旧时代货币发行人所做出的关于“持有人可以向其兑换黄金”的承诺，信用货币的承诺是货币持有人直接做出的，承诺“接受货币的人将可以向市场兑换其他人的商品”。这个宽泛的承诺是一个个借款人向货币发行人共同的承诺。实物货币的信用就是其自身的实物价值，凭证货币、承诺货币的信用由单一的货币发行人提供，而信用货币的信用由全体借款人共同提供。人们相信，绝大部分借款人都是诚信的，都能够履行承诺，可以通过自己创造的产品获得收入进行还本付息，市场中的货币都已经有或将来会有对应的商品。信用货币的含金量就是含信用量，含信用量的主要影响因素是借款人的信用。这才是人们普遍接受信用货币的根本原因。如果一定要说法律规定、政府税收等也是原因的话，这些也只是外因，而内因则是信用货币背后所蕴含的借款人信用。

当前流行的观点认为，中央银行发行的货币之所以被人们广泛接受，是因为中央银行具有中心信用。这是一个重大的认知错误，自从承诺货币被宣告无法从中央银行处兑换任何财富，货币的信用核心已经从中央银行的承诺变为借款人的承诺。凭证货币、承诺货币有一个中心信用，即货币发行人信用，而信用货币基于广大借款者的承诺发行，是去中心化的分散信用和大众信用。

所有的货币都是由借款人凭借自身的信用从货币发行人处借来的，借款人如果没有信用，货币发行人就不应该进行货币发行；借款人如果没有借款的愿意，货币发行人也无法完成货币发行；借款人如果不履行承诺，货币发行就会给借款人自己带来消费和享用，而给社会带来财富的消耗和多余的货币。

货币发行人是一个无法自己拧开水龙头的水箱，而借款人才是将水引入市场并有义务将水归还给水箱的人。借款人和货币发行人共同创造了货币，而且在这个创造的过程中，货币发行人是被动的、有选择性的，借款人是主动的、有创造性的。同时，两者共同对市场中的货币负责。借款人应该自强不息，通过自己的努力为社会创造财富。货币发行人应该厚德载物，确保货币在全市场流通并维持稳定的购买力。

有信用货币，就有债务。有债务，就有契约。信用货币的本质是多边承诺，代表着货币发行人、借款人和商品出售人之间的多边契约关系，货币在三者之间的流通过程是多边承诺下的交换过程。借款人向货币发行人负债，将信用交给货币发行人，直接向货币发行人承诺还本付息，相当于直接向货币发行人承诺“未来将向市场提供足量的商品”。货币发行人将货币交给借款人，直接向借款人提供货币购买力，间接向现有商品出售人承诺“未来借款人将向市场提供足量商品”，以保证其未来能够正常使用现在出售商品时收到的货币。商品出售人相信了货币发行人的间接承诺，自己也间接向货币发行人承诺“愿意接受借款人手中的货币”。于是，借款人将货币交给商品出售人，商品出售人将商品交给借款人，借款人得到了现在的商品，商品出售人得到了对未来商品的预期。市场经济在多边承诺之下循环了起来（见图6）。

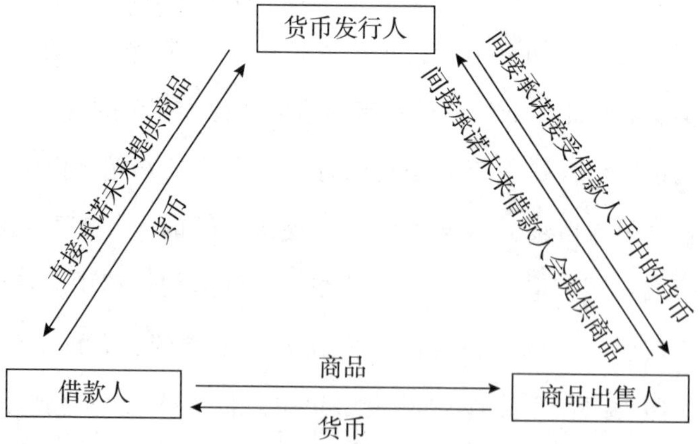

图6　信用货币发行时的多边承诺机制

人类几乎随时随地都需要同伴的协助。不论是谁，如果要与旁人做买卖，首先就要这样提议：请给我要的东西吧，同时你也可以获得你想要的东西。这句话是交易的通义。我们所需要的相互帮忙，大部分是依照这个方法取得的。①

亚当·斯密认为利己是人的本性，人们追求个人利益的行为会推动社会的发展，人们会为了获得更多的利益而做出利他的行为。货币的借取和偿还正是这种利己同时利他的行为准则的具体实践。社会主体普遍遵守的这一准则就形成了社会的诚实信用原则，基于此，财富不断被创造出来并通过交换造福人类，信用货币在交换中被创造了出来。

2. 货币发行人凭借对借款人的评判为信用货币提供中介信用

当货币发行人不再自行负担任何债务时，其对货币持有人已经没有任何兑付义务了。信用货币的兑付依赖的是借款人的信用，货币发行人已经从货币持有人的财富保管人变成了货币持有人的信用中介。

自由市场中，当人们面对一位货币持有人时，他们可以推断，货币持有人的货币要么是其从货币发行人处借来的，要么是其通过劳动赚取的。但即使是赚取的收入，从源头上看也一定是有人从货币发行人处借来的。人们无法了解到市场中的货币从源头上看是由谁从货币发行人处借来的，更无法判断这个借款人是不是有良好的履行承诺的意愿和能力，那么，人们如何判断这个借款人是不是会按约向市场提供商品呢？此时，

---

① ［英］亚当·斯密．国民财富的性质和原因的研究［M］．郭大力，王亚南，译．北京：商务印书馆，2015.

货币发行人的作用就体现了出来。货币发行人凭借自身的忠实勤勉和专业技能，在申请贷款的人群中，鉴别出那些既有能力在未来创造财富又有真实意愿履行还本付息义务的人，即那些信用良好的人。

人们相信，经过货币发行人的甄别而选择出来的借款人值得被期待为市场提供足够的物品或服务。因此，通过该借款人被创造出来的货币就可以被期待在未来能从市场中购买到足够的商品。如果每位借款人都能如约为市场提供与其借款金额相当的商品，那么借款人在购买他人商品从而将货币投入市场的同时，市场商品也会被相应补充，从而使市场中的货币量相对于商品量不会过剩，货币的购买力得到保障。

我们常常说中央银行凭空发行货币完成对市场的放水，这只是说货币发行人没有为货币付出成本，而不是说货币发行没有任何依据。货币发行人对外发行货币必须依据借款人的信用。中央银行和商业银行对外发行货币时，必须对借款人进行足够的了解。人们正是基于货币发行人的中介信用才相信了借款人信用，进而共同建立起货币的信用。简而言之，人们相信了货币发行人对借款人的相信，接受了借款人带来的货币发行人的货币。

时至今日，信用货币由中央银行发行，信用货币的信用源于中央银行的信用——这是人们的普遍观念，甚至连中央银行自己都这么认为。因此，为了维护自己的权威性和信用度，中央银行拒绝直接对社会公众甚至是政府发行货币，而是给予商业银行货币支持和政策指导，通过各种政策工具间接完成货币发行。为了增强民众对自己的信心，各国中央银行还大量储备黄金，以此展示自己的实力。其实，中央银行完全可以广泛、直接地对公众发放贷款，但反而是商业银行在这么做。并没有充分的理由认为，通过商业银行对外发放贷款比中央银行直接发放贷款更加精准科学、更加安全稳健。中央银行作为最后贷款人，实则是通过商业银行间接对市场进行货币发行。中央银行放弃直接对社会各经济主体直接放贷的权力，致使很多利国利民但并不利于银行商业利润的货币政策得不到有效实施。至于大量储备黄金、外汇以增强自身信用的策略，那是中世纪末期意大利的里亚托银行家建立自身信用的古老做法，他们通过隆重的开业表演展示自身的实力，表演的高潮就是银行家展示成袋的金币和银币。要知道，那可是实物货币的时代，银行券背后的支撑物是银行家承诺的黄金、白银，而现在我们早已进入信用货币时代，信用货币背后的支撑物是借款人的信用，中央银行库存的黄金再充足，也没有任何义务向信用货币的持有人进行兑换，更无法保证信用货币的市场购买力。

3. 以政府为主导的国家为信用货币提供兜底信用

国家是一个宽泛的概念，是一个政治地理学名词。从广义的角度看，国家是指拥有共同的语言、文化、种族、领土、政府或者历史的社会群体。从狭义的角度看，国家是一定范围内的人群所形成的共同体形式。国家并不特指某一特定的社会主体，尤其不特指政府。一个国家的综合实力越强，在这个国家流通的信用货币就越稳健。

货币通过某一特定的借款人来到市场中，从而可以与市场中的所有人进行商品交易。要使这一状态得到实现，除了我们前文所述的借款人遵守信用，为市场提供足够商品，还需要一个先决条件和一个补救条件。

先决条件是市场中的所有人需要形成一个共识，即“其他人也认可这个统一的支付手段”，这就要求国家范围内有明确的立法。信用货币必须以立法的形式在国家范围内确定自身地位，法律必须规定国家范围内各个主体在面对货币时的权利和义务。正因为如此，现代信用货币又被称为法定货币。《中华人民共和国中国人民银行法》（以下简称《中国人民银行法》）第十六条规定，“中华人民共和国的法定货币是人民币。以人民币支付中华人民共和国境内的一切公共的和私人的债务，任何单位和个人不得拒收”。

补救条件是即使借款人没有遵守约定，市场中也需要有足量的商品供应。这就意味着即使借款人没有向市场提供其本应提供的商品，也能保证货币购买力不下降，不使货币持有人的交易受到严重的影响。要实现这一点，又需要至少满足以下三个条件之一：一是市场足够大，在整个国家范围内都可以使用货币，像美元那样的世界货币更是在整个地球上进行流通，部分借款人违约，会被市场淡化，对货币的购买力影响不会特别明显；二是并不是所有的市场参与者都向货币发行人借款，相当多的主体只向市场投入了自己的物品或服务，而没有进行货币投放；三是随着时间的推移，会有新的生产者和服务者为市场提供商品。货币流通的市场包容性越大，货币购买力的韧性就越强。整个货币流通范围内所有市场主体的生产能力和服务能力为货币购买力进行了背书和保证。

市场上还有一种流行的说法，即货币是中央政府的信用，这是因为在现行货币体制下，中央政府通常是中央银行投放货币的主要对象，中央银行通过直接或间接购买中央政府债券的方式完成向中央政府的贷款。中央政府通过自己的服务收费、税收或其他经营收益筹备资金以确保到期还本付息。中央政府是中央银行的主要借款者，中央政府履行还款承诺对货币的购买力影响重大，所以市场中有“货币是中央政府的信用”这一观念。当然，这是不全面的，中央银行还向商业银行贷款，商业银行再向市场内广泛的经济主体贷款，全部借款人的信用才保证了货币的强劲购买力。

在信用货币的三层信用中，借款人的信用是核心和根基，货币发行人的信用是对借款人信用的考核和检验，而国家信用是对借款人信用的兜底和补充。

信用货币是由货币发行人和借款人共同“制作”的“夹心巧克力糖果”，“原料”是信用，“内层夹心”是借款人信用，“巧克力外衣”是货币发行人信用，“外包装”是国家信用。

劳动和交换是人类创造财富的双手

由于我们所需要的相互帮忙大部分是通过契约、交换和买卖取得的，当初促成产生分工的也正是人类要求互相交换这个倾向。例如，狩猎民族中有个善于制造弓矢的人，他往往拿自己制造的弓矢与他人交换家畜或者兽肉。结果他发觉，与其亲自到野外捕猎，倒不如与猎人交换，因为交换所得比较多。为了自身的利益打算，他决定以制造弓矢为主要业务，于是便成为一名武器制造者。另有一个人，因为擅长建造小茅房以及移动房屋的框架和屋顶，常被人请去造屋，从而得到家畜兽肉作为酬劳。他发觉，完全投身这一工作对自己有利，因而就成为一名房屋建造者。同样地，第三个人成为铁匠或者铜匠，第四个人成为硝皮者或者制革者。这样一来，人人都一定能够用自己消费不了的劳动生产物的剩余部分，换得自己所需要的别人的劳动生产物的剩余部分。这就鼓励大家各自投身一种特定业务，在各自的业务上磨炼和发挥天赋资质或者才能。他们依照互通有无、物物交换和互相交易的一般倾向，把各种才能所产生的不同产物结成共同的资源，每个人都可以用这个资源随意购买自己需要的别人生产的物品。①

亚当·斯密认为人类“互通有无、物物交换、互相交易”的特有倾向促成了人类的分工，分工使专业技能精专、工序时间精简、生产工具精良，从而实现劳动生产率的提高和人类财富的增加。劳动创造物品或服务，但如果没有分工，人类的物品或服务就必然单一而低劣，更无法实现积累。当分工出现时，物品或服务实现了多元化和精良化，同时，物品或服务的数量得以增长，财富得以积累。人类的分工使不同的人提供不同的物品或服务，为互通有无提供了交易物。

① ［英］亚当·斯密．国民财富的性质和原因的研究［M］．郭大力，王亚南，译．北京：商务印书馆，2015.

货币正是人类通过自身智慧形成的共同资源。当货币出现时，广泛而多元化的交易得到开展，商品和服务实现了人与人之间的流动和分配。人类通过货币这个共同资源将不同的物品或服务连接起来，进而可以各尽所能、各取所需，分工得到支撑和延续。

劳动创造了财富，分工优化了劳动；交换保障了分工，货币优化了交换。劳动和交换相互支撑、相互协作，推动人类财富的不断积累，保障人类可以互相满足需求。

劳动和交换是人类创造财富的双手，分工和货币分别为这双手戴上了魔法手套，而法治之下的市场经济解除了这双手上的镣铐，给了这双手充分的自由。

货币帮助人类实现对财富的透支和储备

人类与其他动物之间最根本的区别除了分工，还有人类能够记住过去并计划未来。时间是高于三维空间的第四维，人们不只活在当下，更是活在未来。对于未来，人们有两方面的准备，一是现在消费而在未来为社会提供商品，二是现在劳动而在未来购买其他人的商品。基于第一个方面，人们会从货币发行人处借款。基于第二个方面，人们将赚取的货币存储起来，以数字记账的方式存放在商业银行，或者以现金的方式存放在保险柜中。

负债是为了当前的交易，储蓄是为了未来的交易。可以推论，如果人们认为自己在未来无法提供社会所需，现在就不会负债；如果人们认为社会在未来无法提供自己所需，现在就不会储蓄。无论是债务还是储蓄，货币的存在使商品交易不仅实现了空间和主体的跨越，还实现了时间的跨越。

人们向货币发行人举债并用于交易时，货币发行了出来，自己透支了未来的劳动成果。人们将交易所得货币存储起来时，储蓄产生了，自己存储了现在的劳动成果。信用货币这个人类自己创造出来的虚拟的概念，与黄金、粮食、核弹等其他实物一样被人们存储起来，以备未来用于交易。通过储蓄的方式，人们期待在未来向市场中的不特定主体购买所需商品。货币让人类的资源不仅在空间上和不同主体间实现了优化配置，还在时间上实现了优化配置。

人类已经步入消费时代

生产解决供给的问题，消费解决需求的问题。因此，生产和消费是经济体的一体两面，对于整体经济体的良性发展而言，两者缺一不可，同等重要。但是，人们通常褒奖生产而贬低消费，尤其是在一些历史悠久的东方国家，提倡生产、克制消费成为人们的普遍观念，努力赚钱和尽量存钱成为人们推崇的一对美德，而消费成为追求个人享受的代名词，甚至为人所不耻。

殊不知，货币的作用在于交易，其对经济的贡献体现在流动上。如果一个人只挣钱，而不花钱，货币就停止了工作，这同样会造成经济的延滞。社会整体的低储蓄率代表着货币的高效运转和经济的均衡发展，正因为如此，高消费和低储蓄才成为发达国家的标配。

生产和消费本应是受到人们共同爱护和尊重的一对孪生兄弟，却经受着人们不平等的、不公正的观念和待遇。两者在人类观念当中的褒贬差异，是由人类的历史局限性造成的。在漫长的人类历史中，技术不足、生产力落后是主要状态，供给不足是人类面临的主要问题，生产长期占据着经济这个辩证体的主要矛盾地位，因此，社会普遍鼓励勤劳创造、艰苦奋斗，同时提倡勤俭节约、省吃俭用。

但时代在发展，技术日新月异，人类的生产力在近代取得了突飞猛进的发展，供给不足的问题逐渐被解决，生产过剩的问题在技术发达的国家开始浮现。可以预见，随着人工智能的迅猛发展，人类社会将全面进入高生产力时代，生产过剩、消费不足将成为人类面临的主要问题。经过千百年的辛勤劳动和苦思冥想，人类在充满荆棘和黑暗的道路上艰难前行，现在，我们终于可以热烈地欢呼：人类已经步入消费时代！

交易繁荣是经济繁荣的代名词，消费和生产同样重要，两者对立统一，是经济这个辩证关系的矛盾双方，应当受到人们的同等重视和共同推崇。生产者通过交易向社会提供商品，将货币揣进了自己的口袋，然后扮演消费者的角色，将货币交易出去，让自己的服务商和供给者实现生产的价值，同时将货币塞入了对方的口袋，让对方有能力再去满足自己的需求。生产是对经济的贡献，消费同样是对经济的贡献！经济的高度繁荣和人类的极度幸福同时依赖高生产和高消费，生产主义和消费主义应当受到人类的共同推崇。

阿联酋的王公贵族通过石油贸易赚取了美金，然后雇用印度和巴基斯坦的平民作为保姆，其支付的佣金可以让这些平民满足全家日常生活的需求。如果这些王公贵族只卖石油而不消费，中东的劳动服务提供者、欧洲的奢侈品制造商、美国的军工复合体都将面临窘境。

有观点认为，需求与生俱来、客观存在，有消费能力自然会产生消费，并不需要政府进行刺激。这是失之偏颇的。需求的种类繁多，层次有高低雅俗之分，程度有深浅强弱之分。消费行为不仅受客观存在性和现实可能性的影响，还受消费者对自身和环境的认知、实现需求的愿望等多重因素的影响，政府从宣传引导、补助措施、货币政策等方面进行刺激，有其合理性、必要性和有效性。但人类天生追求自身的满足和幸福，消费是人类的本能，政府更应该做的是从体制机制上进行改革创新，在投入教育培训、促进就业生产、增加收入来源、优化二次分配、加强福利保障、提供法治保护等方面实施综合治理，尤其是对其中的薄弱环节进行及时有效的补救，进而提升人们的消费能力和消费意愿，推动经济的持续繁荣。

同时，我们应当提倡的是在能力范围内的消费，而非过度消费。让有存款的人进行消费，是对经济的充电续航，而让本来就没钱的人贷款进行消费，是对经济的透支。同时，适度的透支，正如体育锻炼一样，可以激发人的活力，让人们更加有积极性和创造力地去投入生产劳动。因此，适度的负债不仅可以有效解决商品过剩的问题，还可以有效激发人们的奋斗精神，推动人们不断投入生产和创造，从而避免低欲望社会的出现。

几种典型新型货币的本质

随着经济和科技的发展，近年来，许多货币的新形式开始出现，许多国家顺应潮流推出了中央银行数字货币，各种第三方支付平台也提供了丰富的理财产品和贷款产品。我们有必要对其本质进行探究，以更好地理解和掌握这些新生事物。

1. 以数字人民币为代表的中央银行数字货币

中央银行发行的纸币只是信息展示的载体，相对于其购买力，没有人在意纸张本身的价值。既然只是用于承载信息，也就并非必须采用纸张，电子页面同样能够展示。正如原本我们只能阅读纸质书，而现在我们开始阅读电子书，两者之间并没有本质区别。

电子显示的信息需要有地方进行登记记账，而登记记账的方式又分为两种。一种是中心式记账。正如我们拥有的房产、汽车、股票等资产，都以登记在政府指定的机关为准。特定的中心有一个账簿集中记载相关信息，当资产权利人需要做出权利转移和信息变更时，必须去这个特定的中心。我们将中央银行发行的契约货币存储在商业银行，并通过商业提供的网络银行体系进行账户操作——货币的数字化采用的正是这种中心式记账的方式。货币的数字化只是将纸质的交易单据、存单电子化，只是将金额显示的载体由纸张换成了电子屏。另一种是分布式记账，这是一种在网络成员之间共享、复制和同步的数据库技术，它同步记录网络参与者之间的交易，如资产或数据的交换。中心式记账只有一个大家公认的账簿，而分布式记账的全部参与者都有一个账簿，即所有的转移和更改行为同步在全部参与成员的账簿上进行记录，系统中的每个节点都可以参与处理交易记录，并实时更新共享数据库，确保数据的一致性和安全性。这种共享的账簿降低了因调解不同账本所产生的时间和开支成本，从而提高了数据交换的效率，同时提供了一套透明、可追溯且高度集中的区块链。所有记录都被加密、数字签名，并可验证其完整性，因此具备了去中心化、可靠性高、安全性高、透明度高等特征。

中国作为最早研究中央银行数字货币的国家，早在 2014 年就启动了对数字货币的研究。随着 2016 年中央银行数字货币研究所的成立，中国成为全球最早成立法定央行数字货币研发官方机构的国家之一。2017 年年末，中国人民银行组织部分商业银行和有关机构共同开展数字人民币体系（DC/EP）的研发。

2019 年年底，数字人民币相继在深圳、苏州、雄安新区、成都及冬奥场景启动试点测试。此后，试点地区、运用场景和运用手段不断扩展、丰富、升级。

目前，数字人民币采取双层运营体系，即中国人民银行不直接对公众发行和兑换中央银行数字货币，而是先把数字人民币兑换给指定的运营机构，比如商业银行或者其他商业机构，再由这些机构兑换给公众。运营机构需要向人民银行缴纳 100% 的准备金，进行 1∶1 的兑换。

数字人民币将区块链技术与其他高端技术相结合，分布式账簿的记账方式意味着交易数据被记录在多个地点，不易被篡改。数字人民币的每一笔交易都能在区块链上被追踪和验证，极大地增强了交易的透明度和可追溯性。区块链技术的加密特性为数字人民币的安全性提供了强有力的保障。每一笔交易都需要通过复杂的算法进行验证，且交易一旦完成，即被加密存储，无法修改。这种机制显著提高了对抗外部攻击和内部错误的能力。

数字人民币结合了区块链技术的多种优势，为现代金融系统提供了一个更为安全、高效、透明的支付和交易工具。它不仅有助于提升金融服务质量，还有望通过后续发展升级改变货币政策的落地方式，带动金融创新和普惠金融的发展。

我们来进一步探讨数字人民币的本质。在当前情况下，中国人民银行推行的数字人民币只能通过现金纸币或现金纸币的存款换取，中国人民银行并不直接对外出借，商业银行对外发放数字人民币贷款所用的数字人民币也是用自身100%的准备金从中国人民银行处换取的。因此，目前数字人民币并不会造成货币供应的新增，它只是原有契约货币和存款货币的替代。

由于数字人民币是通过现有货币换取而非通过借款而来，并且持有数字人民币可以随时主张兑换现金或提现到银行卡，其对应的是在中国人民银行内的契约货币存款，因此，在当前发行模式下，数字人民币可以被看成契约货币的凭证。但它不应属于凭证货币，因为根据我们的定义，凭证货币是实物货币的凭证，而存款货币才是契约货币的凭证。因此，数字人民币在本质上属于5.0版本的存款货币，只是其记账方式由传统的中心式记账升级成分布式记账。当某一天中央银行开始通过直接对外出借的方式进行中央银行数字货币的发放时，其性质将变为与现金纸币地位相同的新型契约货币，那时，数字人民币与现金纸币的区别只是在纸质展示与分布式记账的显示方式上。在此之后，如果商业银行允许通过开具中央银行数字货币存单的方式完成对外贷款，商业银行的这种存单就是新型的贷款货币。

现有契约货币或存款货币的持有人只能在商业银行开设账户而不能在中央银行开设账户，数字人民币的持有人则在中央银行直接开设了账户并将持有信息记在了中央银行提供的分布式账簿上，这些分布式账簿可以安装在离线状态下的用户终端中，支持用户对数字人民币进行离线操作。

目前商业银行无法为用户存储中央银行数字货币并开具中央银行数字货币存单供人们交易使用，我们认为的中央银行数字货币可以存进银行卡，只是中央银行数字货币可以随时兑换成存款货币而已。人们持有的中央银行数字货币也没有存放在商业银行。商业银行经办相关手续，只是中央银行管理中央银行数字货币的一种渠道。也就是说，商业银行尚不能通过中央银行数字货币对外发行存款货币。

数字人民币是对原有货币的中心式记账方式进行分布式记账升级改造的范例。在当前发行模式下，只是对存款货币的分布式记账进行了改造。当中国人民银行开始通过出借方式对外发行数字人民币时，就是对契约货币进行了分布式记账改造。

当商业银行允许通过开具中央银行数字货币存单的方式完成对外贷款时，就是对贷款货币进行了分布式记账改造。

2. 以比特币为代表的虚拟货币

虚拟货币因其匿名性和去中心化而成为隐私性更强和安全性更高的产品，同时其产生并存在于国际互联网，所有权转移十分便捷。虚拟货币的这些特征使其具备了很强的交易属性，从而在一定范围内发挥着货币的交易功能。正如我们对货币的定义“市场中最被普遍接受的商品”，虚拟货币被发明出来，仅仅是为了满足人类的交易需要，而这种功能的发挥建立在人们的共识之上。

1.0 版本的实物货币通过其天然的实用价值建立了人们对自己的共识，从而具备了交易功能。虚拟货币本身并无任何实用价值，人们对它的共识来自广泛的宣传。信息网络的高度发达、媒体报道的助力推动、自媒体传播的方兴未艾使这种共识的形成变为现实。虚拟货币通过计算机算法和算力产生，是一种计算机程序和科技产品，也是一种特定的劳动成果。因此，虚拟货币的本质是一种新型的“实物货币”。需要强调的是，这种“实物货币”不同于传统的黄金、贝壳、布匹，虚拟货币没有任何实用价值，“人们可以将其用于交易”的共识仅仅建立在舆论宣传之上，这种共识有天然的脆弱性。

通过前文对货币演变和法律性质的理解，我们已经给信用货币下过一个准确的定义：货币发行人基于借款人信用而制造的社会通用商品。虚拟货币不是信用的产物，不是通过出借发行，因此不是信用货币。按照货币演变的历史轨迹，实物货币之后是凭证货币，我们可以推断，之后应该会有人为各类虚拟货币提供存储服务并开具虚拟货币存单供人们交易。然后是在没有实现存储的情况下为借款人开具存单，并向市场承诺其存单可以兑换虚拟货币，以此发展出以虚拟货币为基础的凭证货币和承诺货币。让我们拭目以待。

知识拓展

2008 年，国际金融危机爆发。同年 11 月 1 日，一个自称中本聪（Satoshi Nakamoto）的人在 P2P Foundation 网站上发布了比特币白皮书《比特币：一种点对点的电子现金系统》，陈述了他对电子货币的新设想。比特币就此面世。

比特币是一种虚拟货币，由计算机生成的一串串复杂代码组成，通过预设的程序制造。和法定货币相比，比特币没有一个集中的发行方，而是由网络节点的计算生成，谁都有可能参与制造比特币。而且比特币可以在全世界流通，可以在任意一台接入互联网的计算机上买卖。不管身处何方，任何人都可以挖掘、购买、出售或收取比特币，并且在交易过程中，外人无法辨认用户身份。

比特币网络通过“挖矿”来生成新的比特币。所谓“挖矿”，实质上是用计算机解决一项复杂的数学问题，来保证比特币网络分布式记账系统的一致性。比特币网络会自动调整数学问题的难度，让整个网络约每 10 分钟得到一个合格答案。随后，比特币网络会新生成一定量的比特币作为奖励，给得出答案的人。

比特币初始的价格曾为 0.0025 美元 1 枚。2013 年 7 月 5 日的价格约为 65.63 美元 1 枚。截至 2024 年 5 月 27 日，一枚比特币的报价约为 69263.6 美元。

3. 以支付宝为代表的第三方支付平台存款

第三方支付平台的存款和贷款为我们关于货币性质的讨论带来了新的话题。当我们将银行存款转入微信、支付宝等第三方支付平台时，本质上就是将存款货币转到了这些平台所属公司，即腾讯公司、阿里巴巴公司的名下。这些平台像商业银行一样为我们出示存单信息，以证明我们在平台上有货币的请求权。因此，第三方平台公司的存款本质上是 5.0 版本存款货币的新形式，其不构成货币供应量的新增。当第三方平台基于客户的信用对其发放贷款时，由于没有被赋予基于存款保证金进行放贷的权力，其对外出借的每一分货币都是自有资金或通过借款而来的资金。是自有资金时，对外贷款的本质是民间借贷，没有增加市场总体货币供应量；是商业银行贷款的资金时，相当于帮助商业银行完成了对借款人的评估和放贷。此时可以认为，第三方平台在推动普惠金融的同时帮助银行实现了对市场的新增货币供应。

4. 以 USDT 为代表的稳定币

进入 2025 年，稳定币成为资本市场的热门议题。同年 6 月，美国参议院通过《指导与建立美国稳定币国家创新法案》，旨在为与美元挂钩的稳定币建立监管框架；8 月 1 日，中国香港特别行政区《稳定币条例》开始实施。预计在 2025 年年底前，相关机构可向香港金融管理局申请成为合规的稳定币发行商。

稳定币与比特币的共同之处在于都采用分布式记账，而区别在于，比特币通过“挖矿”独立发行，而稳定币与法定货币挂钩，每一份额的稳定币对应的是相应金额的法定货币存款。

以泰达币（USDT）为例，其是 Tether 公司推出的基于美元（USD）的代币 Tether USD，1USDT＝1 美元，用户可以随时使用 USDT 与 USD 进行 1∶1 兑换。Tether 公司每发行 1 个 USDT 代币，其银行账户都会有 1 美元的资金保障。由此我们可以发现，USDT 的诞生与数字人民币的诞生如出一辙，可视为非政府的市场主体对传统货币的技术改造。通过我们前文的分析可以看出，在本质上，USDT 与当前阶段的数字人民币类似，是新技术条件下的存款货币，只是发行主体并非法定货币发行机构，而是市场化经济体。

值得注意的是，稳定币发行所需要的存放在托管机构的 1∶1 法币储备金，并非全部都是现金存款。以 USDC（由 Circle 公司发行）为例，其储备金结构包括短期美债、隔夜回购协议和现金存款等。接近九成的储备金由货币市场基金持有，贝莱德管理，剩下 10%～15%以现金形式存放在受监管的银行中。这就意味着，稳定币所对应的货币存款并非只是静静地躺在库存中，有些已经在交易市场中流通。在这种情况下，看似是稳定币的发行增加了市场中总的货币供应量，但从根本上看，是相关发行机构对货币存款的再利用造成了货币供应量的增加，发行行为本身并不是货币供应量增加的直接原因。

由于稳定币的储备金大都是高流动性的资产，在正常情况下，可以在极短的时间内进行变现，以满足稳定币持有人即时兑付的要求。但不可否认的是，稳定币的储备金并非真正意义上的法定货币储备。当稳定币持有人要求兑付法定货币时，发行人仍需要对相关资产进行处置，以取得足够的法定货币。在极端条件下，仍然存在无法及时、足额兑付的可能性。从这个意义上说，拥有100%储备金的稳定币并非100%稳定。

第五章

当前人类对货币的错误认知

随着人类实践的不断进步，货币已经完成交易功能的提升和性质上的脱胎换骨。人们已经进入了信用货币的时代，但人类的货币理论和货币观念还远远地落在时代的脚步之后。现行多数经济学理论都停留在假设之上或探索之中，无法准确预测经济危机和有效解决现实问题。

中央银行资产负债表表现出观念落后

如前文所述，实践中用于交易的货币，已经从 1.0 版本的实物货币、2.0 版本的凭证货币和 3.0 版本的承诺货币，升级为 4.0 版本的契约货币。但我们对契约货币的认知仍然停留在 3.0 版本时代。最典型的错误在于，无论是在美联储、欧洲中央银行还是中国人民银行的资产负债表上，发行货币总是记为负债。这是一种明显过时的做法。

在以布雷顿森林体系为代表的承诺货币时代，美元与黄金挂钩，其他货币与美元挂钩，人们确实可以拿着货币向美联储要求兑换黄金。这时的货币发行记为货币发行人的负债，立足于真实的货币发行人债务，符合事实和法律规定。

正是基于这种真实的债务，1968 年戴高乐总统要求法国把所有的外汇储备全部换成黄金，欧洲其他国家也纷纷效仿，美国黄金支付发生危机，布雷顿森林体系于 1971 年崩溃瓦解。从那时起，其他货币可以兑换成美元，但美元再也无法在美联储兑换出黄金，货币发行人的债务早已失去了口头承诺，更没有任何法律依据。但时至今日，在中央银行资产负债表上，中央银行发行的货币仍然记为负债（见表4）。如何理解这种全世界通行的做法呢？

表4 美联储资产负债表

资产	负债
证券	流通中的现金
向金融机构发放的贷款	准备金

美联储银行券（美元）是美联储向持有人开具的借据，属于负债。但与大部分负债不同，美联储只承诺用美元偿付持有人，也就是说，这些借据只能用其他借据来偿付。如果你持有100美元的钞票要求美联储偿付，你可能获得的是2张50美元钞票或5张20美元钞票或10张10美元钞票或100张1美元钞票。①

上述这段话，就是当今权威且世界通行的关于美元是美联储负债的解释。你持有借据来向我主张还债，我收回你的借据，并重新给你出具几份借据，只要这几份借据的金额相加等于原借据的金额，就算清偿债务了。看到这里，作为手里持有美元或其他种类现金的人，你是否感受到了荒唐？是否感受到了欺骗？是否感受到了愤怒？

请你先冷静一下，认真思考“发行在外的货币是货币发行人的负债”这句话本身是否真实。如果真的是货币发行人的负债，且货币发行人清偿债务时所能履行的义务只是用新的借据

① ［美］弗雷德里克·S. 米什金. 货币金融学［M］. 王芳，译. 北京：中国人民大学出版社，2018.

替换旧的借据，而借据的替换最多算是债务的延续，那么这无论如何也不能算是债务的清偿，因此永远延续、永远无法清偿的债务就不能算是真正的负债！简单来说就是“如果真是负债，那就不是真的负债”。至此，我们可以断言，将中央银行发行的货币看作中央银行对货币持有人的债务是一个明显的错误认识，是对中央银行发行货币行为性质的错误认识，也是对流通中的现金性质的错误认识。那些仍然声称中央银行对货币持有人负有债务并会进行刚性兑付的人只是在自欺欺人而已。

我们在前文已经论述，当前中央银行所发行的货币就是我们所称的契约货币，而契约货币在发行时，货币发行人并没有对货币持有人许下任何承诺。货币发行人的工作只是完成对借款人的考察和接受借款的承诺，契约货币的承诺义务人是借款人而不是货币发行人。借款人向货币发行人直接承诺按期向货币发行人还本付息，间接地向社会所有持有货币的人承诺将在期限内为市场提供足量的物品或服务。契约货币的本质早已从债务凭证演变成了信用符号。如果一定要将其看成债务，那也只能说契约货币源于借款人对货币发行人的债务，但其本身并不是债务。

我们还在前文对契约货币的权利类别进行过分析。契约货币与实物货币一样是支配权，是物权，而不是请求权，这从本质上决定了契约货币并不是任何人的债务。正如在金属货币时代，人们通过交换取得了一枚金币，这枚金币本身就是财富，人们没有理由再向制造这枚金币的铸币厂要求任何债务清偿。

现在我们可以心平气和了。原来我们手中的钞票自始至终都不是货币发行人的债务，货币发行人将原本就不是自己债务的钞票说成是自己的债务，然后又通过实际行动表明这不是自己的债务。

我们认为造成这种混乱的根本原因不是货币发行人单方面耍赖或欺骗，而是包括经济学家、银行家、政府公职人员在内的全体民众对货币发展蜕变的认知不足和对契约货币本质的认知错误。

世界范围内各国中央银行资产负债表上的这一普遍错误足以表明，人类对货币的认识已经远远落后于货币自身的发展。虽然已经进入了契约货币时代，但人类的思想还停留在承诺货币时代。

需要指出的是，商业银行虽然也间接具备了货币发行权，但其发行的货币具备对中央银行纸币的请求权，5.0 版本的存款货币本质上是持有人储备钞票的凭证，6.0 版本的贷款货币本质上是对持有人提取钞票的承诺。持有存款货币或贷款货币的人，即持有商业银行存单的人，具备要求商业银行提取现金，即契约货币的权利。因此，商业银行对外出借货币，在资产端记入债权，在负债端记入债务，不存在错误。

中央银行资产负债表中的科目应该被更正

既然契约货币确定不是中央银行的负债，那么中央银行的资产负债表到底应当怎样设置呢？是所有者权益吗？如果在中央银行资产负债表的负债端只有负债和所有者权益两项，那么毫无疑问，契约货币就是发行人的所有者权益。货币对于货币发行人之外的社会主体来说是商品和资产，但是对于货币发行人来说，货币是依据法律和借款人信用而凭空创造的。正如前文所述，法律不应允许货币发行人直接使用货币与社会其他主体进行交易，货币对于货币发行人自身而言，不应该具有什么实用价值，将其作为所有者权益并不合逻辑。

鉴于货币发行在一个国家中是绝无仅有的特殊权力，只有货币发行人才拥有契约货币的发行权，货币发行人在此项目上应当区别于其他法律主体。因此，在中央银行资产负债表中的负债端除了负债和所有者权益，还应当特别设置“货币发行权使用”这一中央银行特设科目。正是这种“货币发行权使用”使货币使用人产生了对货币的认可，而这种货币发行权则源于法律对货币发行人的身份确认。

资产负债表中的特设科目“货币发行权使用”将中央银行与其他所有社会经济主体区别开来，凸显了中央银行在一国政治经济体系中的独特地位，这是中央银行作为全民银行的象征。货币发行权作为一种独特的权利也对应独特的义务，国家应通过法律的详细规定对此进行规制，以确保货币发行权服务全民并接受全民监督。关于货币权作为第四政治权力的设置和行使，我们将在最后一章“平权货币体系的构建原则”中进行详细讨论。

货币发行人基于全民赋予的货币发行权发行货币，其本质是一种行使政治权力的行为，而不是经济负债行为。如果将货币发行认定为货币发行人的负债，不仅货币发行人无法实际清偿债务，还会给货币发行人一个借口，使其可以借此声称“未来可以偿还债务”，进而对自己发行货币，并用发行的货币为自己采购物品或服务。这将导致货币发行权中立性、公益性的破坏。货币发行人不应利用货币发行权为自己谋利。关于“货币发行人不自利原则”，我们同样将在最后一章进行详细讨论。

货币发行人的义务不在于兑换，而在于独立公正的严肃放贷

当货币与实物脱钩时，货币对于其发行人来说就不再是负债了。货币发行人发行货币并没有任何兑换义务——这是客观存在的事实，在逻辑上也合理，因为交易是全社会的需要，货币发行人的功能是提供一种满足这一需求的货币，没有义务也无法做到使用自己拥有的财富为这些货币提供足量的可交易商品。正如汽车生产商根据市场需求造出了品质优良的汽车，就已经完成了自己的使命，它没有义务再根据购车人的需要建造供汽车奔驰的道路。

货币发行只能通过出借的方式对外输出，货币发行人发行的货币不可以用于货币发行人自己对物品或服务的采购，只能用于取得借款人如约提供物品或服务的承诺。

权利和义务是一对天然的搭配，对等存在，货币发行人没有兑换义务，也就没有对外采购的权利。法律决不允许货币发行人直接使用货币与其他社会主体进行交易，货币发行人没有

货币交易权，仅有货币发行权，其拥有的货币发行权仅包括对外出借并收回货币的权利。

货币发行人的义务不是兑换实物，而是独立、公正地发行货币。前文已经论述过，现代货币的本质是借款人信用而不是货币发行人信用，因此货币发行人所承担的职责是对自己的借款人进行专业而严谨的评估。货币发行人是否应该对某一贷款申请人发行货币？标准只有一个：是否有足够的理由认定借款人未来可以如约为社会提供商品，用于换取他人手中的货币，并足额归还给货币发行人。严肃放贷就是发行权所对应的义务，也是货币发行人所担负的核心使命和职责。

货币的计量单位被错误地当作财富的计量单位

关于什么是财富、财富的价值是多少以及财富的价格如何形成是经济学的基本课题，我们将在第六章“财富的本质及财富的价值计量”和第七章“商品的价格”中进行探讨。现在我们要关注的重点是财富的价值到底该如何表述。

如果有人问你“价格和价值是一回事吗?”你大概率会非常明确地回答“肯定不是”。很明显，它们不是一回事，这已经是人们的常识。但在人类漫长的历史中，无论人们如何衡量价值，如何评论价值，人们都始终在用价格表述价值——即使人们已经明确知道价格与价值是两个不同的概念，并明确表述了两者之间的关系。

美国2023年国内生产总值超27万亿美元；2023年2月6日，土耳其东南部发生了两次7.8级大地震，叙利亚等国受影响严重。土耳其和叙利亚两国的直接经济损失超4290亿美元。以上就是人们在表达商品价值时的通用做法。人们已经明确财富的价值和价格不是一回事，却又始终用价格来表述价值，这是一个常见而又明显的错误。

古典经济学的鼻祖威廉·配第提出“土地是财富之母，劳动是财富之父”①，也提出了用土地和劳动来衡量牛和粮食的价值的相关论述，但他没有也无法用土地和劳动去衡量一切商品的价值，因为土地和劳动自己的价值也是变化不定的。亚当·斯密创造了“劳动价值论”，卡尔·马克思更进一步地提出了商品价值不是由个别生产者所耗费的劳动时间决定的，而是由社会必要劳动时间决定的观点，但他们都从未将劳动时间作为统一的标准去衡量商品的价值。

如果我们有机会指着一块具体的土地分别问他们：“现在这块土地是什么价值?”威廉·配第大概率会回答“这块地大概值500英镑”，马克思大概率会回答“这块地大概值50银元”。由此我们可以看出，经济学家最多只是讨论了一个事物的价值有哪些决定因素，却并没有讨论价值的衡量标准。当需要他们衡量价值时，他们也和大众一样，自然地用货币来进行类比说明，却闭口不谈价值到底是多少。

这就好比你在某个商务场合见到一位女性故友，你隐约知

---

① ［英］威廉·配第．赋税论［M］．马妍，译．北京：中国社会科学出版社，2010.

道她前些年结婚并养育了一个孩子，于是你问她："我听说你都有一个孩子了，请问你的孩子多高了？"，她十分认真地回答："昨晚刚刚测量过，他现在正好是他爸爸的 1/3 高了。"请问你知道她的孩子到底多高吗？这样的回答听起来是不是很模糊？其实这样的回答还不算特别离谱，至少成年男子的身高有标准参考，你大概还能猜出孩子的身高范围，但如果她回答"他的身高正好是我们院子里那棵树的 1/3"，答案就无从知晓了。当我们用美元、欧元、人民币等主要货币表述一个商品的价值或一个人拥有的财富时，我们大概率可以建立起对被描述对象的基本认识。而当有人用巴西雷亚尔、阿根廷比索甚至乌兹别克斯坦苏姆等小币种进行同样的表述时，我们可能将在评估价值的道路上完全失去路标。

我们十分珍视财富，但人类发展到今天，我们在衡量财富到底有多少价值时仍然在用古老的类比法。当我们回答"这件衣服 10 美元"时，我们的真实意思是"这件衣服的价值与 10 美元的价值相当"。当我们问"这件衣服值多少钱"时，我们也是用类比法在询问衣服的价值。很明显，人类缺少一个共同的、稳定的、准确的财富价值计量单元。

我们已经习惯将一切事物的价值都用货币来进行类比，似乎只关心事物与货币之间的比例关系，却并不关心事物的真实价值。在人们眼里，货币就是财富，而其他财富只有和货币相比才能显示出其价值——这是古老的"重商主义"财富观。在重商主义经济学盛行的年代，金银被看作社会财富的唯一形态，金银或货币的多寡被作为衡量一国富裕程度的唯一标准。这样的观点反映了当时流行于西欧的对于黄金的狂热，是典型的实物货币时代的财富观。这样的观念早已被人们摒弃。

人类用于计量统计的度量衡具有天然的固定性和可定义性，1米的长度最初被定义为通过巴黎的子午线上从地球赤道到北极点距离的千万分之一，而1千克就是1立方分米水的质量。但货币计量单位1元、1分却没有固定的定义。再反观一下货币单位英镑、美元和元，都是对银币多少镑、多少银元和多少金币的沿用。殊不知，实物货币的名称尚有残留，其本质却已经毫不相干。毫无疑问，人类对货币如何计量的认识还停留在实物货币时代。

契约货币的计量单元没有称职地担当起财富计量的职能

在实物货币时代，金银等实物货币的价值虽然随着产量的增减、人们需求的增减而有所变动，但这样的变动是缓和的、细微的，总体来说其价值相当稳定。而现行信用货币的价值则波动巨大，一项政策、一个事件、一场舆论都很容易引发货币购买力的巨变。即使是在平静安宁的时期，同样的1英镑、1美元、1元在不同时间和不同情形下所具备的价值也在不断发生变化，货币本身的计量单位已经失去了准确的界定。这就带来了一个严重的问题，即计量单位本身无法计量。即使是在经济运行正常的国家，无论如何也无法说商业银行账户里20年前的

100 元与现在的 100 元是相等的财富。我们衡量 GDP 时通常用美元计量，几十年来，我们只是看到了数字的增长，却很少考虑美元自身价值的增减。现行的货币计量单位连货币自身的价值都无法稳定和准确地反映，因而更无法真实反映其他事物的真实价值。在此情形下，我们仍然用货币的计量单元去衡量财富的价值，是对自身利益的巨大漠视。

人们错误地将货币这一最被人类接受的财富当作所有财富种类的代名词，这是严重的以偏概全。货币再怎么特殊，也只是财富的一种，而且是功能价值最单一的一种。人类错误地将货币单元当作财富单元，财富的多少被货币严重歪曲了。财富至今没有得到固定的、持久的、准确的计量。当所有的财富都被穿上货币的外衣时，财富就失去了其真实的面容。1 千克黄金或 1 千克大米的价值，如果用某一特定货币单元，如美元来计量的话，我们就会发现，不同市场、不同时间、不同买卖双方都会得出不同数量的价值。这是因为我们没有掌握计量财富价值的有效方法，只能用商品的价格充当商品财富价值的计量。

货币使得交易极为便利，却让财富的价值变得极其模糊和不可衡量——这是人类社会中最为普遍的现象，也给人类社会带来了隐蔽且难以避免的不公。人类的科技和文明已经高度发达，对于我们最为重视且与我们利益最直接相关的财富，我们却没有建立起统一的国际单位制的基本单位。

第六章

财富的本质及财富的价值计量

我们都在关心财富、追求财富、管理财富，财富就是我们的切身利益。但古往今来，人们对财富的认识和理解却大相径庭甚至完全对立。如果我们对到底什么是财富没有充分而透彻的认知，我们如何争取财富、保护财富、享用财富？货币是财富吗？或许货币只是换取财富的工具？如果货币无法作为衡量财富的标尺，我们该如何把握财富的多寡？人类应当清醒地认识到，货币只是财富的一种，所有的财富都有其自身的内在价值，如何正确认识财富的价值不是一个可有可无的哲学问题，而是一个利害攸关的现实问题。当金银不再是我们衡量财富的标尺，而现行货币又极不可靠时，为我们的财富重新找寻一种固定不变的计量单位迫在眉睫。

财富的本质和种类

重商主义经济学产生并流行于 15 世纪至 17 世纪中叶的西欧，代表人物是托马斯·孟。在重商主义兴起的年代，货币的形式是金银。重商主义经济学主张货币即财富，认为财富的本质就是货币，强调金银（即货币）是财富的唯一形态，一切经济活动的目的都是获取金银。

古典经济学形成于 17 世纪中叶，并在 19 世纪完成，主要代表人物有亚当·斯密、大卫·李嘉图等，他们也被称为自由主义经济学家。在古典经济学的视角中，财富通常被理解为物质产品，这些产品直接或者间接源于大自然的馈赠，具有满足人类需求和欲望的效用。古典经济学进一步指出，财富的本质在于其生产性和稀缺性。生产性意味着这些物质产品可以通过劳动和资本的投入被生产出来，稀缺性则强调这些产品并不是无限的，它们的数量有限，需要通过市场机制和价格体系来进行合理的分配。

新古典经济学在 19 世纪末至 20 世纪初兴起，代表人物有阿尔弗雷德·马歇尔、莱昂·瓦尔拉斯等。新古典经济学对于财富及其本质的理解有所发展和深化。在新古典经济学的框架下，财富不再仅仅局限于物质产品，而是扩展到了更广泛的领域，包括知识、技能、服务等各种能够满足人们需求和欲望的资源。与古典经济学相比，新古典经济学更加强调知识和技术等无形之物在财富创造中的重要性。

凯恩斯主义经济学于20世纪30年代由约翰·梅纳德·凯恩斯提出。凯恩斯主义认为，财富不仅包括物质产品和金融资产，还包括人们对未来经济前景的信心和预期。这种信心和预期对于经济活动与投资决策具有重要的影响。当人们对未来经济前景持乐观态度时，会增加投资和消费，从而促进经济增长和财富积累。相反，当人们对未来经济前景感到悲观时，会减少投资和消费，导致经济衰退和财富减少。因此，在凯恩斯主义经济学中，财富的本质不仅在于当前能满足需求和欲望，更在于对未来经济活动的预期和信心。因此，政府应该通过采取扩张性的经济政策来刺激总需求，增加投资和消费，提高人们对未来经济前景的信心和预期，从而促进经济增长和财富积累。

新自由主义经济学兴起于20世纪70年代，代表人物有弗里德里希·奥古斯特·冯·哈耶克、米尔顿·弗里德曼等。在新自由主义经济学的视角下，财富主要被看作个体通过自由选择和市场竞争所获得的物质与非物质资源。这些资源包括但不限于货币、资产、技能、知识等，它们都可以用于生产、消费和交换。新自由主义经济学认为，财富的本质在于其能够为人们提供更多的自由和选择。这种自由和选择不仅体现在物质层面，更体现在精神、文化和社会层面。新自由主义强调，通过市场的自由竞争和个体的自由选择，人们能够更好地实现自我价值，满足自身需求和欲望，从而实现财富的最大化。

在马克思主义经济学中，财富被理解为一种具有使用价值的物品或服务。这种使用价值既可以是天然的，如阳光、沙滩，也可以是人工制造的，如帐篷、椅子。这些物品或服务能够满足人们的需求和欲望。财富的本质在于它的使用价值，这种价值源于人们为了满足自身需求而对物品或服务的利用。货币作为一般等价物，使商品和服务能够进行交换。因此，在马克思主义经济学中，财富不仅包括物质财富，还包括货币财富。总的来说，马克思主义经济学认为财富的本质是使用价值，它源于人们的劳动和对自然资源的利用。

通过回顾和梳理人类关于财富的思想史，我们不难发现，不同的经济学流派对于货币和财富的定义与看法存在显著差异。但随着时代的推进，它们总体呈现出不断进步和更加符合事实真相的趋势。人类对财富的认识愈发全面和深刻，财富的范围界定逐渐扩大，从最初的唯金银论到后来的物质产品，再到之后的知识、技能、服务，最后扩展到对未来的信心和预期。人们对财富的认知角度逐渐从对物的追求转向了对自身需求的尊重，可以说，人类对财富的认知是伴随着自身需求的觉醒而进行的。随着社会的进步，人类对自身需求的察觉和肯定经历了从单一到多元、从片面到全面、从具体到抽象、从当前到未来的过程，人类对财富的认知也经历了从货币到农业，再到商业、工业、服务业等逐渐扩大范围的过程。

时至今日，我们对财富的认识已经远远超出了“金银是唯一的财富”这一观点，也认识到诸如威廉·配第提出的“土地是财富之母，劳动是财富之父”等经济学名言带有明显的时代局限性。在这些先哲生活的时代，人们很难想到未来人类可以从月球带回矿物质，可以从海底掘取可燃冰，工业成为经济的主要部门，南北极、外太空因人类对未来的预期而被视为珍宝。

从人的需求出发，我们不难判断：财富是指一切能够满足人类需求之物，包括一切对人有效用的有形物、无形物。我们认为只有基于对人类需求的满足去理解财富，才能使财富真正造福人类。财富和需求是一对辩证统一的矛盾体。人的需求是多样而复杂的，因此，财富的种类也是多样而复杂的。人们需要住房，房产就是财富；人们需要心灵的抚慰，艺术作品就是财富；人们对郁金香很狂热，郁金香就是财富。

在高度市场化的社会，凡有需求，都会有事物或者服务被激发出来作为商品满足客户。交易让人类互通有无，各取所需，通过交易能够满足不同人的不同需求的物品或服务被统称为商品；不被需要的物品或服务不会成为交易对象，因此就不是商品。可以这么说，商品就是财富。货币是人类智慧和劳动的产物，在市场交易中被人类广泛需要，同时因可用于交易而被人们普遍储存，当然也是财富的一种。

货币是独特的财富

古典经济学派认为，货币本身不具有内在价值，只是一种交换媒介，它的价值来自它所代表的商品和服务。亚当·斯密在《国富论》中阐述了货币作为交换媒介的功能，并指出货币的主要作用是方便商品和服务的交换。大卫·李嘉图也持有类似的观点，他认为货币只是价值的表示，本身并不创造财富。古典经济学家一方面充分肯定了货币的功效，另一方面又看到了它与其他财富的不同，进而否定了货币属于财富。人类的交易需求因与其他需求存在显著不同而进入古典经济学家的视野，却没有得到他们的充分尊重。交易需求在他们眼里被工具化了，这是他们对人类交易需求的歧视。

正如我们在第四章“信用货币的本质和逻辑”第四节“劳动和交换是人类创造财富的双手”中对人类相互交易重要性的论述，相对于人类的其他需求，交易的需求是人类最普遍、最深刻、最重要的需求，如果这一需求得不到满足，其他需求都会受到严重影响，甚至根本无法实现。人类社会的货币形式历经百变，贝壳、谷物、动物骨骼、金块、铸币、纸币、网络数据甚至是监狱中的香烟——在不同的生产力或社会情境下，总有事物行使着货币的功能。货币的形式从 1.0 版本的实物货币升级为现代的 4.0 版本的契约货币，即中央银行纸币，以及 5.0 版本、6.0 版本的商业银行存款货币和贷款货币。剔除它们的实用属性后，它们的共性就是都能够满足人类的交易需求。毫无疑问，货币是人类最特殊和最重要的财富。

从财富的功效来看，货币的功效最为不同。货币的根本功效是满足人类相互交换的需求，而交换的标的却是包括货币自身在内的全部财富。货币是所有财富进行交换的中介，货币因能满足最普遍的交易需求而成为最显著的财富。因此，我们可以将财富分为两大类。一类是实用财富，其能够满足人类的各种物质和精神需求。为了将其区别于货币，我们称这类资源、物品或服务为商品。另一类是交易财富，其用于各种实用财富的交换，我们称之为货币。从本质上说，商品不是货币，而货币却是商品。但为了方便表述，本书所指的商品是狭义的商品，即将货币排除在外的其他资源、物品或服务。

如果用虚和实来对商品与货币进行界定，那么商品是实的财富，货币是虚的财富。货币是用来交换商品的，脱离了商品的货币既无以存身立命，也将失去所有价值。正如希腊神话中的迈达斯国王，他获得了一种神奇的力量，可以把碰到的任何东西都变成金子。结果，他差点饿死，因为被他身体碰到的所有食物都变成了金子。同样，商品必须通过交换才能到达有需求的人群，离开了货币的商品就失去了双脚，市场也会变成一潭死水，商品的效用也就无从发挥。无论是 1837 年爆发的资本主义经济危机、20 世纪的大萧条，还是中国市场中曾经出现的“钱荒”，都告诫着人们货币的供应不足会给经济带来巨大的影响，甚至是毁灭性的打击。人类的幸福建立在人的需求得到满足的基础之上，商品和货币这对绝佳搭档默契配合，使人类的需求得到了全方位的满足。

财富价值的度量标准

关于财富的价值如何衡量，不同的经济学流派有不同的观点和方法。古典经济学派强调实物经济的重要性，认为财富的价值应基于实物生产和服务，倾向于使用劳动时间或生产成本来衡量财富的价值。古典经济学的创始人威廉·配第最早提出了“劳动价值论”，揭示了劳动时间决定商品价值的原理，留下了“劳动是财富之父”的著名言论。法国古典经济学创始人皮埃尔·布阿吉尔贝尔认为农产品才是真正的财富，农业是财富的源泉。亚当·斯密则批判了重商主义和重农学派的观点，认为一切物质生产部门都创造财富，主张财富的价值应基于劳动时间和劳动强度来衡量，并且通过市场机制和供求关系来确定。19世纪初，法国经济学家让·巴蒂斯特·萨伊提出了著名的生产三要素理论，即劳动、资本和土地共同创造了物品的效用，效用决定商品的价值。这一理论强调除了劳动，资本和土地也参与价值的创造。新古典经济学派强调边际效用理论，认为财富的价值取决于其边际效用，同样主张通过市场供求关系和价格机制来衡量财富的价值。马克思主义经济学认为财富的价值是由劳动创造的，特别是抽象劳动。在“劳动价值论”的基础上，马克思提出了商品价值由社会必要劳动时间决定的观点。凯恩斯主义经济学认为财富的价值不仅取决于实物生产和服务，还受到货币和金融因素的影响，主张通过宏观经济政策和财政政策来调节经济，从而影响财富的价值。

这些观点仅仅论述了各种因素在财富价值决定中的作用，却没有涉及到底什么是财富的价值以及具体如何对财富的价值进行计量。以“劳动价值论”为例，其主张商品的价值量由生产商品所耗费的社会必要劳动时间决定，商品交换以价值量为基础，实行等价交换。我们难免会产生疑问——当经过特定劳动时间而生产出来的产品因市场环境的变化而不再被人们需要时，其价值是否保持不变？例如，某种疫情暴发后，医药公司花费大量人力研制生产出特效药，但疫情很快结束，人们已经不需要什么治疗了，这时特效药还有价值吗？再举另一个相反的例子：新疆和田当地的农民在游玩时，无意中从河水中拾得一块颜色、品相、体积俱佳的和田玉，他没有为此付出任何劳动，那么这块玉就没有价值吗？

很显然，这些看似可以衡量商品价值的方法没有从根本上解释和解决问题，多数只是通过类比的方式在论述问题，相当于在比较两类财富的价值时，主张以特定的生产要素为标尺。但财富是多样的，各类财富的由来也是不同的，这从根本上决定了我们无法通过特定的生产要素来统一度量。经济学史上之所以产生“劳动价值论”“生产三要素论”等观点，主要是因为当时的财富种类单一，生产要素趋同。但随着人类文明的进步和生产力的提高，农业、工业和服务业都已经得到全面发展，人类财富的种类已经不胜枚举，再也无法从财富本身的生产要素出发进行价值的衡量了。

让我们再次回到财富的本质，即满足人类需求之物。我们可以看到，财富的共同特征就是可以满足人类需求，因此衡量财富价值唯一合理而可行的方式就是从财富对人类需求的满足程度出发进行评判。

英国法理学家、哲学家和经济学家杰里米·边沁主张，衡量财富的价值不应基于财富本身，而应基于财富能够带来的满足和快乐程度，即效用。以奥地利经济学家卡尔·门格尔和英国经济学家威廉姆·斯坦利·杰文斯为代表人物的边际效用学派也持有类似的观点。他们认为，消费者在购买商品或劳务时，会根据其边际效用的大小来决定购买的数量，因此，财富的价值应该根据其对人的边际效用（即最后一单位商品或劳务所带来的额外满足）来衡量。

建立国际单位制第八基本单位的构想

当找到了财富价值的衡量标准，即“能够满足人的需求的程度”时，我们对财富价值基本单位的探索之路就有了明确的方向。我们有必要分析和借鉴国际单位制（SI）前七个基本单位的由来和特征，并以此构想建立国际单位制第八基本单位——财富价值基本单位。

国际单位制现有的基本单位分别为：米、千克、秒、安培、开尔文、摩尔和坎德拉。为了建立价值的基本单位，让我们对现有的基本单位进行了解和分析。长度的基本单位为米（m），1 米的长度最初的定义为通过巴黎的子午线上从地球赤道到北极点距离的千万分之一；质量的基本单位为千克（kg），最初的定义是 1 立方分米的纯水在 4℃时的质量。这个样本被用铂铱合金制成的国际千克原器装载，作为国际统一重量单位，被存放在法国戒备森严的金库内；时间的基本单位为秒（s），当铯-133 原子位于海平面处，处于非扰动基态，在两个超精细能阶之间跃迁时，会发出电磁波，这个电磁波有一个固定的周期，这个周期的 9192631770 倍被定义为 1 秒。简而言之，秒是由铯的频率来定义的。电流的基本单位为安培（A），最初的定义是1秒时间间隔内从硝酸银溶液中能电解出1.1180002毫克银的恒定电流。热力学温度的基本单位为开尔文（K），1开尔文被定义为对应玻尔兹曼常数为1.380649×10^{-23}J·K^{-1}的热力学温度；物质的量的基本单位为摩尔（mol），1摩尔任何物质（微观物质，如分子、原子等）含有阿伏伽德罗常数（约6.02×10^{23}）个微粒。光照强度的基本单位为坎德拉（cd），1坎德拉是指光源在指定方向的单位立体角内发出的光通量。当然，国际单位制SI基本单位的定义并非一成不变，而是经过了多次修改，原因是原有的定义仍然不够精确。

这些定义大都涉及物理学概念，相当晦涩难懂，但在此我们无须在意这些专业概念的深层内涵，而只是分析人类定义这些基本单位的方法和逻辑。通过对现有基本单位定义的分析，我们发现对事物的某个品质进行计量时有如下四项进程。一是提取这类事物共同的本质特征。比如长度的本质特征是空间，质量的本质特征是惯性，时间的本质特征是位置变化及其进程，温度的本质特征是能量。二是用特定样本精准固定该特征。每个基本单位都是用一个严格约束条件之下的样本来固定本质特征的量。三是将待计量事物的该特征数量与样本的该特征数量进行类比。当样本被固定下来后，所有其他物品的相关特征数量就可以用其与样本的比例来进行表述了。四是人类对准度的要求精益求精。各种基本单位被多次修改以求更加精准，如米的定义已经变为氪86同位素灯在规定条件下发出的橙黄色光在真空中的波长，千克的定义则改为以量子力学中的普朗克常数为基准。具体的改进方法对我们试图建立财富价值基本单位的指导意义不大，但不可避免地让我们再一次感叹，人们对其他事物的精度要求如此苛刻，却对财富价值的计量如此粗心大意。我们发现，人类通过用价格简单替代价值，实则是将需要进行价值计量的物品与特定的货币进行类比。这样的方式相当于仅仅进行了完整计量步骤的第三个步骤，是一种残缺不全、粗枝大叶的计量方法。

我们尝试以同样的逻辑和步骤对财富价值的基本单位进行定义，以期可以科学地进行对财富的价值计量。基于价值的根本特征是“对需求的满足程度”，因此我们提取这个特征需要准确认识和测量人的需求。人类科技发展到今天这样的高度，蓦然回首，我们发现，人类探求真理的目光大都看向人体的外部，而对自己身体的了解还停留在初级水平。然而，对人类需求的理解和把握关系到对人类自身进行研究的诸多学科，如人类学、生物学、心理学等，而这类学科恰恰又是人类科技的薄弱环节，难怪人类对财富价值的计量还停留在粗放的原始状态。也正因为人类在相关领域的科技落后，人类建立财富价值国际单位制基本单位必然异常困难。但是，无论路途如何遥远艰难，只要我们充分认识到对财富价值进行准确测量的重要性和必要性，就有足够的勇气去进行探索。只要我们找准了去往目的地的方向和步骤，我们终将取得进步和成功。

构建财富价值国际单位制基本单位的尝试

1 千克大米可以让人不饥饿，1 升水可以让人不口渴，1 辆自行车可以让人出行更方便，1 段音乐可以让人心情愉快，1 元钱则可以让人用于交易。抛开道德的评价，在没有造成对自己和对他人危害的前提之下，人任何种类的需求都应该被尊重，也都值得被满足。任何能满足人的需求的物品或者服务都是财富。从需求出发，对财富价值进行评价和衡量是我们已经明确的方向。那么计量财富的前提就是计量人的需求。如果能计量需求，就能计量财富。而需求似乎又是人类最抽象、最复杂、最多变、最没有标准的品类。

也许我们可以将人的最终需求对应到能量和物质，从而通过对能量和物质的样本固化建立财富价值的基本单位。但很明显，能量和物质几乎只能衡量人类的物质需求，能够满足人类精神需求的无形资产和服务则无法用物化的手段进行定义与测量。一首歌、一幅画、一部电影、一件古董都可以给人带来满足，它们必然是有价值的，那么又该如何去衡量它们的价值呢？或许我们需要对满足人类物质需求和精神需求的财富进行分类评价？也许随着科技的进步，我们会发现人类的物质需求与精神需求之间有着根本的联系，两者得到满足的程度可以通过同样的指标进行测量。那样的话，我们构建财富价值基本单位的瓶颈问题就解决了。这些设想和努力，让我们留给未来吧！

在此，我们初步将人的需求设立为计算财富价值的本质特征，至于人的需求如何测量计算以及财富满足人的需求的程度如何测量计算，我们同样留给未来。

人类需求的衡量和财富价值的衡量成对出现，同根同源，现在我们为人类需求和财富价值分别建立一个粗浅的样本。我们发现，同样数量的物品，其满足需求的程度会因人、因时、因地而产生不同。需求和财富计量必须确立某一具体情形，并以此为标准。我们将人类需求的基本单位和财富价值的基本单位同时设立为“需”（need），因为两者本质上是一样的。我们首先为财富价值的基本单位设立一个样本：一个身高 1.8 米，体重 75 千克，年龄 22 周岁，刚从上海交通大学上海高级金融学院金融硕士专业毕业的健康男子。在界定他对食物的需求时，我们设定他在吃饱喝足之后的 24 小时内不吃不喝。期间，他只是静坐且有 8 小时的正常睡眠，同时假设他除了对食品的需求，没有其他任何需求。以此时他的饥渴程度或者说对食物的基本需求量为标准，我们将人的需求的基本单位 1 需（1 need）定义为“该男子在此种情形下的基本需求”。当人的需求的基本单位被定义之后，我们就可以通过同样的方式对商品财富价值的基本单位 1 需进行定义了：使这名男子重新达到生理平衡、不再感到饥饿，即满足其基本需求的食物所具备的功效。如果 1 千克红薯可以正好使其满足到这种程度，我们就可以将这 1 千克红薯的财富价值计量为 1 需，那么 5 千克红薯的财富价值就是 5 需。

1 千克红薯让这名男子基本达到饱腹状态，满足了样本中他的基本需求——这只是人类能感受到的关于饥饿的需求。如果以牛肉代替红薯，除了能解决饥渴，牛肉还更可口，同时有红薯所没有的优质蛋白质——这是更长远、更深层的需求。我们假设人类已经掌握了“测量人的需求以及商品满足这种需求的程度”的科学方法。通过测量，我们发现 1 千克牛肉所能满足需求的程度是我们定义的基本单位的5倍，因此1千克牛肉的财富价值就是5需。当一个农户一年生产了1吨红薯和1吨牛肉时，我们就可以准确地表述，这个农户一年生产的财富价值总数是6000需，这个价值计量的总数是稳定的、不变的，因为我们设置的样本是固定的。我们不再使用货币来表述这个农户一年创造的财富价值量，因为那样的话，即使他每年都生产1吨红薯和1吨牛肉，第一年，我们会称他创造了104000元的财富，而到第二年，我们则称他创造了123000元的财富，因为第一年牛肉的价格为100元/千克，红薯的价格为4元/千克，而第二年牛肉的价格为120元/千克，红薯的价格为3元/千克。

当然，有人会提出这样的质疑：1千克红薯可以满足这名男子的需求，因此我们认为这1千克红薯的财富价值是1需，按照这个标准，1吨红薯的财富价值是1000需。但是人类享用财富时的边际效应是递减的，1千克红薯所满足的这名男子的需求并不是原来需求的1000倍，而是小于1000倍。这样的质疑，本质上是没有理解我们建立样本以及财富价值基本单位的目的和方法。我们的目的是建立一个衡量商品财富价值的客观标准，而不是讨论商品以何种方式满足一个人的需求。我们定义财富价值基本单位1需时，是通过测量满足该样本男子的需求程度。我们将1吨红薯的财富价值计算为1000需，是通过我们设立的基本单位计算来的，这个基本单位的定义有严格的情形约束，而边际效用递减在商品对人持续进行满足时才存在。如果一定要将财富价值与满足人的需求的程度进行同比例对比，可以认为1吨红薯满足了基本单位所对应的需求，即满足了该男子 1000 次。这样计算，1000 倍的财富价值就同样满足了 1000 倍的需求，而不再是边际效应递减情形下计算出的小于 1000 倍。

货币本身的财富价值也应由财富价值的基本单位来衡量

契约货币已经独立为物，是一件特殊的商品，那么应该如何计量货币本身的财富数量呢？1 元钱的财富数量到底是多少呢？与所有物品一样，货币的财富价值数量也应看其满足一个人的需求的程度。现代社会中，一个人的所有需求很少完全通过自力更生，即直接生产和自我服务来实现，绝大多数都需要通过交易来取得。交易的需求越旺盛，货币的财富价值就越高。关于人类的交易需求计量，我们同样需要确立一个具体的样本。还是前文那名男子，当我们界定其对交易即货币的需求时，设定其亲友不会给予其任何经济上的帮助，其自身也没有任何积累，只带着生活用品只身来到了上海，靠自己的工作去赚取货币，其对所有商品的欲望仅仅限定在房租、食品和书籍上，对其他一切都没有兴趣和需求。通过先进科技和手段的计算，我们发现这名男子的总体需求是财富价值基本单位的 10 万倍，因此他的总交易需求为 10 万需。也就是说，我们将货币的财富价值的基本单位 1 需定义为这名男子的交易需求的十万分之一。交易需求通过货币来实现，而在他的生活环境中，能满足其交易需求的人民币数量是 15 万元。此时我们认为这 15 万元的财富价值是 10 万需，1 元的财富价值是 0.667 需。货币的财富价值的基本单位确定后，我们就可以评定任何一份货币的财富价值了，比如他的上司年收入是 30 万元，我们就可以说他的上司一年赚取的财富价值约为 20 万需的货币。

当货币的财富价值的基本单位被定义后，我们就可以不依赖货币金额的大小而凭借其对交易需求的满足程度来衡量货币的真实财富价值了，从而摆脱货币购买力变化对我们计算货币真实财富价值造成的影响。

交易需求理解起来相当费力，我们可以简单地将其理解为“综合金钱欲”。它不是指对某一具体事物的需求，而是指由一个人的全部物质需求和精神需求所产生的这个人对金钱的需要。例如，在第二年的市场中，这名男子需要 20 万元才能完成与前一年相同的购买，这意味着这一年发生了通货膨胀，人民币的购买力下降了，我们可以说这时的 20 万元货币的真实财富价值还是 10 万需，1 元的财富价值变成了 0.5 需。而这 10 万需就是这名男子一年的交易需求。

借鉴物价指数来定义财富价值基本单位

在现有技术条件下，人类的智慧和技术手段还不足以测量人类的需求以及商品满足人类需求的程度，我们几乎没有对商品进行价值计量的可能性。但人们已经普遍认识到货币本身购买力的变化对他们衡量商品真实财富价值造成的影响。当通货膨胀发生时，同样的货币量只能采购更少数量的商品，这就意味着我们虽然赚取了同样金额的货币，但是我们获取到的真实财富价值变少了。为了反映货币以及商品的真实财富价值，各国采用物价指数对人们生产生活中用货币单位计量的商品财富价值进行衡量。我们完全可以借鉴物价指数的科学方法来定义财富价值的基本单位。

人类的经济统计已经相当发达，对物价指数的统计和运用技术已经相当先进，物价指数是反映不同时期一组商品价格水平的变化方向、趋势和程度的经济指标，是经济指数的一种，通常以报告期与基期对比的相对数来表示。常用的价格指数有消费者物价指数（CPI）和生产者物价指数（PPI）。为保证价格指数的连续性和可比性，我们通常在一定时期内把“一篮子”商品和服务固定，俗称“固定篮子”。在这个时期内，这个固定篮子的财富价值是固定的，并且在这个时期内的某个特定时点，这个固定篮子的总价格是可以统计、确定的。因此在这个时间点，1 单位货币所对应的财富价值也是可以统计、固定的。我们可以定义这个时间点的 1 单位货币为 1 单位的财富价值。

为了更全面、更准确地衡量所有商品的财富价值，我们在定义财富价值单位时所选用的固定篮子应该比 CPI 和 PPI 的固定篮子更加全面，篮子内各种商品的权重也需要有所不同，但当前统计 CPI 和 PPI 所用的基本思路和方法是可以采用的。

借鉴价格指数的统计方法，通过一个特定时间点的 1 单位货币来定义财富价值的基本单位后，财富价值的基本单位就有了独立于货币单位的名称。当我们再表述不同时间、不同情形下的商品和货币的财富价值时，就可以独立于货币数量之外，用财富价值的基本单位来另行表述了。

现在我们以美元来举例说明，自1913年以来，美元的购买力也就是其货币的财富价值一直在稳步下降。当时，1美元被定义为每盎司黄金的1/20。到今天，1美元只能购买约1/2100盎司的黄金，用1美元购买的商品和服务总量也越来越少。

以实际购买力计算，2019年的100美元相当于1913年的约3.87美元。现在，我们将财富价值基本单位1需定义为1913年的1美元。当财富价值的基本单位被定义后，我们就可以计算出2019年1美元的财富价值为0.0387需。那么，2019年苹果手机发布的存储容量为64GB的iPhone 11定价为699美元，就可以表述为其财富价值为27.05需（0.0387×669=27.05）。当美国商务部宣布“美国2019年全年完成的名义国内生产总值（GDP）为214316亿美元，以2012年为基准年，2019年美国的实际GDP为190605亿美元”时，就可以另外再加一个通告：以财富价值的国际单位制基本单位计算，2019年美国GDP的财富价值为8294.03亿需（214316×3.87/100=8294.03）。

区别于各国现在通行的GDP统计，定义财富价值的基本单位是为了在全世界范围内建立一个更统一、更准确、更固定、适用时间更长的标准计量单位，以避免各种经济学术语表述对普通民众造成困扰，同时，实现全世界范围内对各类商品和各种货币的真实财富价值的统一衡量。这可以帮助普通民众透过货币的表象，直接看清各种商品的实际价值，也可以直观反映出各种货币内在价值的动态变化。

作为一本重点讨论货币的图书，我们努力提示人们财富的价格与价值完全不同，财富的价值应该被明确定义和精准计量，同时就财富价值的基本单位如何确定提供可行的思路和方法。至于在基本单位的定义中如何测量人的需求以及需求的满足程度，如何确定基期轮换以及其他科学合理的制度措施，或者是否还有其他更加科学的定义方法，已经超出了我们的研究能力，我们将这些问题留给科学家、经济学家、统计学家和政府官员。我们期待未来有人可以利用先进的科技，科学而准确地定义货币和商品财富价值的基本单位。

第七章

商品的价格

价格指可以交换一件商品的货币量，本质上是货币的财富价值与商品的财富价值的比例关系。价格是人们在日常生活、生产中直接使用的经济概念，但人们对价格的认知建立在传统的财富观和价值计量标准之上，无法正确地认识价格、管理价格。在建立了全新的财富观和财富价值的基本单位后，我们得以更加科学地理解价格。

财富价值数量固定而价值感受度多变

我们通过对人的需求的提取设立了一个商品和货币的财富价值样本，并将其定义为测量商品和货币的财富价值基本单位，同时我们借鉴价格指数的统计方法确立了一个商品和货币的财富价值基本单位。我们深知这样的定义并不足够科学和精确，我们只是提供一种方法和思路，以达到统一财富价值基本单位的目的。只有这个基本单位建立了，我们才有可能实现对货币和商品的财富价值的稳定评价。

基本单位的确定使人类可以准确地评价和表达货币和商品的财富价值，以财富价值的基本单位为尺度，一件特定的商品或一种特定的货币的财富价值就可以被精确测量和具体表述了。我们称单位数量的商品和货币的财富价值为客观财富价值（Objective Wealth Value，OWV），包括商品客观财富价值（Objective Wealth Value of Commodities，OWVC）和货币客观财富价值（Objective Wealth Value of Money，OWVM）。例如，前文提到的 1 千克红薯的客观财富价值是 1 需，而 1 元的客观财富价值是 0.667 需。

我们日常所称的商品价格，实际上就是这一商品与特定货币之间的价值比例。比如我们说一件衣服 10 美元，本质上是在说这件衣服的价值是 1 美元价值的 10 倍。现在，我们已经引入了财富价值的计量，可以得出，以客观财富价值计量，一个单位数量的商品用一个单位数量的货币的比例就是这个单位数量商品的价格，我们称这个比例为这件商品以这种货币计价时的客观价格（Objective Price，OP）。

$$OP = OWVC/OWVM$$

例如，经过科学而精确的测量计算，我们得出 1 顶帽子的客观财富价值是 50 需，而 1 美元的客观财富价值是 10 需，那么两者的比例就是 5∶1，5 美元就是这顶帽子的客观价格。

一件商品的客观价格是由这件商品和计价货币的客观财富价值决定的。同时，我们必须认清一个事实，即不同的人对同样财富价值的商品和货币的感受度是不同的。这就相当于同样是 10 千克的铁块，其质量是恒定的，但对一个 6 岁的孩子来说很重，而对一个 30 岁的男人来说很轻。

为了反映不同个体对商品和货币的客观价值的不同感受，我们设立一个新的经济学概念“价值感受度”（Value Perception，VP）。由于每个人自身的需求不同，所处的环境不同，内在的思想观念不同，拥有的财富不同，人们对于相同的商品有着不同的价值判断。被收藏家视为珍宝的画作，在农民眼里可能一文不值。人们对于相同金额的货币也有着不同的价值判断。有的人罹患重病却因为 100 万元的医疗费而选择放弃治疗，有的人会以 700 万元的价格购买一款全球限量发售的名牌皮包，又以 2800 万元的价格买下并收藏一款名牌珠宝。同样的商品，同样的货币，具有同样的客观价值，在财富价值的基本单位确定后，更有着数量相同的客观财富价值，但在不同的人眼里，它们的主观财富价值并不相同。我们将人们对财富的不同认知和感受称为价值感受度，包括对商品的价值感受度（Value Perception of Commodities，VPC）和对货币的价值感受度（Value Perception of Money，VPM）。

对于个人来说，拥有商品或者货币的数量越多，对应的价值感受度就越弱；对商品或者货币的自身需求越大，对应的价值感受度就越强。如果以货币持有量的多少来定义富人和穷人，那么我们有一个最基本的生活经验，即将自己的劳动和产品卖给富人，我们更容易获得满意的价格，而用货币去购买穷人的劳动和产品，我们更容易获得满意的商品量。比如，同样金额的 1 万元货币，当财富价值的基本单位被定义后，其客观财富价值的总数是固定的。但对于一个亿万富翁来说，他对这 1 万元货币的价值感受度极弱，而一名乞丐对这 1 万元货币的价值感受度极强。同样质量的 10 千克红薯，当财富价值的基本单位被定义后，其客观财富价值的总数是固定的。但一个吃饱喝足、粮仓满满的人对这 10 千克红薯的价值感受度极弱，而一个饥肠辘辘、庄稼歉收的人对其的价值感受度极强。

价值感受度还受到经济预期、社会环境、场景氛围等多方面因素的影响。我们将在本章第三节“商品主观价格的计算公式和影响因素”中详细探讨分别有哪些因素，以及它们如何影响着人们对商品和货币的价值感受度。

如果将这种价值感受度的影响量化，就会导致相同数量的货币和商品，其客观财富价值数量是相同的，但不同的个体感受到的主观财富价值数量是不同的。正如上述的红薯，对于同样的人，在非饥渴状态下，财富计量总计可能只有 0.1 需或 0.5 需，而非 1 需。将前文那名年轻男子换为一位 88 岁的孤寡老人，这位老人该拥有的物品都已经拥有，不想买房或车，连食欲也很微弱了。医生诊断她已经患上胰腺癌，生命还有三个月，她也没有考虑什么身后之事，基本没有什么交易的需求了，并且她的银行账户里还躺着 1 亿元存款。那么 15 万元对她来说，其财富计量可能只有 100 需，而非 10 万需。

我们将一件特定的商品或一个特定货币单元的货币由于个体之间的价值感受度不同而产生的不同财富价值定义为主观财富价值（Subjective Wealth Value，SWV），包括对商品的主观财富价值（Subjective Wealth Value of Commodities，SWVC）和对货币的主观财富价值（Subjective Wealth Value of Money，SWVM）。我们设 A 为商品主观价值系数，B 为货币主观价值系数，那么可以得出商品货币的主观财富价值与客观财富价值之间的关系。

$$SWVC=OWVC\times VPC\times A$$

$$SWVM=OWVM\times VPM\times B$$

由此我们可以进一步计算出一个单位数量的商品的主观财富价值与一个单位数量的货币的主观财富价值之间的比例，我们称这个比例为这件商品以这种货币计价时的主观价格（Subjective Price，SP）。

$$SP=SWVC/SWVM=(A/B)\times(OWVC/OWVM)\times(VPC/VPM)$$

我们以前面那顶客观价格为 5 美元的帽子为例。在一名秃顶的富人眼里，客观财富价值为 50 需的帽子，其主观财富价值却是 100 需，而客观财富价值是 10 需的 1 美元，其主观财富价值却只有 1 需，那么帽子与美元的主观财富价值之间的比例就是 100∶1，100 美元就是这顶帽子在这名富人眼里的主观价格。是的，这顶帽子对这名富人的主观价格是其客观价格的 20 倍，这一点也不夸张。有一句网络热语“贫穷限制了我的想象力”，在富人的世界里，商品的成交价格总是很惊人。

经济学家对价格的观点

经济学界对商品价格的形成有多种观点。劳动价值论认为，商品的价格主要由生产该商品必需的劳动时间决定。劳动时间越长，商品的价值就越高，价格也就越高。边际效用理论认为，商品的价格取决于其边际效用，即消费者从最后一个单位商品中获得的满足程度。如果一件商品的边际效用较高，那么消费者愿意支付的价格也就较高。供需理论是现代微观经济学的基础，该理论认为，商品的价格是由市场上该商品的供给和需求决定的。当供给等于需求时，商品达到均衡价格。如果供给大于需求，价格会下降；如果需求大于供给，价格会上升。市场竞争理论则认为，商品价格是由市场中的竞争程度决定的。在完全竞争市场中，每个卖家都是价格接受者，价格由市场充满竞争的供求关系决定。而在不完全竞争市场中，卖家具有一定的定价能力，商品的价格可能高于或低于其在完全竞争市场中的价格。

亚当·斯密指出，当市场上的商品供应量与需求量相等时，价格就会达到一个平衡点。如果供应量超过需求量，价格就会下降，因为卖家会竞相降价以吸引买家；相反，如果需求量超过供应量，价格就会上升，因为买家会竞相提价以争夺有限的商品。亚当·斯密还认为，商品的价格可以分解为三个部分，它们分别代表了生产过程中劳动者的工资、资本家的利润以及地主的地租。这个观点反映了古典经济学对于价格形成的理解，即价格是由生产过程中的各种成本决定的。卡尔·马克思则认为，商品的价值是由社会必要劳动时间决定的，而价格则是商品价值的货币表现。在市场竞争中，价格会受到供求关系的影响，从而围绕价值上下波动，但从长期来看，价格和价值会趋于一致。

通过分析，我们发现，过往的这些关于商品价格形成的观点，有一个共同的、明显的偏差，就是只讨论了商品本身，而没有讨论货币。而价格是指可以交换一件商品的货币量，即货币与商品的比例关系。在分析价格时，只考量商品而忽视货币是完全不应该的，这就好比在讨论夫妻关系时只讨论妻子而不讨论丈夫。这又好比在报道 2024 年欧洲杯决赛西班牙队对阵英格兰队时，只对英格兰队的比赛过程进行详细描述，却闭口不谈西班牙队的场上表现，最后直接告知观众西班牙队以 2∶1 的比分夺冠。结合经济学家的偏差和忽视，可知其原因在于我们已经习惯性地把货币当作衡量财富的标尺，错误地将货币的基本单位当作商品价值的基本单位。这显然是没有看到货币本身也是商品，也没有重视一个现象：同样的商品在不同人群眼中或在不同情形下，有着巨大的价格差别。事实上，价格是买卖双方在交易过程中共同决定的，买卖双方同时考虑自身对货币或商品的需求，将商品和货币联系到了一起，从而决定了商品的价格。只有同样地看待货币与其他商品，分别评定出其他商品和货币的财富价值，再将不同人群或在不同情形下对货币和其他商品两者不同的价值感受度纳入考量，才能全面认识价格的形成机制。我们将在后文详细讨论商品价格真正的形成过程。

商品主观价格的计算公式和影响因素

在现实世界中，不可能所有的借款人同时还清贷款，因此货币发行人的债权不会清零。由于破产制度的存在，大量债务人的债务被免除，还有一些债务人即便没有宣告破产，实际上也根本无法清偿对货币发行人的债务。同时，新的借款人还在不断从货币发行人手中将货币带进市场。在这些情况下，货币都作为储蓄留在了市场中，中央银行发行的契约货币、商业银行发行的存款货币和贷款货币共同在市场中流通。同时，人们生产出来的商品并不会被完全消耗掉，大量的产能正在不断生产出新的产品，服务业的从业人员随时等待着客户的采购。这些存量的商品和存量的货币，以及商品和货币的不断消耗或增加，是影响商品价格的重要因素。商品和货币在市场中自由交换，人们对两者的普遍感受和取舍决定着它们之间的比例关系，推动着商品价格的上涨和下跌。商品供应、货币供应、商品需求、货币需求等因素同时决定着商品价格的走势，现在我们来进行更加细致的分析。

一件商品在个体内心的价格，即商品的主观价格（Subjective Price，SP），我们已经在前面进行过论述。

$$SP=SWVC/SWVM=(A/B)\times(OWVC/OWVM)\times(VPC/VPM)$$

财富价值的基本单位被定义后，国际标准单位制下商品的客观财富价值（*OWVC*）和货币的客观财富价值（*OWVM*）是固定的，影响商品主观价格（*SP*）的变量只有商品的价值感受度（*VPC*）和货币的价值感受度（*VPM*）。人们对商品的价值感受度（*VPC*）越高，商品的主观财富价值（*SWVC*）就越高，商品的主观价格（*SP*）就越高，反之亦然；人们对货币的价值感受度（*VPM*）越高，货币的主观财富价值（*SWVM*）就越高，商品的主观价格（*SP*）也就越低，反之亦然。

当购买人面对一件商品的市场报价时，其对这件商品的主观价格越高，就感觉越合算，越倾向于购买；其对这件商品的主观价格越低，就感觉越不合算，越倾向于不购买。

让我们来进一步分析人们对商品和货币的价值感受度到底有哪些影响因素。需求决定感受，无论是商品还是货币，需求越大，价值感受度就越高；需求越低，价值感受度就越低。人类不仅会考虑现在，还会考虑未来。因此，对商品和货币的需求，不仅要考虑现在的，也要考虑未来的。物以稀为贵，无论是商品还是货币，多者为贱，少者为贵。同样的道理，这个多与少不仅要看现在的存量，也要看未来的预期。

人们对商品的价值感受度（*VPC*）与商品的现有个人需求量（Current Personal Demand for Commodities，CPDC）、商品的预期个人需求量（Expected Personal Demand for Commodities，

EPDC）成正比，与商品的现有市场供应量（Current Market Supply of Commodities，CMSC）、商品的预期市场供应量（Expected Market Supply of Commodities，EMSC）成反比。

人们对货币的价值感受度（*VPM*）与货币的现有个人需求量（Current Personal Demand for Money，CPDM）、货币的预期个人需求量（Expected Personal Demand for Money，EPDM）成正比，与现有个人存款（Current Personal Saving，CPS）、预期个人收入（Expected Personal Income，EPI）成反比。

在分析价值感受度时，除了现有和未来的需求与供给，我们还需要重视另一个重要因素，那就是利率（Interest Rate，IR）。我们储藏商品时，没人给我们报酬；而当我们选择在商业银行和中央银行储存货币时，会收到利息回报。法律如此设定，赋予了货币政策制定者调节人们对货币的价值感受度的权力和手段，货币的价值感受度与利率成正比。利率与具体单个商品的现有供应量、预期供应量、现有需求量、预期需求量则关联性不强，因此，对商品的价值感受度影响不大。

这些影响个人主观价格的变量所呈现的正反比关系也许并不是线性比例关系。关于现有和未来的需求量与供应量，也都需要根据商品和货币满足个人的总时长来计算。可能在这些变量之外还有其他影响因素的存在，本书不再进行更深一步的分析。

在以上这些价值感受度的影响因素中，货币的现有个人需求量和货币的预期个人需求量相对比较难以理解，我们就此作进一步讨论。一个人生活在具体的市场环境中，受到其自身内在的和外在的各种因素影响，形成了当下生活中对物质需求和精神需求的总和，这个需求的总和减去能够自行生产和提供的部分，余下的只能通过市场交易来满足，这就形成了对货币的总体需求，也就是货币的现有个人需求量。例如，一位农民现年 40 岁，我们假设他 70 岁退休，还能工作 30 年，寿命为 80 岁。现在他每个月需要 60 千克粮食、30 只鸡蛋、1 件衣服和 60 片降压药，而他每月通过农耕和饲养母鸡只能自产 10 千克粮食和 10 只鸡蛋，其余的都需要向市场购买。此时，市场价格分别是粮食 10 元/千克、鸡蛋 2 元/只、衣服 100 元/件、降压药 1 元/片，那么这位农民每个月的所需就是 700 元（50×10+20×2+100+60×1）。这 700 元就是他的货币的现有个人需求量。

这位农民养育了一个儿子，现在 18 岁，人很聪明，刚考上名牌大学。这位农民打算把儿子培养成博士，学杂费预算为 50 万元；他还想重新盖一座房子，预算为 50 万元；未来的医药开支预算为 20 万元；为自己不能劳动时的养老金准备为 30 万元，合计 150 万元。这 150 万元就是这位农民在剩余能工作的 30 年内需要赚取的货币总量，那么其货币的预期个人需求量可计算为 5 万元/年（1500000/30）。如果这位农民从小就有一个梦想，即一定要在有生之年进行一次环球旅行，预算为 30 万元，那么他在未来 30 年能工作的时间内需要赚取的货币就是 180 万元。在此情况下，其货币的预期个人需求量即可计算为 6 万元/年（1800000/30）。

此外，价值感受度的各个影响因素都有自己下一级的影响因素，我们在此不再进行更深一步的分析。我们将在第十章第四节“市场中货币量和商品量的构成及市场交易方程式”中就相关的深层因素作进一步的分析。

非充分竞争市场的价格形成机制

当我们掌握了财富的本质，不再将货币当作财富的计量标准时，就更容易理解交易的本质了。让我们一起来探讨商品和货币的主观财富价值在交易双方的内心确认以及形成双方共识的过程。我们以一个粮食充足但货币不足的农夫和一个腰缠万贯但饥饿难忍的商人进行的粮食交易来举例说明。我们假设，按照已经完成定义的财富价值基本单位计量，1 千克米饭的客观财富价值（*OWVC*）是 8 需，而 1 元钱的客观财富价值（*OWVM*）是 2 需，那么这 1 千克米饭的客观价格（*OP*）为 4 元（$OP = OWVC/OWVM$）。

农夫相对于商人而言，对米饭的商品的现有个人需求量（*CPDC*）低，对商品的预期个人需求量（*EPDC*）低。同时，商品的现有市场供应量（*CMSC*）高，商品的预期市场供应量（*EMSC*）高，致使农夫对米饭的商品的价值感受度（*VPC*）低。

农夫相对于商人而言，对货币的现有个人需求量（*CPDM*）高，对货币的预期个人需求量（*EPDM*）高。同时，他的现有个人存款（*CPS*）低、预期个人收入（*EPI*）低，致使他对货币的价值感受度（*VPM*）高。

关于商品的主观财富价值、货币的主观财富价值及商品的主观价格公式为：

$$SWVC = OWVC \times VPC \times A$$

$$SWVM = OWVM \times VPM \times B$$

$$SP = SWVC / SWVM$$

农夫的商品的主观财富价值较低，我们假设这 1 千克米饭在农夫心目中的主观财富价值是 5 需。农夫的货币的主观财富价值较高，我们假设 1 元钱在农夫心目中的主观财富价值是 2.5 需。那么，农夫对米饭形成的主观价格（*SP*）为 2 元/千克，也就是说，如果有人用大于或等于 2 元钱的价格向农夫提出换取 1 千克米饭，农夫是愿意的，其内心是满足的。

此时，商人的商品的主观财富价值较高，而商人的货币的主观财富价值较低。在此时的商人内心，1 千克米饭的主观财富价值为 10 需，而 1 元钱的主观财富价值为 1 需。商人对米饭形成的主观价格（*SP*）为 10 元/千克，也就是说，如果有人用 1 千克米饭向他提出换取货币（小于或等于 10 元），商人是愿意的，其内心是满足的。

由此可以看出，对于这 1 千克米饭，农夫和商人分别形成了自己的主观价格，2 元和 10 元之间的任何价格都有可能是两人的成交价格。

此时，商人自认为交易经验比较丰富，对交易对手的心理有较好把握，他心里想着“我不能暴露自己的心理价位，要好好压压他的价”。商人首先开口，向农夫提出用 5 元钱换取农夫的 1 千克米饭，没想到，这显著高于农夫内心的标准 2 元，农夫一口答应且内心相当满意。于是 1 千克米饭在此种情形下的市场价格为 5 元，只是这个市场中只有两个人。

如果这位农夫之前了解到商人的货币存储量或内心想法，回复“最低 10 元”，那么商人也会同意，使得 10 元成为此种具体情形下 1 千克米饭的价格。如果是农夫先开口出价 3 元，商人同意，那么 3 元便是价格。如果商人坚持报价 1. 5 元，或农夫坚持报价 12 元呢？那么在对方对米饭或货币的主观财富价值不发生改变的情况下，交易便无法进行，价格便无法形成。

一般情况下，商人和农夫对米饭和货币的需求是稳定的，但也不排除他们的现场表现会让彼此的价值感受度产生临时的改变。我们假设商人的表现会影响农夫对米饭和货币的自身需求判断。比如商人说“你可能不了解行情吧？现在市场上钱很难赚啊，最近什么物品都在降价，而且今年本地粮食大丰收，到处都有米饭在卖”，农夫仅因商人的这句话，可能就会将 1 元钱的主观财富价值调整为 3 需，把 1 千克米饭的主观财富价值调整为 4 需。那么，商人只需用 1. 33 元就能让农夫对交易价格感到满意。此时商人提出以 1. 5 元购买 1 千克米饭，农夫就会同意。在两个人的小市场中，1. 5 元的价格得以形成。

以上只是我们为了说明价格形成原理而编写的小故事。事实上，这个非充分竞争市场下的价格形成机制在我们的日常生活中时时处处都在运行，即使在我们认为应该是充分竞争的股票市场中，也存在非充分竞争的情形。2024 年 4 月 9 日，港股中国天瑞水泥（01252）在收盘前 15 分钟内股价暴跌 99. 04%，从前一日收盘价的每股 5 港元跌至 0. 048 港元，总市值由超 140 亿港元瞬间蒸发至仅剩约 1. 4 亿港元，而其财报显示每股净资产为 5. 264 港元。母公司当日回应，不清楚股价暴跌的原因，公司的生产经营正常。公开资料显示，天瑞水泥是全国重点水泥企业集团之一，位列全国前十名，母公司天瑞集团入选中国企业500强、中国制造业企业500强。天瑞水泥业务主要范围覆盖河南、辽宁、安徽、天津及东部沿海地区，目前在全国拥有几十家生产企业。此外，该公司还是南水北调、哈大高铁、京港高铁、京港澳高速、连霍高速、黄河大桥、大连港等重点工程的主要供应商。股价如此巨大的波动让人们大跌眼镜，无论公司自身经营管理出现了何种突发事件，我们也无法认为股票的价格波动真实反映了公司自身价值的变化。

究其原因，就是卖出方和买入方对该股票各自的主观价格发生了变化。对于卖出方而言，其可能掌握了公司经营发生剧变的重大利空消息，卖出方在卖出的时点对该股票的商品的价值感受度极低，抛售脱手的意愿极高。也可能是股票做了质押，质押人没有按要求追缴保证金，券商按规定进行斩仓。在此种情形下，作为卖出方的券商出于对法律责任的考量，对货币的价值感受度极高，不惜一切代价回收资金。无论何种情况，都会导致卖出者对该股票的主观价格极低。对于买入方而言，由于港股市场近年来流动性缺失，部分股票日常成交量极低，买入方货币拥有量极其有限，致使其货币的价值感受度极高，对该股票的主观价格极低，买卖双方对该股票的主观价格同时大幅降低，该股票出现史诗级的大崩盘。

为什么说这个例子中的股票价格形成处于非充分竞争市场呢？虽然香港股市是公开透明的，投资者数量也庞大，但由于港股市场近年来流动性缺失，交投惨淡，部分股票并未受到市场参与者的关注。无论该公司的股东有多少，或是市场中的股票投资者有多少，市场中的股票持有人和资金持有人中都只有极少数关注着这只股票，而正是这极少数人构成了这只股票在那个特定 15 分钟内的市场。因此，我们认为在这则突发事件的时间段内，这只股票处于非充分竞争市场。这只股票于大跌后的第二天宣布停止买卖，并在后续公告中明确股价跳水 99.04%的原因系遭遇质押股票强制平仓。这只股票的惊天大跌引起了全市场的关注。2024 年 12 月 9 日，当这只股票恢复交易时，其已经处于一个比较充分的市场，当天股价以 0.63 元收盘，涨幅达 1212.50%。此时，买卖双方的主观价格已经是另一番景象了。

充分竞争市场的价格形成机制

人们对货币和商品的价值感受度不仅受到自身生理特征、经济特性等因素的影响，还受到法治环境、社会舆论、经济形势等外部因素的影响，但总体而言，人们对货币和商品的价值感受度是稳定的。对于某一具体时点下的某一商品，人们对其的价值感受度是稳定的。人们会利用自己能够得到的信息，达成自己对这一商品的全方位判断，在内心形成它的较为稳定的主观财富价值。同时，人们基于自己的生活环境，对自己口袋里的货币以及未来收入的多寡形成了较为稳定的判断，对一定金额的货币也有了一个稳定的主观财富价值判断。当需要进行交易时，人们会用内心已经形成的对货币和商品的两个主观财富价值的比例作为标准，来判断在售商品价格的高低，进而决定是否购买。

如前文所述，我们将人们对商品和货币所形成的两个主观财富价值的比例称为商品的主观价格。比如，在正常市场环境中，一位普通市民对1千克猪肉所形成的主观财富价值是15需，而对1元所形成的主观财富价值是1需，那么这位市民的购买者主观价格（Buyer's Subjective Price，BSP）是15元/千克。如果肉铺标价每千克猪肉10元，说明肉铺的出售者主观价格（Seller's Subjective Price，SSP）是10元/千克，这时市民的购买者主观价格高于肉铺的出售者主观价格，市民就会认为这个肉铺的猪肉物超所值，购买的意愿就强。反之，他就会认为猪肉“不值这个钱”，其购买的愿意就低。由此可以看出，购买者主观价格与出售者主观价格的比例直接决定了商品是否能够顺利成交，我们将这个比例称为商品的成交比（Transaction Ratio，TR）。

我们通常认为商品的性价比（Cost Performance，CP）决定了其是否畅销，将性价比定义为商品的性能值与价格值之比。我们可以看到这个性价比实际上是商品的客观财富价值与出售者对外报价的比例，而出售者的对外报价不会低于其对商品形成的主观价格。因此，性价比的最大值为商品的客观财富价值除以商品的出售者主观价格，即 $CP = OWVC/SSP$。如果真如我们通常所认为的那样，是商品的性价比决定了其是否畅销，那么，同样的商品，同样的报价，商品的性价比是一样的，就应该一样畅销。但事实上，同样的商品、同样的价格，在不同的人群中、不同的情形下并不具有同样的接受度，性价比无法全面反映商品的成交可能性。

通过分析我们发现，购买者在决定是否购买商品时，不只受商品的客观财富价值或性价比的影响，还受到自身对商品的价值感受度和对货币的价值感受度的影响。成交比才是最终的、全面的决策依据——成交比越大越购买，成交比越小越拒绝。

如果我们将购买者对商品的主观财富价值记为 $SWVC$，对货币的主观财富价值记为 $SWVM$，将购买者的主观价格记为 BSP，那么 $BSP=SWVC/SWVM$。

如果我们将出售者对商品的主观财富价值记为 $SWVC'$，对货币的主观财富价值记为 $SWVM'$，将出售者的主观价格记为 SSP，那么 $SSP=SWVC'/SWVM'$。因此，我们可以计算当商品面对具体潜在客户时的成交比（Transaction Ratio，TR）。

$$TR=BSP/SSP=(SWVC/SWVC')\times(SWVM'/SWVM)$$

当商品的成交比大于等于 1 时，说明出售价低于购买者的价格预期，交易就会顺利进行。商品的成交比越高，购买者的购买意愿就越强，出售者的出售意愿就越弱；商品的成交比越低，购买者的购买意愿就越弱，出售者的出售意愿就越强。

当一个人购买一件非常规物品时，如以投资为目的购买一座陌生城市的一栋别墅，可能会去查阅网上同地域、同小区、同类型房产的历史成交价、成交周期、挂牌价，可能会听取房产专业人士对此栋别墅的评价，可能会找政府规划部门的朋友询问这一地段未来的建设规划、产业规划、人口规划等信息，甚至可能会请教经济学家就房产供需关系、经济政策、人口趋势、房价趋势等方面的观点，从而形成自己对这栋别墅的主观财富价值。如果此人即将因为工作和家庭搬迁，购买这栋别墅完全是为了自住，那么他对自身房产需求的评价体系又会发生变化。他会重点考量菜场、学区、景观等因素，从而形成自身对这栋别墅的主观财富价值。无论个人的内在因素如何，在充分的市场环境下，信息是充分的，交易是自由的，大众对货币的主观财富价值和对某一特定商品的主观财富价值会达成普遍的共识，这一共识就形成了对这一特定商品的群体性的主观价格。这个群体性的主观价格通常就是这件商品的市场价格。

无论我们处于非充分竞争市场还是充分竞争市场，无论我们是购买者还是出售者，在进行交易时都应同时充分考量买卖双方对商品和货币两方面的主观财富价值，进而形成对商品成交比全面而深刻的认识和管理。比如，出售者在自身主观价格不变的情况下，可以通过对购买者的主观价格计算公式中的变量进行向上调节，达到提高成交比、增强购买意愿的目的。出售者可以通过夸大商品紧缺度来提高购买者对商品的价值感受度，进而提高购买者的 *SWVC*；也可以通过夸大通货膨胀的预期来降低购买者对货币的价值感受度，进而降低购买者的 *SWVM*。事实上，顶级的商务谈判高手很少以降价出售或者高价求购的方式来促成交易，而是制造各种影响、设计各种话术，根据自己的利益诉求，调节对方的商品主观价格，从而调节商品的成交比计算结果，进而在自己满意的报价下，提升对方的成交意愿。

一位商业头脑发达的律所合伙人，将律所开设在城市的顶级办公楼，并给自己争取各种高级的头衔，在各类法律排行榜上名列前茅，塑造自己专业而繁忙的职业状态，充分说明代理案件所要提供的服务时间，以此提高客户对自己提供的法律服务的价值感受度和主观财富价值。同时在洽谈律师费时突出代理案件标的金额的巨大，举例说明代理其他案件的收费标准更高，笑言高质量的代理可能为客户争取到巨大的利益，甚至用法院诉讼费对比律师服务费，以此降低客户对货币的价值感受度和主观财富价值，通过对公式中 *SWVC* 和 *SWVM* 的调节，综合提升自身的法律服务在客户心目中的主观价格，最终提高成交比，促成客户的案件委托。

第八章

信用货币的发行人及信用货币的发行

讨论完商品的价格问题，让我们回归对信用货币本身的探讨。1.0版本的实物货币是现有金银财富，2.0版本的凭证货币是现有金银财富的存储凭证，3.0版本的承诺货币是现有金银财富的提取承诺。以上三种货币都依托于现有金银财富。现有意味着过去形成和当前拥有的财富，金银意味着财富品种的单一。4.0版本、5.0版本、6.0版本的信用货币的产生使人类在创造商品的交易媒介时摆脱了现有金银财富的束缚。

信用货币的产生将货币发行所对应的财富扩展到全部财富种类，人们不再认为货币是依赖金银而发行。货币发行人为那些未来在市场上提供各种商品的借款人发放货币，货币不再依托于单一的金银商品，而是依托于各类商品。同时，信用货币的产生将货币发行所蕴含的承诺从兑换现有的财富扩大到兑换未来的财富，在信用货币产生之前，要取得货币必先拥有现成的财富，信用货币凭信用借取的方式，让承诺未来拥有财富的人获得了货币，获得了用自己未来的财富与他人现有的财富进行交易的权利。

接下来，我们将以独特的方式介绍当前货币体系下货币发行机构的设立和货币发行的机制，以此增强对信用货币的理解。需要强调的是，现有的货币体系是建立在实践之上而非科学设计之上的，由强势主体和既得利益者维护、把持，因此不应被奉为权威和真理。我们要基于事实和逻辑，独立思考，大胆创新，探索并建立更加理性、公平、科学的货币理论和货币体系。

中央银行与商业银行的关系

法律通过明确的条文直接赋予中央银行在一个国家内的货币发行权，法律还规定商业银行可以吸收存款并在存款准备金制度下对外发放贷款，从而间接赋予了商业银行货币发行权。

在当前的货币体系下，世界范围内的商业银行同时具有三重身份。

一是社会主体的货币储存机构。商业银行一开始以普通市场主体的身份存在，在我们的 A 岛模型中，相当于农夫、铁匠、按摩师的共用抽屉，只发挥储存现金 A 币的作用。当然，如果商业银行自己也拥有 A 币，则可以视为商业银行为自己储存着 A 币。当商业银行对外发行与储存的 A 币等额时，其身份仍然只是仓库。

二是中央银行完成货币发行的助手。我们可将中央银行和商业银行视为一个货币发行共同体，当中央银行将货币出借给商业银行时，货币并没有完成发行，仍然只是存在于货币发行人内部，无法被实体经济中的社会主体控制和使用。当我们讨论天量的广义货币（M2）新增并没有产生拉动经济的作用时，我们误解了货币发行的主体和流程。当中央银行将货币借给商业银行时，货币只是半成品。只有当非货币发行人主体作为借款人出现时，这个半成品才经由借款人之手，被注入了借款人的信用，从而被塑造成完整的货币并进入市场流通。当商业银行将从中央银行借来的货币发放给其他社会主体时，货币才完成了发行，商业银行充当了中央银行对外发行货币的助手。

三是独立的货币发行人。当商业银行依据借款人信用而自主对外发放贷款时，借款人对商业银行负债而取得商业银行存单，借款人在交易中只进行存单的转移。此时的商业银行存单成为市场中新增的货币，商业银行以独立货币发行人的身份对外发行了新增的货币，商业银行具备了第二中央银行的身份。现实中，商业银行凭借极低的甚至为零的存款准备金率对外发放贷款，商业银行贷款已经成为世界范围内主要的货币供应方式。因此，在当前货币体系下，商业银行担负着直接的、主要的货币发行职能，而中央银行则退居幕后，更多地从事货币政策制定和控制工作。

银行是如何发行货币的呢？现代银行没有权力发行纸币和硬币——发行纸和硬币仍然是货币当局的特权。银行可以发放一笔新的银行贷款，将一个以公共货币（如英镑、美元、欧元）为单位的数字添加到银行账户。这些钱是神奇的，因为没人知道它们是从哪里变出来的。银行宣称人人都可以贷款，款项也可以正常转移，对此所有人也都觉得理所当然。贷款使借款人能够立即获得资金，当然也使其承担了在约定日期前连本带利偿还贷款的义务。如果整个借贷、消费和偿还的过程都是通过银行账户完成的，那就不需要涉及国家发行的现金货币，如纸币和硬币。如果借款人确实需要现金，那么银行可以动用自己的现金储备，或者通过在自己的中央银行账户上扣款来提取现金。例如，在当今的英国，大多数货币都是以银行账户的形式存在的，它们只是一种记录。只有3%的货币是现金（纸币和硬币）。随着人们越来越少地使用现金，银行账户成了货币流通的主要途径。[①]

正是因为商业银行在货币发行和货币运行中的特殊地位，银行业被称为“万业之母”。作为母亲，其天性应当是无私的。然而，令人遗憾的是，商业银行这位“万业之母”在本质上却是以盈利为天性和目的的商业机构，在市场中与万业争利，且这种盈利是被各国法律普遍认可的。不得不说，这是货币制度的缺陷和过失。关于商业银行的盈利性与货币发行人的公益性之间的矛盾，我们将在其他章节进一步讨论。

由于商业银行实际上行使着独立的货币发行人的职能，而其又是商业机构，所以国家必须将其行为纳入中央银行的管理范围，使其对中央银行有一定的附属性。具体表现就是法律规定的存款准备金制度。存款准备金是指商业银行在中央银行的存款，中央银行要求的存款准备金占商业银行存款总额的比例就是存款准备金率。这一制度的初始意义在于保证商业银行的支付和清算，后来逐渐演变成中央银行调控货币供应量的政策工具。当中央银行提高存款准备金率时，商业银行需要更多的

---

① ［英］玛丽·梅勒．货币的真相［M］．李宏佳，张维懿，译．北京：中国社会科学出版社，2022.

资金作为准备金，这会减少银行的可用资金，进而降低市场的货币供应量。相反，当中央银行降低存款准备金率时，商业银行需要的准备金减少，其可用资金增加，市场的货币供应量也会相应增加。事实上，这种中央银行对货币供应量的调控不仅是间接的，而且只是理论上的，因为商业银行可用资金只是其可能对外发放贷款的资金，商业银行能否对外完成贷款发放，不仅要看商业银行的意愿和能力，还要看借款人的意愿和能力。

中央银行还是商业银行的最后贷款人。由于商业银行对外发行的贷款货币本质上并没有中央银行现金纸币的对应储备，为了防止银行业恐慌和金融危机，保障商业银行的平衡有序经营，中央银行通过各种手段向商业银行提供贷款，具体的方式我们将在本章第三节“当前世界各国货币发行及调控的主要方式”中进行论述。

值得一提的是，当前世界各国为了贯彻政府的经济政策，设立了在特定领域开展金融业务且不以营利为目的的专业性金融机构，即政策性银行。由于其在货币发行中的地位和作用与商业相同，我们在讨论货币发行问题时将其纳入商业银行，不再单独进行列明。

世界各国中央银行的设置

中央银行的主要职能包括制定和执行货币政策、维护金融稳定以及提供金融服务。其中，制定和执行货币政策是中央银行最为核心的职能，旨在通过调整货币政策工具来影响经济运行，实现预定的宏观经济目标。维护金融稳定也是中央银行的重要职责，负责监管金融市场和金融机构，确保金融体系的稳定和安全。提供金融服务则是中央银行支持金融市场运作、促进金融体系顺畅运行的重要手段。

发行货币是中央银行的重要职能之一，但并非其主要职能。它更多的是执行货币政策和维护金融稳定的手段。中央银行通过发行货币来调控流通中的货币供应量，以满足流通中的货币需求量，保证货币流通的正常进行。同时，发行货币是中央银行作为政府的银行、代理国库、集中管理政府的收入和支出的重要手段之一。

世界各国中央银行的设置情况因国家体制、历史传统和经济发展状况等因素而异。当前常见的中央银行组织形式有如下三种。一是单一式中央银行制度，指国家单独建立中央银行机构，使之全面、纯粹地行使中央银行职能，并监管全部金融企业的制度。目前，世界上绝大多数国家的中央银行都实行单一式中央银行制度，特别是发达国家，比如美国、英国、法国、日本等。二是复合式中央银行制度，指国家不单独设立专司中央银行职能的中央银行机构，而是由一家集中央银行与商业银行职能于一身的国家大银行兼行中央银行职能的制度。这种制度通常出现在中央银行发展的初级阶段或国家实行计划经济体制的情况下。例如，过去的一些东欧国家，以及我国在 1983 年以前都曾实行过这种制度。三是准中央银行制度，指在一些国家或地区没有通常意义上的中央银行，而只设立类似中央银行的金融管理机构来部分行使中央银行职能的体制，如新加坡和我国香港地区的金融管理局。

世界各国中央银行的设置情况呈现出多样性和灵活性的特点，以适应各国的经济发展和金融稳定需求。同时，随着经济全球化和金融市场的不断发展，中央银行的作用和地位也日益重要。

通过对世界各国中央银行体制的考察，我们可以发现，近年来出现了显著的向更大独立性发展的趋势。过去，除了德国和瑞士，美国的联邦储备体系比世界上几乎所有中央银行的独立性都强。现在，新成立的欧洲中央银行比美联储更独立，而且英格兰银行和日本银行也被赋予了更大的独立性，几乎同美联储不相上下。同时，新西兰、瑞典和欧元区国家等许多国家的中央银行也具有更大的独立性。理论和实践都说明，中央银行越独立，就越能够制定出更好的货币政策，而这反过来又推动了独立化的趋势。①

当前世界各国货币发行及调控的主要方式

我们在前文已经论述，当前世界各国的货币发行人为中央银行和商业银行，商业银行对外发行货币的方式我们已经通过5.0版本的存款货币和6.0版本的贷款货币的产生进行了说明。5.0版本的存款货币本质上是中央银行所发行货币的替代，没有产生货币供应量的新增。6.0版本的贷款货币，概括地说就是："凭借借款人的承诺和信用，对外签发银行存单，供借款人用于

① ［美］弗雷德里克·S. 米什金. 货币金融学［M］. 王芳，译. 北京：中国人民大学出版社，2018.

市场交易”，商业银行对外贷款直接造成市场中货币的增加，是完全的货币创造。商业银行对外贷款的方式主要有信用贷款、抵押贷款、质押贷款、担保贷款和商业汇票贴现贷款，这些方式的不同之处在于借款人的增信方式不同，但贷款的本质相同，都是对外借出货币，取得对借款人的债权，实现货币发行。

在当前的货币体系下，中央银行通常不对非银行社会主体进行货币发行，货币发行通常通过商业银行对外贷款的方式进行。例如，《中国人民银行法》第二十九条规定，“中国人民银行不得对政府财政透支，不得直接认购、包销国债和其他政府债券”。第三十条规定，“中国人民银行不得向地方政府、各级政府部门提供贷款，不得向非银行金融机构以及其他单位和个人提供贷款，但国务院决定中国人民银行可以向特定的非银行金融机构提供贷款的除外”。

至于中央银行对外发行货币的方式，我们在前文讲解货币4.0版本的契约货币的产生时已进行过讨论。同时，我们提及部分中央银行会以黄金或者他国发行的货币作为储备，从而发行自己的货币。现在我们有必要来全面认识中央银行发行货币的方式以及这些货币发行方式的本质。

当中央银行基于商业银行本身的信用，以拥有对商业银行债权的方式为商业银行发放贷款时，即使商业银行用这些资金完成了对其他市场主体的贷款，我们也认为中央银行并没有间接向包括政府在内的市场主体提供贷款，因为此时中央银行并没有拥有市场主体的债权。但当中央银行以购买市场主体债券的方式向商业银行或其他债券持有人支付转让金时，我们认为其本质上是通过商业银行或其他债券持有人这个通道间接完成了对相应市场主体的贷款，因为此时中央银行实际上拥有了债券出具人的债权并为此付出了货币，而原债券持有人在完成债券转让后既没有持有债券，也没有付出货币。

1. 中央银行直接向商业银行提供贷款

首先需要重申的是，货币的发行是指货币发行人创造的货币进入市场交易，所以中央银行向商业银行发放的贷款如果没有通过商业银行的渠道进入市场，就是没有完成货币的发行，仅可以认为是货币发行人内部的货币流转。

《中国人民银行法》第二十三条规定，“中国人民银行为执行货币政策，可以运用下列货币政策工具：……（三）为在中国人民银行开立账户的银行业金融机构办理再贴现；（四）向商业银行提供贷款”。第二十八条规定，“中国人民银行根据执行货币政策的需要，可以决定对商业银行贷款的数额、期限、利率和方式，但贷款的期限不得超过一年”。世界其他国家的中央银行也都通过向商业银行直接提供贷款的方式将货币直接交予商业银行，用于解决商业银行资金不足的问题或支持其扩大信贷规模。中央银行向商业银行直接贷款的方式主要包括以下几种。

（1）再贷款（Re-lending），这是中央银行向商业银行提供贷款的主要方式。再贷款大多数是信用贷款，但也存在抵押贷款、质押贷款的形式。之所以称其为再贷款，是因为此类贷款通常需要商业银行提供其向其他社会主体提供贷款所取得的债权或者政府债券、企业债券作为质押，可称为对贷款人的贷款。再贷款本质上属于中央银行对商业银行的信用贷款或质押贷款，通常分为短期再贷款和中期再贷款。

（2）抵押补充贷款（Pledged Supplementary Lending，PSL），俗称“比萨蓝”，作为对再贷款的补充，是中央银行向政策性银行提供的、期限较长（3—5年）的低成本资金，主要用于支持国家特定的经济项目或建设。抵押补充贷款采用质押方式发放，质押品包括等级高的债券资产以及优质的信贷资产，本质上属于中央银行对商业银行的质押贷款。

（3）常备借贷便利（Standing Lending Facility，SLF），俗称“酸辣粉”，主要功能是满足商业银行期限较长的大额流动性需求，期限为1—3个月，以质押方式发放。合格质押品包括高信用评级的债券类资产及优质信贷资产等，因此其本质上仍然是中央银行对商业提供的质押贷款。

（4）中期借贷便利（Medium-term Lending Facility，MLF），俗称“麻辣粉”，贷款期限通常为3个月、6个月或者1年，以质押方式发放。商业银行需提供国债、央行票据、政策性金融债、高等级信用债等优质债券作为合格质押品，因此其本质上也是中央银行向商业提供的质押贷款。

2. 中央银行间接向政府提供贷款

尽管通常情况下中央银行并不直接向政府发放贷款，但中央银行通常通过在公开市场买卖有价证券的方式实现货币的投放和收回。而这类有价证券通常被确定为中央政府债券和政府机构债券，尤其是国债，因为国债市场极具流动性，且交易规模很大，有能力吸收中央银行庞大的交易量。

政府通过向社会出售政府债券的方式对外借取货币，政府债券本质上是持有者对政府享有债权的凭证。当中央银行购入政府债券时，中央银行将货币支付给政府债券持有者，并实际拥有了对政府的债权。此种行为的本质是中央银行的债权受让，相当于中央银行借用政府债券持有者的手间接对政府发放了贷款。

当中央银行希望这种买入政府债券而投放货币的行为是短期行为（1~15天）时，中央银行在购买债券时，会与卖出方达成协议，要求卖出方在到期后再买回债券，中央银行到期收回货币。中央银行的此种买入再卖出的完整操作被称为中央银行“逆回购”。当中央银行实施中央银行“逆回购”时，其买入债券，投放货币；当中央银行“逆回购”到期时，其卖出债券，收回货币。

中央银行同样可以将自己已经买入的政府债券在公开市场上进行出售，以达到在市场中收回货币的目的。当中央银行希望这种卖出政府债券而收入货币的行为是短期行为（1~15天）时，其在出售债券时，会与买入方达成协议，承诺在到期后再买回债券，将货币再次投放到市场。中央银行此种卖出再买入的完整操作被称为中央银行“正回购”。当中央银行实施中央银行“正回购”时，其卖出债券，收入货币。当中央银行“正回购”到期时，其买入债券，投放货币。

中央银行“逆回购”与购买政府债券的目的相同，其借此操作向市场投放货币；中央银行“正回购”与出售政府债券的目的相同，其借此操作从市场中收回货币。

这些名称和内涵令非金融专业的人相当费解，其根本原因在于主体和角度的不断变化。由于中央银行并不直接向政府购买债券或向其他非银行主体发放贷款，债券原本就只能被公开市场中的交易商持有。所以当债券回到市场中时，相当于交易商再次购买，自然被称为回购——这是从市场的角度看待这个行为。而我们所称的公开市场操作通常又是从中央银行的角度在进行讲述，所以才有了“正回购”“逆回购”这样别扭的名称。如果我们统一从初始的市场持有者角度来看待这些名称，主语和谓语就统一了，就更容易理解了——“正回购”就是市场中原来的债券持有人买回，而中央银行卖出；“正回购到期”就是市场中原来的债券持有人卖出，而中央银行买入；“逆回购”就是市场中原来的债券持有人卖出，而中央银行买入；“逆回购到期”就是市场中原来的债券持有人买入，而中央银行卖出。

金融业原本并不复杂，扒开来看就是些实实在在的权利义务关系，但经常被一些拗口的术语和名词缩写搞得神秘兮兮、晦涩难懂，似乎不如此就不足以显得高端。其实金融业并不高端，金融如果脱离了实体，就根本满足不了人的任何需求。

与“正回购”“逆回购”类似的操作还有采用短期流动性调节工具（Short-term Liquidity Operations，SLO），俗称“酸辣藕”，这也是中央银行提供短期流动性支持的工具，但期限更短，通常为7天。

3. 中央银行间接向非银行金融机构以及其他私营部门提供贷款

中央银行通常通过在公开市场买卖有价证券的方式实现货币的投放和收回，该有价证券主要是政府债券。也有其他有价证券，尤其是在各国推行货币量化宽松政策的背景下，有价证券被扩大到一些高质量公司债。中央银行完成债券购买后，实际上拥有了对债券发行公司的债权，同时向市场投放了货币。而原本的债券持有者收回了资金，同时失去了对债券发行人的债权。这就相当于中央银行通过有价证券原本持有者的转手，间接对有价证券发行人发放了贷款。

中央银行间接向非银行金融机构以及其他单位和个人提供贷款的方式就是再贴现。当商业银行需要资金时，可以将已贴现但尚未到期的商业票据向中央银行申请再贴现，从而获得资金。之所以称其为再贴现，是因为商业银行转让给中央银行的商业票据是通过自己对外开展商业票据贴现业务而取得的，商业票据的支付人对银行负债，银行实际上与付款人有一种间接贷款关系。在再贴现业务中，商业银行提供的商业票据是转让给中央银行的，而不是抵押。一旦票据被中央银行再贴现，商业银行就失去了这些票据的所有权，而中央银行则成为这些票据的合法持有者。票据到期时，中央银行将向发行这些票据的原始债务人收取资金。因此，再贴现本质上是中央银行借商业银行之手间接对商业票据的付款人发放了贷款。

随着社会的发展，中央银行实施类似行为的种类还在不断创新。中央银行通常被设计为货币政策的制定者和实施者，其行为往往会被认为是货币供应的调控行为，而非直接向市场发放贷款和回收贷款的行为。因此，这些行为在经济学界被称为常规货币政策工具的公开市场操作、再贴现或者是非常规货币政策和量化宽松。

4. 中央银行以其他资产为锚对外输出货币

中央银行可以通过向市场主体购买特殊类型资产的方式对外输出货币，这类资产主要有黄金和他国货币。在这种情况下，中央银行通过交换而非出借的方式投放了自己的货币。

前文我们分析过，货币的创造是由货币发行人和借款人共同完成的。在这种情况下，货币发行人实际上具备了双重身份——自己分出了一个非货币发行人的市场交易主体的身份，并作为借款人参与了货币创造。可以视货币发行人对自己借出了货币。货币发行人利用自身设置的双重身份完成了货币创造，并用创造的货币在市场中购买他国货币、黄金或其他商品。

其中，基于他国货币的收储而发行的本国货币在世界范围内没有产生货币的新增，只是完成了货币的替代。但是，我们并不认为这部分货币在本质上属于5.0版本的存款货币，因为存款货币的发行人对持有人有刚性兑付的义务，即持有人要求兑付时，发行人必须将原来的货币交还给持有人，但中央银行明显没有义务在本国货币的持有人要求向其购汇时向其支付外汇。因此，这部分货币在本质上仍然属于4.0版本的契约货币，只是参与货币创造的借款人是货币发行人自己。

通常情况下，用这种方式发行本国货币的国家都会规定，在本国范围内的市场交易禁止使用外国货币进行支付结算，因此，市场主体所持有的外国货币原本并不具备流通性。中央银行通过收购外国货币的方式将本国货币投放到本国市场，这部分本国货币在本国市场内构成了货币供应量的新增。

基于对他国货币的收储而发行本国货币的本国中央银行在

一定程度上是他国中央银行的附庸，正如商业银行在发行存款货币时是中央银行的附庸。而商业银行所发行的贷款货币则是独立的货币发行，产生了货币的新增。以他国货币为锚的中央银行在建立了自身的信用后开始对外发放贷款，这时的货币发行是独立的，属于本国货币的自主发行。

此时，发行外国货币的外国中央银行尚不能被称为储备外国货币的本国中央银行的中央银行，因为仅仅是前者发行的货币被后者储备了，两者之间没有建立货币借贷关系。只有当一国的中央银行开始对他国的中央银行发放贷款时，中央银行的中央银行才会产生。

货币发行人利息的本质和作用

利息是日常生活中我们普遍接触的概念，也是货币当局调节货币市场的主要手段之一。利息被传统观点认为是持有货币的代价，是借款人的成本，是原持有人暂时失去货币持有权利的报酬。利息的本质到底是什么，是使用费还是服务费？利息如何运行，又是如何影响经济的？货币发行人所发行货币源于对货币发行权的行使，而其他市场主体的货币源于交换或借贷。我们已经知道，货币发行人所拥有的货币与其他市场主体所拥有的货币在本质上是不同的，那么货币发行人收取的利息和其他市场主体收取的利息在本质上是不是也不同呢？

1. 借款人多生产的部分商品价值由货币发行人占有

故事二中的铸币人并没有向借款人收取利息，现在我们对故事进行改编，称这个改编后的故事为故事六。我们来看看故事六中，当铸币人选择收取农夫一年10%的利息后（铸币人对铁匠和按摩师仍然不收取利息）会发生什么情况。年底时，农夫还清借款，原本家里还剩余5张A币。但是现在需要向铸币人多支付100值，因此家里只剩下了4张A币。而按摩师在铸币人处仍然有5张A币没有偿还。

可以看出，此时市场中的储蓄和对铸币人的债务并不相等，差额就是铸币人自己收取的利息。关于这部分的利息该如何看待，我们在第四章“信用货币的本质和逻辑”第一节“总储蓄永远等于总负债”中进行过详细讨论。

可以看出，货币发行人收取利息会产生两方面影响：一是要求借款人必须提供总售价高于其借款本金的商品，这是推动经济增长的又一动力；二是借款人对外出售商品而换取的货币的一部分由中央银行分享，致使货币发行人之外的总体存款少于货币发行人对外的总体债权，差额部分就是货币发行人累计收取的利息。但这部分利息不同于通过出借而凭空创造的货币——利息部分是货币发行人的盈利，货币发行人是可以直接用于对外交换商品的，因此，并不会影响交易市场中的货币供应总量。

当商业银行对外发行贷款货币时，也会收取利息。当借款人清偿债务时，本金和利息全部回到商业银行。由于多收的利息，市场中的非商业银行主体所占有的货币也会相应减少，但这同样不影响市场中的货币供应总量，因为这部分利息属于商业银行的盈利，商业银行也可以作为一般货币使用人参与市场交易。

货币发行人因收取利息而导致市场中的货币减少。如果货币发行人不将这部分货币用于市场交易，市场中的货币供应量将少于可交易的商品量。这部分利息属于货币发行人的劳务所得，而不是对货币发行权的运用。其在市场中有对应的商品存在，可以用于市场交换，而且应当用于市场中的商品交换，以保持货币供应量与商品量的平衡。

2. 借款人无法多生产商品的情况下只能缩减消费

故事一中的铸币人并没有向借款人收取利息，我们同样对故事一进行改编，改编后的故事称为故事七。我们来看看铸币人选择收取按摩师一年10%的利息后（对农夫和铁匠不收取利息），按摩师在无法提供更多按摩时间的情况下会如何应对。这一年，小岛上三人的产量都没有变化，还是1000千克粮食、100小时按摩、10把铁锹。农夫采购了10把铁锹，将借来的1000值交给了铁匠，铁匠购买了100小时的按摩，将借来的1000值交给了按摩师，但这一年按摩师需要向铸币人还本付息合计1100值。因此，按摩师必须在提供按摩服务收取的这1000值中扣除100值留作利息，手上只有900值用于采购粮食，这意味着农夫只能向按摩师出售900千克粮食，并收取900值。年底结算时，按摩师和铁匠都如数清偿了贷款，而农夫却只能偿还铸币人900值，负债100值。相对于故事一，铸币人多收取了100值的利息，这部分货币区别于收回的本金，铸币人可以将其当作商品，用其在市场中进行商品交易。此时，农夫手中还有100千克的粮食可供出售，如果铸币人愿意，他可以用手上盈余的100值利息购买农夫剩余的粮食，那么农夫就可以用取得的这100值清偿剩余债务了。但他并没有这样做。

3. 假设中央银行将自己作为一般社会主体而对自己发放贷款

如果想让市场中非货币发行人占有的货币不因发行人收取利息而减少，除了货币发行人在收取利息后将其全部用于市场交易，还有一种可能的方式，就是货币发行人在货币发行前已经将自己作为与其他社会主体一样的商品提供者，给自己预设服务提供人、一般借款人和货币使用人的角色。

我们仍然用A岛模型进行演示，再次对故事一进行改编，我们称其为故事八。在故事八中，铸币人仍然选择对按摩师进行年化10%的利息收取，并且铸币人已经预测按摩师一年的产量只有100小时的按摩，即全年的产值为1000值。在此情形下，为了计算自己应该对按摩师发放贷款的金额X，铸币人列出了一个方程式$X×(1+10\%)=1000$，经计算得出按摩师今年的借款金额X为909.09值。为了方便结算，铸币人与按摩师商定略向上调整一下贷款利率，借款金额确定为900值，按摩师到年底归还900值时，支付利息100值，即按年化11.11%的利率计算贷款利息。于是，铸币人在白色墙板上同时记下“按摩师：-900值”“本人：-100值”，随后将9张A币交到了按摩师手上，同时自己也拿了1张A币。这一年，小岛上三人的产量都没有发生变化，还是1000千克粮食、100小时按摩、10把铁锹。农夫采购了10把铁锹，将借来的1000值交给铁匠；铁匠购了100小时的按摩，将借来的1000值交给了按摩师；按摩师将这1000值作为本金和利息一起偿还给了铸币人。这一年，按摩师仅向铸币人借取了900值，手上只有这900值用于采购粮食，这意味着农夫只能向按摩师出售900千克粮食，并收取900值。此时，铸币人作为普通的货币使用人出现了，他用从自己那里借取的那张A币向农夫购买了剩余的100千克粮食，并将这100值支付给了农夫，因此这一年农夫总计出售1000千克粮食并获得1000值。年底结算时，农夫、铁匠和按摩师都如数清偿了贷款。铸币人用按摩师多还的100值利息偿还了年初自己的借款，擦除了白色墙板上“本人：-100值”的标记，同时将100千克的粮食保存在了自己的仓库里。

现在，我们来对故事八进行总结。货币发行人在进行货币出借时，用借款人在借款期限内可能创造的财富值减去贷款期限的利息，得到的差额才是借款人可以对外消费的货币量，也是货币发行人应该出借的货币量。同时，货币发行人向自己出借相当于借款人贷款期间应付利息的货币量，我们可以称之为预支利息。这个预支利息对货币发行人自己来说，不再是生产工具，而是向自己借来的货币，是商品。

当货币发行人对外发放贷款时，可以用出借给自己的那部分货币与市场中的其他主体进行交易，换取其他主体的产品，并将相应的货币支付给对方。借款人在自身产量不变的情况下，通过减少消费的方式省下应当支付给货币发行人的利息，货币发行人收到这部分利息后再偿还自己预支利息对应的债务，从而完成货币的从无到有、从有到无的循环周期。此时货币发行人的库存里占有了用预支利息换来的借款人产品。

货币发行人是专营货币出借的机构，在一般情况下并不会直接用交换的方式使用货币。因此，在现行货币体制下，这一做法无法实施，但这并不意味着此种方式不值得探讨或未来一定不会实施。

值得一提的是，当货币发行人用自己凭空创造的货币对外购买黄金或其他货币时，这部分货币本质上并不是他自己的利润，而是首先对自己借款，然后再使用借来的货币。货币发行人左手行使货币发行权，产生货币后交给右手，右手到市场中进行交易，货币进入市场流通，资产进入货币发行人库存。当某一天货币发行人需要收回货币时，右手出售资产换回货币，归还给左手。请注意，这里的资产是区别于债权的其他资产，通常情况下是指黄金、外汇等有形资产。从货币学的角度看，出借和交换是两种本质上不同的行为，对外出借就是发行，对外交换就是买卖，货币发行人在没有获得利润的情况下要想对外购买，首先要自己向自己借入货币。

对发行利息和租用利息的区分

货币的功能在于满足交易。区别于其他商品的提供者只能用自身提供的商品去换取货币，货币发行人可以直接发行货币。在通常情况下，货币发行人用出借的方式而不是以交换的方式为他人提供货币，货币对于货币发行人而言不是商品，只是自己独有的生产工具，在一般情况下不能用于交换其他商品。货币发行人的货币源于对货币发行权的行使，对于货币发行人而言是凭空取得，没有任何成本和代价。但是，这并不意味着货币发行人在发行货币的过程中没有独特的贡献。货币发行人在发行货币时应当充分考查借款人的信用，进行货币出借并完成货币回收。货币发行人付出的是出借服务本身。货币发行人的成本体现在选择借款人并提供货币出借和货币回收的劳务上。货币发行人所提供的整个出借回收服务本身才是其可以与市场进行交换的商品。相对应地，货币发行人收回货币本金之后多收取的利息是货币发行人对外提供发行服务（即出借与回收劳务）而收取的报酬。如果市场中的交易繁荣，对货币的需求量就大。市场中的存量货币无法满足交易的需求，市场对货币发行人出借货币的需求就旺盛，出借服务的价格就高，利率就高。同样的道理，如果经济低迷，利率就会低。这是市场供需决定价格的规律。

区别于货币发行人，其他社会经济主体所取得的货币要么是通过自身提供的商品交换而来，要么是通过自身的信用从货币发行人处借贷而来。无论哪种情形，都要为市场提供商品。区别在于，交换而来的代价是过去的商品，借贷而来的代价是未来的商品，非货币发行人为其所持有的货币付出了完整的成本，他们所持有的货币可以用于商品交换，以满足其自身需求。货币对于非货币发行人而言是商品，是其对外提供商品和服务的报酬。非货币发行人将自身持有的货币出借给他人，是货币使用权的让渡，没有在货币发行人体系之外给市场造成货币供应量的新增，不会对货币的整体购买力带来影响。无论其选择的借款人能否为社会提供商品，从而赚取足额货币如期归还，市场中的其他交易主体本质上都没有受到影响。非货币发行人和其他市场主体之间进行的货币借贷行为与货币发行人和市场主体之间进行的借贷行为之间有着本质的不同——前者是货币租赁，后者是货币发行，核心的不同在于出借人有无创造货币。因此，非货币发行人向其他市场主体出借货币而收取的利息，本质上是货币使用权的租金，这与货币发行人收取的利息（在本质上属于服务费）完全不同。

非货币发行人和其他市场主体之间进行的货币借贷可以被称为民间借贷。民间借贷在没有给市场带来货币新增的情况下盘活了存量货币，提高了投融资的效率，增大了直接融资的比重，能够减轻银行的储蓄和投资转化压力，有效地弥补银行信贷资金的不足。民间借贷的利息可以促进市场化利率的形成，进一步反映出市场上流通现金的情况，从而帮助形成市场均衡利率。

基于货币发行人收取的利息和民间借贷出借人收取的利息在本质上的不同，我们将前者称为货币的发行利息，将后者称为货币的租用利息，尽管两者在表面上看都是对外出借货币的收益。

发行利息和租用利息应遵循的原则

基于货币发行和民间借贷这两种借贷行为本质上的不同，这两种货币出借行为以及对应的利息所遵循的原则也应该不同。货币发行是对公共权力的行使，也是公共服务的提供，公共服务的收费本质上就是税收。作为提供货币发行服务的报酬，货币发行人向借款人收取的利息，即发行利息，是真正意义上的铸币税，也是合情合理、合乎道德的，更是信用货币时代铸币人收取的新型铸币税。

传统意义上的铸币税是实物货币时期的名词，英文为Seigniorage，是从法语Seigneur（领主、庄园主）演变而来的，又称铸币利差。金属货币时期的铸币者降低货币的贵金属含量和成色，超值发行，即所谓的“硬币削边”，从而获取货币面值大于其实际价值的差价收入。《美国传统词典》进一步将铸币税解释为通过铸造硬币所获得的收益或利润，通常是指所使用的贵金属内在含值与硬币面值之差。

进入信用货币时代后，铸币税通常指的是货币发行人凭借其发行地位所获得的货币发行面值超过其发行和管理成本的部分。这种财富上的增加经常是由政府通过增发货币等手段实现的。因信用货币的发行成本极度低微，铸币税变得触目惊心。举个例子，一张100美元的钞票，其印刷成本可能只有1美元，却能购买价值100美元的商品。如果取得这100美元的人不需要付出其他代价，用这100美元购买了等值的商品，其就获利99美元。这99美元的价差就是铸币税。而通常享有这项特权的人是货币发行人本身或者对其有控制力的政府。在国际上，铸币税的表现则更为复杂。储备货币国的货币能够被非储备货币国接受，因此，储备货币国只要输出本国货币，就可以得到非储备货币国的实际资源和财富。这些资源和财富在扣除储备货币国的发行和管理成本后，就是所谓国际铸币税。

还有一种说法，信用货币时代的铸币税是指发行货币的组织或国家在发行货币并吸纳等值财富后，因货币贬值而使持币方财富减少，发行方财富增加的经济现象。举例说明，一国政府为了实现自身增加黄金储备的目的，通过 10 年期的中期国债从货币发行人处取得 5000 万美元的货币，此时黄金价格为每盎司 2500 美元。该国政府从市场上采购了 2 万盎司的黄金，出售黄金的人持有这 5000 万美元。5 年后，该国政府的借款到期，此时美元贬值 50%，黄金价格为每盎司 5000 美元，该国政府只需要出售 1 万盎司的黄金就可以获取 5000 万美元用于还清贷款。它通过这一个来回的操作就额外获得了 1 万盎司的黄金。在现行货币体系下，政府要么本身就是货币发行人，要么对货币发行人具有管辖权和重大影响力。政府通过货币发行和货币贬值而获取利益，处于天然的优势地位。

信用货币是借款人凭借自身信用借取的。借款人承诺将来为社会提供物品或服务，进而赚取利润进行还本付息。从铸币人手中借取货币并使用的人付出的代价是自身的信用和自己未来的商品，而铸币税的享有者只是利用自身在货币发行上的特权和优势为自己谋取利益，明显并不打算通过诚实的劳动保质保量地还本付息。

无论是在金属货币时代，还是在信用货币时代，我们所称的铸币税都不是真正意义上的国家税赋，而是行使货币铸造权所得到的特殊收益。在实物货币时代，铸币税的本质是偷工减料。在信用货币时代，铸币税的本质是滥用信用。两者的本质不是盗窃就是欺骗，是不合理、不合法、不道德的，不应被文明社会接受。

正因为货币发行人向借款人收取的利息是真正意义上的、

名正言顺的新型铸币税，货币发行人收取利息应遵守公益原则，在严格鉴别以借款人未来产能为核心的借款人信用的基础之上，按照公益原则制定利率标准。发行利息的本质是货币发行人的发行服务费，而发行服务的成本由两部分组成，一是货币发行人的运营管理成本，二是部分借款人违约造成的贷款本金损失。因此，发行利息的收取就是要覆盖这两部分成本，同时，为了保证市场中的货币供应量不会因货币发行人收取利息而减少，货币发行人就不应有盈利。所以，发行利息的收取标准应当被设定为正好可以覆盖其自身运营成本和违约的贷款本金损失之和，不可多，也不可少。关于发行利率的制定，我们将在最后一章“平权货币体系的构建原则”第六节“保障货币发行人收支平衡以维护币值稳定”中进行详细的讲解。

民间借贷是市场行为，完全由市场供需关系决定。因此，非货币发行人出借货币和收取利息的行为应遵守自愿原则——只要货币持有人愿意，无论何种对象都可以取得借款，甚至被直接赠予，也并无不当。只要借款人有自由意志和自由权力，其愿意支付多高的利息对社会也并无影响。因此，民间借贷的利率标准也应完全实现市场化，以充分体现市场的自由意志，并充分发挥民间借款在资源调配中的灵活作用。当然，这需要在大众从货币发行人处获取货币的权力得到充分保障的条件下实施，否则就会导致借款人在货币短缺的环境下被迫接受高利贷的情形，给社会造成危害。如果我们的货币发行工作充分而科学，有产能者将可以及时得到货币发行人的初始优惠货币，我们也就无须担心民间借款利率市场化所带来的负面影响。

第九章

经济发展的关键在于均衡和门类

经济，即需求和供给的矛盾统一。货币被认为是经济的血液，人们通常将货币现象直接作为经济现象看待，认为经济的发展和调节关键在于货币。而货币被发明出来仅仅是为了便于交易，是否应该被赋予经济大任？货币究竟应当在何处、以何种方式发挥作用？有哪些经济问题是货币无能为力的？经济发展的底层逻辑和根本动力在哪里？为什么有的货币政策有效，而有的货币政策却适得其反呢？

没有坏账的经济增长代表各经济部门的均衡发展

前文的故事三表明，增加货币的发行，可以拉动需求，促进交易，鼓励产出，从而达到提升整体经济的目的。但每个人的收入和支出并不相等，从而产生了当年不能清偿的负债和无须偿还的现金留存。

在故事二中，农夫通过劳动多产出了 500 千克的粮食，按摩师用多借来的 500 值 A 币换走了粮食。年底结算时，农夫的抽屉里留存了 500 值 A 币，而按摩师在铸币人处有 500 值 A 币没有能力清偿。看似农夫今年大丰收且盈利了，按摩师没有增加收入而亏损了，但我们做一个假设：往后每年 A 岛上的产能一直维持 100 小时按摩、1000 千克粮食、10 把铁锹，那么农夫手里的 500 值 A 币就无法换取更多的铁锹。如果农夫一直劳动，而不是休息半年，或者说哪一天铁匠突然离开了小岛，小岛上永远没有铁锹产出了，那么这 500 值 A 币就成了废纸。农夫的需求不会得到更多的满足，他事实上成了利益受损者。而对于按摩师，只要铸币人不对其主张归还，他就在多享用了 500 千克粮食的同时没有付出任何成本，实际上侵占了农夫的利益。

因此，我们可以说，留存货币的人是未来的利益请求者，同时是当下的利益受损者。

前文的例子都建立在三人对铸币人的债务是可以延期的假设之上。如果铸币人要求借款人年终必须偿还，否则就将不能清偿债务的人赶出小岛，情况会怎么样呢？这就产生了我们日常生活中的坏账或破产——如果没有其他新生的主体提供补充商品，经济循环就得不到延续。

为了更加直观地说明问题，我们再演绎一个激进的故事（故事九）。年初，按摩师、农夫、铁匠分别从铸币人处拿到2000值、1000值、1000值的贷款。按摩师向农夫支付2000值，购买了2000千克的粮食；农夫转手向铁匠订购了30把铁锹；铁匠向按摩师购买了400小时的按摩。当年A岛的总产值飙升到了9000值。这看似是好事，但年终核算时，农夫和铁匠各产生了1000值的坏账无法清偿。虽然按摩师的抽屉里多了2000值的现金留存，但按照铸币人的新规定，农夫和铁匠因不能清偿当年债务而被驱逐出A岛。在三者相互依存的A岛上，按摩师拿着2000值再也买不到粮食了，A岛的经济很快陷入了崩溃。

因此，可持续的经济增长建立在每个借款人最终都没有产生坏账的基础之上。让我们讲述故事的另一个版本（故事十），即按摩师购买了2000千克粮食，农夫购买了20把铁锹，铁匠购买了200小时的按摩。这一年三个人都没有产生不能清偿的负债，也没有人把A币放入抽屉，且A岛上这一年的产出是2000千克粮食、20把铁锹、200小时的按摩。在此种情形下，三个人都没有产生坏账，且达到了经济增长的目的。

经济增长的底层逻辑是各经济部门全面的能力提升

在均衡发展的经济中，各部门都在购买，也都在出售。货币在循环周转，货币投放量随着各部门的产出量和交易的增加而增加，此时不会产生坏账。当有坏账产生时，说明债务人无法通过出售商品而收取货币，最终必然造成持有货币的人无法换取自己需要的商品。坏账金额就是市场中货币量多于商品的量。从静态上看，这就是货币持有者的利益损失——债务人享有了商品，却无法提供等价的商品，使得货币持有人无法用货币进行交易以满足自己的需求——这显然是不公平的。不均衡的经济增长会造成坏账和对社会整体利益的损害。

经济增长的目的是实现人们多元需求的全面满足。众限于个人的能力天赋，这种需求的满足只有通过交易的方式才能实现，而交易又是通过货币来实现的。那么，让有需求的人用货币去和拥有商品或者服务的人进行交易就是推动经济增长的手段。让有现金留存的人愿意去消费，让没有现金留存的人有能力且有意愿去贷款进行消费，是这一手段的两种情形。

而我们追求的是全部主体的需求满足，而且是可持续的需求满足，这就要求付出商品的人拿到通过交易得到的货币后可以采购到自身需要的商品。如果支付货币的人没有商品的产出，那么经济就无法循环和持续。所幸我们的人类社会容量足够大，即使支付货币的人退出了市场，还有其他人可以生产商品或提供服务，这就使享受和贡献产生了错配。

支付货币的人如果用的是自己留存的货币，那么就是用其之前的贡献换取现在的享受。如果其支付的货币是通过贷款而来，那么结局又有两种：一是其未来的贡献可以提供商品，从而换取货币完成债务清偿；二是其产生坏账，从而被市场淘汰。从通过发放贷款提升经济的角度，我们当然应该争取第一种结局，即将贷款提供给那些有能力在未来为社会提供人们所需要的商品的人，从而让货币不只是帮助商品在空间上完成交易，还能在时间上帮助商品完成不同主体之间的交易。

如果出现第二种结局，就意味着对落后的产能发放了贷款。坏账的产生不只会导致货币发行人账面上受损，还会致使付出商品的人无法用得到的货币换取足量商品。因此，对未来的产能发放贷款，从而推动经济全面、可持续地螺旋式上升——这才是对社会长远负责的货币投放。当然，这里的未来的产能准确地说应当是指手里有货币的人所需要的产能。至于如何增强未来的产能，我们认为需要从教育、科研、法治等方面进行培养，但这不是货币的根本职能所在。

维持货币保值的次优选项是让新的产能补充上来

市场是一个容量足够大的整体，经济也在不断发展。货币的功能是交易。第一，这种交易不是一对一的简单交易，而是多对多的、无序的、跨空间的交易；第二，这种交易还是跨时间的交易。货币被市场普遍接受，即使借款人没有如约为市场提供足量的商品，只要有其他主体的新商品被补充进市场，货币供应量就不一定会多于商品量，货币就不一定会贬值，货币持有者就不一定会有损失。

从社会发展的必要趋势看，旧的、过剩的产能总是会饱和过剩，落后产能提供者如果不能及时升级转型，就会被市场淘汰。当市场整体的均衡发展变得无法实现时，坏账就会产生。这时已经确认了无法适应市场的借款人多享用和消耗财富，这是初步的不公平。此时，我们需要努力维持货币不贬值，因为货币贬值会确认那些提供过商品的货币持有人的受损，这是叠加的不公平。

因此，对一个社会整体而言，在无法保证货币发行人的贷款不被违约坏账的情况下，发展新型产能以弥补落后产能既是保持货币购买力的补救手段，也是保证经济公平的根本之道，新型产能就是指社会正在需要或未来需要的产能。当然，如果取得初始货币的人，即向货币发行人借取货币的人能够自行提供产能，就不会造成自身只花费而不产出的不公平结果。对社会整体利益而言，这是最优的选择，由其他人兜底补漏只是退而求其次的经济均衡之道。

需求与供给是推动经济提升的双螺旋“经济 DNA”结构

人类的需求是多元的、复杂的，马斯洛的经典需求层次理论做出了逻辑分明的分析，而真实的需求可能远比这个理论复杂。人的需求与商品的供给共同构成“经济 DNA”的双螺旋结构，多元的需求和丰富的商品就是分别位于两条长链上可以配对互补的碱基对，而货币就是链接这些碱基对的氢键。货币促成并推动着人类的需求和供给，这个“经济 DNA”的双螺旋结构不断延伸。需求和供给是人类文明这个向上的阶梯的两根支柱，而货币铺就了人类向上攀登的台阶（见图 7）。

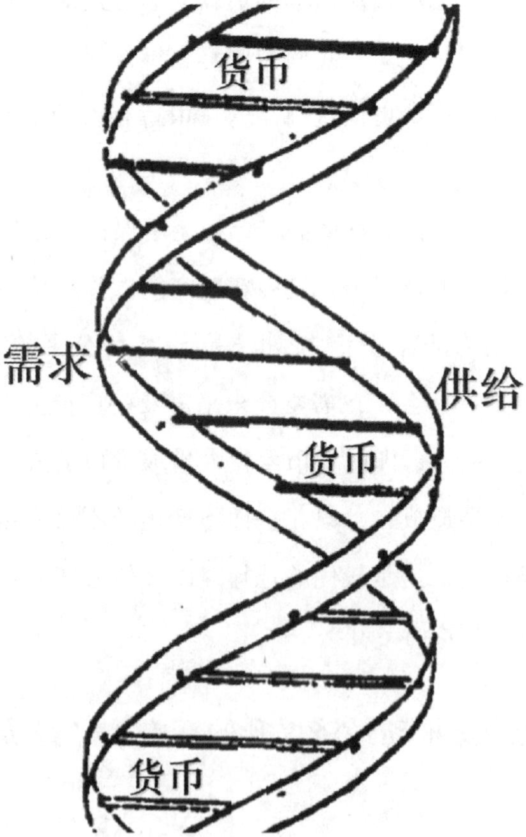

图 7 “经济 DNA”结构

我们要发展经济，就要最大限度地去发现、创造和满足人类的需求。当某种原本被认为是非法的需求被政府认可时，人们可以通过公开的交易来寻求对这个需求的满足，货币就可以被投放给人们用于购买可以满足这个需求的商品，此项商品的提供和购买就形成了一个产业，这个产业的交易额就可以计入GDP。当人们得到自由，其需求得到释放时，就会自行追求对自身需求的满足。市场也足够聪明，能够捕捉到这种需求，进而创造出相应的商品，经济也就得到了提升。当然，那些被法律所禁止或者人们对其合法化有争议的事物一般都会对社会产生一定的负面影响，这就要看一个国家如何均衡选择和强化管理了。发动战争可能是我们能够想到的最邪恶的创造需求的方式。战争打响，对安全的需求、对弹药的需求就会大量产生，此时只要有产能可以配合，GDP 就会增长，只是这种增长给民众带来的是乱世的痛苦。因此我们可以说，人们的幸福不在于 GDP 的增长，而在于 GDP 的内容。

考虑到经济的全面和可持续发展，在提升经济的过程中，我们需要做的就是让付出货币买入商品的人有能力产出他人需要的商品，从而达成更多“经济 DNA”的形成，推动经济体的良性内部循环，进而形成庞大而完整的经济体。总的来说，从经济的全局和长远发展看，我们一方面要抓好需求的提取和拓展，另一方面要抓好商品的开发和生产。需求是客观存在的，而商品是主观创造的。对我们来说，重点是提升生产能力，制造出更多、更好的产品或提供更多、更好的服务。在需求和供给的矛盾统一体中，商品的生产能力是主要问题，这从根本上要依靠教育和科技。而科技的源头同样在教育，因此，教育是经济的本源。

现代货币理论主张将经济的方向盘交给财政部门而非货币部门，认为只要政府不停地对外输出货币，经济就有源源不断的动力。其实这是对经济本源的误解。经济的本源是生产和教育，而不是金融和货币。提振经济应当在教育、科研上下功夫，财政部门和货币部门都只是一个经济主体，同时其具备公益性，提供公共服务，仅此而已。财政部门和货币部门都不足以担负起经济发展的大任。

财富的质量取决于商品的种类

总体而言，能最终满足人们需求的物品或服务才是财富，货币只是中间的媒介。因此，货币只是间接财富，而物品或服务才是直接财富，才是对人类真正有效用的财富。如果市场中只有货币，没有物品或服务，货币将没有任何价值。

正如前文所述，人们的幸福不取决于生产总值的增长，而取决于商品的类别。战争致使军工发展，却给人们带来了恐惧和死亡。而飞机、别墅和面包可以多方面满足人们的需要，给人们带来幸福。

这里我们要讨论的是财富的积累。一个人或一个团体，其经济实力的表现在于其积累了多少财富，而财富的类别有四种：留存型产品，如机床、飞机、原子弹；消耗型产品，如啤酒、面包、牛奶（当然，可以通过措施长期留存的牛奶应当归为留存型产品）；留存型服务，如专利技术、独家工艺、解决方案等；消耗型服务，如按摩、理发、心理咨询等。

我们可以积累的财富是留存型产品和留存型服务。我们鼓励消费，实质上是在加大消耗型产品和消耗型服务在经济总量中的比重。在这种情况下，即使我们的交易量和经济总量会增加，我们的财富积累也不会增加。如果我们的目标是当下的满足，那么我们注重消耗；如果我们的目标是未来的满足，那么我们应当注重留存。

对于一个国家而言，如果要实现国力的强大，一味鼓励消费并不是明智之举，而是要加强对留存型产品和留存型服务两类财富的生产与积累，尤其是那些涉及国家安全保障、重点领域建设、新兴行业发展的物质和非物质财富。

第十章

货币与经济的关系

经济本质上就是人类需求和商品供给之间的关系，而商品通过交易让人类互通有无，各取所需，货币则是交易的媒介。同时，货币也只是经济中的一个环节和一个要素，无法履行全部的经济职能。正确定位和落实货币职能是经济正常运转的前提条件。

货币的根本使命

货币作为交易的必要媒介，是经济发展的重要因素。当货币被投入交易时，商品得以出售，经济得以提升。同时，货币发行时所取得的借款人承诺推动着借款人努力为市场提供商品，更使货币天然地具备了促进生产的职能。因此，保障市场交易、拉动经济增长、推动生产创造、促进商品供给是货币的天然使命，这些使命可以被概括为促进经济增长。货币用于交易，且是跨空间、跨时间的交易，因此，我们会直观地认为，货币购买力的稳定性，即币值稳定，是保证其职能发挥、维护市场公平的必然要求。但是，通过我们前文的分析可以发现，科学的货币发行和管理既是维护币值稳定的前提，也是维护币值稳定的方法和手段。因此，促进经济增长和保证币值稳定是货币的两大使命，其中促进经济增长的内涵应该是促进经济均衡地、公平地、可持续地增长，而不是顾此失彼地、分配不公地、透支未来地增长。如果实现了这个内涵要求，币值自然就可以稳定；相反，如果无法做到这样高质量的发展，币值稳定就无法实现，或者只能以牺牲经济增长的方式实现。因此，促进经济增长是第一性的，是前提和基础，而保证币值稳定是第二性的，是结果和附属。优质的货币发行完全可以且应当同时促进经济增长和保持币值稳定。

经济增长即人类需求得到满足程度的增加，人类基于需求而进行交易，因此只要发生一次交易行为，即货币每被使用一次，人类的需求就得到一次满足，经济就得到一次增长。详细情况已经在前文中通过货币学第一定律进行过描述。基于此，当经济不振或经济过热时，货币被委以重任，各国纷纷出台货币政策，企图激发或抑制交易，达到调节经济的目的。

《中国人民银行法》第三条规定，“货币政策目标是保持货币币值的稳定，并以此促进经济增长”。这项规定明确了货币政策的两个目标，其表述的意思是将币值的稳定作为促进经济增长的前提和手段。许多其他国家的货币政策也将保持币值稳定作为第一目标，这么做的原因在于中央银行并不是直接的、主要的货币发行人，已经失去了对货币发行权的完全控制，只能寄希望于通过货币政策来管理商业银行，从而保持自身所发行货币的稳定性。

但从货币发行的原理看，促进经济增长并不以币值稳定为先决条件，也不以币值稳定为手段。货币只要得以发行并用于交易，即可推动经济增长，我们没有必要将币值稳定设立为促进经济增长的前提条件和约束条件。当然，这并不意味着币值稳定不重要，只是说明促进经济增长是货币的第一职能。只要发行的货币能得到约定的偿还，就说明借款人已经为社会提供了足够的商品，币值稳定就有了根本保障。

美国《联邦储备法案》中关于货币政策目标的原文表述是

“The Board of Governors of the Federal Reserve System and the Federal Open Market Committee shall maintain long run growth of the monetary and credit aggregates commensurate with the economy's long run potential to increase production, so as to promote effectively the goals of maximum employment, stable prices, and moderate long-term interest rates.”（美国联邦储备委员会和联邦公开市场委员会应保持货币和信贷总量的长期增长，使其与经济增长的长期潜力相适应，以有效促进就业最大化、物价稳定和长期利率适度的目标。）美国将货币政策的目标设立为“就业最大化、物价稳定和长期利率适度”，并未将价格稳定表述为最大就业的前提或手段。“就业最大化”就是从根本上增加产能，为市场提供足够的商品，与增进经济增长同义；“物价稳定”被设立为独立的第二目标，而“长期利率适度”可以鼓励企业和个人进行投资、消费，推动经济增长。如果利率过高，可能会抑制借贷和投资活动，从而破坏第一目标；而利率过低则可能导致通货膨胀和资产泡沫，从而破坏第二目标。由此可见，第三目标的设立只是为了保障第一目标和第二目标，从本质上看只是一种手段，而非一个目标。

货币因交易而产生，其根本使命就是保障交易。交易使人的需求得到满足，同时起到了激发生产的作用。因此，货币又成了促进经济增长的手段。但人的需求的满足以及经济的增长从根本上依托于物品或服务，只有货币所保障的交易是均衡而可持续的交易，经济才能实现均衡和可持续的发展。因此，概括地说，货币的根本使命是保障均衡而可持续的交易。当货币完成这项使命时，经济自然会增长，货币自然会保值。

没有推动商品增加的货币投放就会产生通货膨胀

我们回到前文的A岛模型，再做一个假设案例（故事十一）。新年来临，A岛上的三人又分别来到铸币人处，铸币人宣布今年的借贷总额扩大10倍，往年每人借走10张A币，今年每人借走了100张，铸币人家门口白色墙板上的数字也改为了“-10000值”，而三人无论如何也提高不了自己的产量，产能维持在了1000千克粮食、10把铁锹和100小时的按摩。三人拿着A币进行着和以往一样的交换，只是此时1千克粮食需要10值，1小时按摩需要100值，1把铁锹需要1000值。

交易继续，生活如常，但故事二中的农夫不乐意了——原本他抽屉里剩余的500值可以换回5把铁锹，现在只能换半把了，那一年的丰收算是让他白高兴了。而按摩师开心极了，原本他要想办法多提供50小时的按摩服务才能多挣500值，从而在年底时将欠铸币人的钱款全部还清，现在只要多提供5小时的按摩服务即可。内心受到极大打击的还有守财奴，他口袋里1000值的购买力现在只相当于往年的十分之一了。

此时，我们认为1000千克粮食、10把铁锹和100小时按摩的财富价值并没有变化，因为这些商品和服务对满足人需求的程度没有变化，变化的是货币A币的财富价值。在A岛上总的交易价值没有发生变化的情况下，用于交易的货币额扩大到了原来的10倍，但它们总的财富价值并没有变化，A岛上第一次出现了通货膨胀。

如果要避免这样的通货膨胀，有三种方式。一是加大储蓄，即每人留存 9000 值 A 币放在抽屉里，只用其中 1000 值来与他人交易，年底时这 9000 值 A 币再由铸币人收回。实际生活中，通过加息的方式吸引货币进入储蓄就是这个原理。二是扩大商品产量，即每人将自己的产能也提升至原来的 10 倍。三是开发出新的商品，即有人开发出或者引进财富价值为 18000 值的新商品或服务，并将其投入 A 岛的商品流通。

经济增长的根本动能不在货币，而在产能

货币的根本功能在于交易，本身无法满足人类的任何需求，货币只有通过交易换取商品，才能产生经济效益。因此，货币现象只是表象，经济的本源在产能，在商品的供应。当各个经济部门都能各尽所能，生产出不同的商品或服务以满足其他部分所需时，经济就均衡了。当某个部分只有需求而无法提供商品时，其自身的需求就没有办法得到满足，同时相对应的供给部门就无法实现销售，经济就失衡了。

只要经济是均衡的，当交易越繁荣时，人们的需求就越能得到满足，这是有利无弊的事。因此，经济不存在过热的问题，只存在失衡的问题。所谓的经济过热是指局部或大部分的经济领域需求超过供给，致使物价上涨。这说明相对应的供给部门没有充足的产能，“生产不足导致需求过剩”，这是经济部门发展不均衡的一种表现。因此，所谓的经济过热，本质上是经济失衡的一种类型，即供给端产能不足。经济失衡的另一种类型

是需求端产能不足。当局部或大部分的经济领域供给超过需求，致使物价下降，甚至商品滞销时，我们认为经济过冷。这很可能源于由市场中的盲目投资导致的供给端产能过剩，但也有可能并不是供给端的问题，而是需求端的问题。因为供给超过需求并不代表真实需求少，很有可能需求巨大，但需求端无法生产出市场所需的商品，从而无法获得收入用以支持购买。因此，在人们的需求没有得到充分满足的情况下，经济过热或经济过冷的根本症结都在于产能不足——要么是供给端产能不足，要么是需求端产能不足，这些都不是货币问题，而是产能问题。当然，如果将资源和环境压力并入经济是否过热的问题进行考量，那就不是在讨论如何发展的问题，而是在讨论需要什么样的发展的问题了。

产品总是用产品来交换，货币只是在一瞬间起到媒介作用。卖主得到货币，是为了用它来购买对自己有用的其他产品。因此，正如卖主是买主的供给者一样，他同时是买主的需求者。作为买主，他提供需求；作为卖主，他提供供给。货币只是流通的媒介，在交换的最初那一刻起到媒介的作用。当交换最终结束时，我们将看到一系列的交换只是产品对产品的交换。①

让·巴蒂斯特·萨伊的核心观点是“供给创造其自身的需求”。他认为，一种产品生产出来就意味着和它等价的产品同时产生了销路。换言之，他主张市场的供给能够自动创造出相应的需求，因此，通常不会出现生产过剩的情况，经济中也不会

---

① ［法］萨伊．政治经济学概论［M］．陈福生，陈振骅，译．北京：商务印书馆，1998.

出现普遍性的生产过剩危机。这一观点在经济学史上被称为“萨伊定律”。“萨伊定律”值得肯定的地方在于看到了需求端产能不足的问题，认为有需求的人只要有足够的产能，就可以获得收入以支持自身消费。但同时，“萨伊定律”忽视了供给端产能过剩的问题。人类经济史证明了供给端产能过剩是真实存在的，萨伊的“供给自动创造需求”“生产不足才有生产过剩”片面地强调了需求端支付能力的重要性，突出了需求端的产能是有限的这个事实，却忽视了需求端的需求也是有限的这个事实。他过于乐观地认为供给能够自动匹配需求，从而避免生产过剩和经济危机的发生。然而，在现实中，由于信息不对称、资源分配不均以及消费者需求的变化等因素，供给端生产出来的产品可能并不被需求端所需要，市场并不能总是有效地实现供需平衡，这就可能导致某些产品过剩，进而引发经济波动和危机。但萨伊的理论充分地揭示了“人与人之间的交换本质上是产品和产品之间的交换”这一真相，这充分体现了“所有购买者都必须是出售者”的道理——如果购买者自身不能生产出市场所需要的商品，其就无力支付，交易就无法开展。

市场中的每一个经济体都同时是商品需求方和商品供给方，每个主体都同时是消费者和生产者，都需要用自己生产的商品去换取别人生产的商品。对于一个商品而言，供给不足和需求过剩的原因可能是生产者的生产不足，也可能是消费者的生产强劲，而供给过剩或需求不足的原因可能是生产者的生产强劲，也可能是消费者的生产不足。以房地产为例，商品房市场车水马龙的原因可能是因为开发商寥寥无几，也可能是因为其他行业一片繁荣。而随着经济形势发生变化，售楼处变得门可罗雀，有可能是因为开发商造的房子太多，而人们没有那么高的居住需求，也可能是因为其他行业有需求的人群纷纷失业，没有了收入。如果市场中各主体的生产能力都足以支撑其自身需求，整体经济就会呈现出供需两旺、生机勃勃的局面。在生产力发展不足而非自然资源不足的情况下，经济的根本目的就是发展生产力，满足人类需求。因此，经济问题的解决之道在于发展短缺的商品部门，使之能够提供社会所需的商品。

除此之外，当产能的培养被完成，各经济部门有能力提供商品时，自由包容的交易环境也是交易的必然要求。国家最大限度地为国民提供交易自由，并通过法律强化这种自由的稳定性和可预期性，是人们保持创造动力和对未来信心的必要条件。而法治正是保障人们自由、安全地交易的最根本方式。因此，法治是最好的营商环境。公权力作为维护社会秩序和公共利益的主体，通常也被认为是对私权力的最大威胁。所以，法治的核心要义是公权力必须守法，是“公权力，法无明文规定不可为；私权力，法无明文规定皆可为”。唯有如此，处于弱势地位的个人和私营单位才有充分的自由、足够的安全感和对未来的稳定预期。

市场中货币量和商品量的构成及市场交易方程式

无论是讨论通货膨胀、通货紧缩，还是讨论促进经济、抑制经济，我们都需要从整体上把握市场中处于流通状态的总货币供应量和总商品供应量。美国经济学家欧文·费雪在《货币的购买力》一书中提出了著名的费雪方程式，描述了物价水平、货币数量、货币流通速度和商品交易数量之间的关系。具体来说，费雪方程式可以表示为$MV=PT$，其中M表示一定时期内流通中的货币数量，V表示货币的流通速度，P表示各类商品价格的加权平均数（即物价水平），T表示各类商品之间的交易数量。根据这个方程式，如果货币供应量（M）增加，而其他因素（V、P、T）保持不变，那么物价水平（P）就会上升。在费雪方程式中，货币供应量（M）是一个重要的变量，但费雪并没有直接给出货币供应量的计算方法，而是仅仅笼统地指出货币供应量通常是由中央银行或货币政策制定机构来控制和决定的。同时，费雪方程式中的货币数量M乘以货币的流通速度V，以表示一定时段内的货币流通总量，而商品的交易数量T并没有乘以商品的流通速度，T直接表示一定时段内的商品流通总量，这说明方程式中的T包含了商品的数量和流通速度的乘积。费雪方程式成全了形式上的工整，而牺牲了实质上的对等。

为了更加准确地掌握货币与商品之间的关系，我们有必要对货币供应量和商品供应量进行更加细化的分析。我们首先要明确三条界线。一是货币发行行为与非货币发行行为的界线。在现行货币体系下，货币发行人除了通过贷款发行货币，还通过收入其他货币或黄金的方式对外交换货币。由于这种资产交换的方式不是真正意义上的信用货币发行，我们认为此种方式不是货币发行，而是货币发行人与其他市场主体之间的一种商品交换行为。法律意义上，这相当于货币发行人首先对自己发行了货币，再用货币在市场中进行交换。我们仅将货币发行人凭借借款人信用而发放贷款的行为界定为货币发行行为。二是货币发行人和市场的界线。我们将货币发行人界定为可以凭借借款人信用创造出货币的人，即中央银行和商业银行。而市场中的其他非货币发行人想要获得货币，要么通过提供商品在市场中交换，要么提供信用从中央银行或商业银行处借取。三是货币和商品的界线。前文我们讨论过，货币属于广义的商品，但在讨论货币和商品之间的关系时，我们将货币和非货币的商品进行区分，排除了货币之后的商品，是狭义的商品，包括物品或服务。产品包括有形产品和无形产品，是可交付之物，服务则是指人的劳务。

在一定时期内，总的货币供应量（Total Money Supply，TMS），是市场中现存货币量（Existing Money，EM）加上货币发行人对市场主体新发放的贷款（New Loans，NL）以及支付给存款人的利息（Interest Paid，IP）之和，再减去收回的贷款本金（Principal Recovered，PR）和收回的贷款利息（Interest Recovered，IR），其所得结果乘以货币加权交易频率（Weighted Trading Frequency of Money，WTFM）。而现存货币量（Existing Monetary，EM）等于现金（$M0$）、存量的存款货币（基于现金存款的商业银行存单，Existing Deposit Currency，EDC）、存量的贷款货币（基于借款人负债而取得的商业银行存单，Existing Loans Currency，ELC）之和。

$$TMS=(EM+NL+IP-PR-IR)\times WTFM=$$
$$(M0+EDC+ELC+NL+IP-PR-IR)\times WTFM$$

在一定时期内，总的商品供应量（Total Commodity Supply，

TCS）是市场中现存的产品（Existing Product，EP）与新产出的产品（New Product，NP）和新提供的服务（Service，S）之和，再减去消耗减损的产品（Reduced Product，RP），所得结果乘以商品加权交易频率（Weighted Trading Frequency of Commodity，WTFC）。需要指出的是，相较于产品，服务是即时存在的，无法进行储存，服务在提供的同时被消耗，因此，服务没有现存，也没有存量的减损。

$$TCS=(EP+NP+S-RP)\times WTFC$$

在充分解析了总的货币供应量和总的商品供应量之后，我们进一步引入价格因素，依据费雪方程式的一般原理，得出如下等式（我们称这个等式为市场交易方程式，这里的物价 P 不是指单一或具体的商品价格，而是指市场中整体的物价水平）。

$$TMS=TCS\times P$$

即

$$(M0+EDC+ELC+NL+IP-PR-IR)\times WTFM=$$
$$(EP+NP+S-RP)\times WTFC\times P$$

由此可以看出，在 $M0$、EDC、ELC、EP 这些存量自变量特定的情况下，要想维持物价 P 的稳定，就要设法在等式左边 NL、IP、PR、IR、$WTFM$ 与等式右边 NP、S、RP、$WTFC$ 之间寻求平衡发展。在不考虑 $WTFM$ 与 $WTFC$ 变动的情况下，就需要保持 $NL+IP-PR-IR=NP+S-RP$，而 $NL-PR-IR$ 是贷款余额的增减量，$NP+S-RP$ 是商品（包括物品或服务）的增减量。也就是说，在不考虑货币发行人对市场主体支付利息（IP）的影响的情况下，货币发行人需要做到贷款余额的增减量与市场中商品的增减量一致。

通货膨胀和通货紧缩的全要素分析及调控手段

局部或部分的商品价格上涨或者下降，我们称之为商品供需关系起伏的正常市场反应，整体的商品价格上涨或下跌，我们称之为通货膨胀或通货紧缩。

自信用货币产生以来，通货膨胀已经成为最为普遍的货币现象，人们习以为常，甚至有理论认为适当的通货膨胀对经济增长有必要且有一定益处——这是人类没有正确认识通货膨胀的机理，无法正确地解决这一问题时的自我安慰和自我麻痹。事实上，自人类社会进入信用货币时代以来，通货膨胀问题就如影随形，像幽灵和病魔一样一直纠缠着经济机体，不断侵蚀着人们的劳动成果。也许通货膨胀的确对部分人群有利，但那一定是建立在对大众的损害之上。同时，经济紧缩所带来的经济萧条现象也历历在目，那些举步维艰的岁月令人们心有余悸。

在讨论通货膨胀或通货紧缩产生的原因时，人们通常认为，在自由交易的市场中，当整体的货币量大于商品量时，通货膨胀就会发生；当整体的货币量小于商品量时，通货紧缩就会发生。但事实并非如此。我们发现，货币和商品的交易频率同样起到了至关重要的作用。凭借市场交易方程式，我们还可以进一步细化引起通货膨胀和通货紧缩的具体因素。

$$(M0+EDC+ELC+NL+IP-PR-IR)\times WTFM=$$
$$(EP+NP+S-RP)\times WTFC\times P$$

我们将物价 P 作为因变量，那么方程式中的其他因素就是自变量。在存量货币和存量商品特定的情况下，现金（$M0$）、存款货币（EDC）、贷款货币（ELC）、现存的产品（EP）四个因素特定，新增贷款（NL）的增加、支付给存款人的利息（IP）的增加、收回的贷款本金（PR）和收回的贷款利息（IR）的减少、货币加权交易频率（$WTFM$）的提高、新产出的产品（NP）和新提供的服务（S）的减少、消耗减损的产品的增加、商品加权交易频率（$WTFC$）的降低都会推动商品价格（P）的提升，即造成通货膨胀。换言之，我们可以通过上述手段解决通货紧缩问题，即通过扩大贷款投放、为到期贷款延期，通过降息以降低市场主体存款意愿从而提高货币交易频率，鼓励消费以提高货币交易频率和增加产品消耗，控制过剩产能以减少新产品和新服务的供应，加强物资储备以降低商品交易频率等手段，达到抬升物价、提振经济、避免通货紧缩的目的。

相反，新增贷款（NL）的减少、支付给存款人利息（IP）的减少、收回的贷款本金（PR）和收回的贷款利息（IR）的增加、货币加权交易频率（$WTFM$）的降低、新产出的产品（NP）和新提供的服务（S）的增加、消耗减损的产品（RP）的减少、商品加权交易频率（$WTFC$）的提高都会推动商品价格（P）的下跌，即造成通货紧缩。换言之，我们可以通过上述手段解决通货膨胀问题，即通过减少贷款投放、加息以提高市场主体存款意愿，从而以降低货币交易频率、加强未到期贷款回收，打击消费以降低货币交易频率和减少产品消耗，扩大产能以增加新产品和新服务的供应，投放储备物资以提高商品交易频率等手段，达到打压物价、降温经济、避免通货膨胀的目的。当然，这些调控手段也有一些副作用，我们将在本章第八节“通过加息、降息调节经济运行的副作用”中进一步讨论。

通货膨胀和通货紧缩通过人的作用而产生

上文我们考量了货币和商品的双重因素，细致地分析了造成通货膨胀和通货紧缩的具体因素，但在具体的市场交易中，这些因素是如何发挥作用的呢？这就要依靠市场中最关键的主体，即参与市场交易的人。事实上，是人对商品和货币的双重价值判断决定了商品的市场价格，即人们对商品所形成的主观价格（*SP*）共同决定着一件商品的市场价格。同时具备理性和感性的人，对市场交易方程式中的各个因素都有着敏锐的感知，当普遍商品的价格在普遍人群中形成上涨或者下跌的共识时，通货膨胀或者通货紧缩就发生了。

我们曾引入价值感受度和商品、货币的主观财富价值的概念，进而用公式表述了单个商品价格涨跌的内在机制。在分析整体价格走势时，这个公式也同样适用，只不过我们所讨论的重点从个人、单个商品扩展到了社会群体和全部商品，我们将重点分析那些对 *OWVC*、*OWVM*、*VPC*、*VPM* 带来普遍影响的因素。

$$SP=SWVC/SWVM=(A/B)\times(OWVC/OWVM)\times(VPC/VPM)$$

部分发达资本主义国家在民主政治和金融强势之下，其国民总体奋斗精神和吃苦精神下降，过分依赖金融、高科技和生产性服务业等高附加值产业，导致产业空心化现象发生。实体产业产能不足会造成市场供应的商品和服务不足，国民的日常生活生产所依赖的低附加值物品或服务主要依靠国外进口，当国外的低附加值物品或服务因地缘政治、经济摩擦等原因无法畅通地进入国内市场时，国民日常生活生产所需要的物品或服务就会短缺，国民对商品的价值感受（*VPC*）就会普遍上升，从而导致市场整体主观价格（*SP*）上升，推动商品价格普遍上涨，诱发通货膨胀。

货币发行人对外放贷，可根据举债者的货币用途区分为消费贷和生产贷。消费贷并不会产生新的商品供给，直接增大了货币供应量，造成国民对商品价值感受（*VPC*）的普遍上升和货币价值感受（*VPM*）的下降，导致市场整体主观价格（*SP*）上升，因此消费贷是推动通货膨胀的因素。而生产贷在增大货币供应量的同时也带来投资生产，因投资新增出的商品数量如果大于生产贷发放的货币供应量，则会抑制通货膨胀。生产贷的举债人如果投资失利，就无法收回投出的货币，进而造成坏账或呆账，这是信用货币借款人信用的破产。如果大面积出现贷款违约，会导致商品的消耗和货币的增加。如果没有其他非举债生产者的商品进行补充，将会造成国民对商品价值感受（*VPC*）的普遍上升和对货币价值感受（*VPM*）的普遍下降，导致市场整体主观价格（*SP*）上升，推动通货膨胀发生。

对于货币发行人而言，其发行货币时都是基于当前的物价水平，一般不会无缘无故如故事十一那样，在明知没有更多商品用于交易的情况下突然按更高的价格对外借出货币。货币并不是凭空发行的，而是基于借款人“为市场提供足量商品”的承诺和信用。无论发行多少货币，只要这种承诺兑现了，市场中就会有等值的商品提供，市场整体的货币购买力就不会下降。人们储蓄、消费、投资、生产的意愿只是货币购买力的影响因素，但并不是根本的决定性因素。通货膨胀的根本原因是借款人将货币带到了市场，而自己没有按约提供对应的商品，因此，借款人失信是通货膨胀的根源，借款人每产生一分钱的坏账，市场中就会多出没有对应商品的一分钱的货币，我们可以称之为货币学第三定律。

当一国产业结构不均衡，劳动密集型产业产能过剩，生产的产品和提供的服务无法输出到国外时，就会造成该国市场一般性商品和服务的普遍过剩，人们的商品价值感受（*VPC*）普遍下降，对多数商品的主观价格（*SP*）普遍下降，就会造成通货紧缩。

需要强调的是，人们通常认为，货币供应量的增加引发商品价格的普遍上涨，货币供应量的减少引发商品价格的普遍下降——这可能是人们对经济现象的又一个巨大的错误认识。在市场中起关键作用的永远是人，而不是货币或商品。经济的发展取决于人心民意，而不是货币。真实的情况是，人们对市场环境的感受和对未来的预期决定了他们对货币与商品的价值感受度，从而改变他们的存款、贷款、持有货币或持有其他资产的意愿，进而使市场交易方程式中的各个自变量，尤其是货币加权交易频率（*WTFM*）和商品加权交易频率（*WTFC*）发生变化，最终导致商品价格的普遍上涨或普遍下跌。价格的上涨和下跌又会导致人们对货币供应量的需求上升与下降。在当前货币体系之下，货币供应基本上已经实现了市场化，货币和其他商品一样处于被市场选择的被动地位，货币对市场的决定性作用变得越来越不明显。简言之，人是市场的决定性因素，人决定了价格，价格决定了货币供应，而不是相反的情况。

生活在契约精神之下的国民具备极强的安定感、极强的活力和极强的预见性。法律是一国各经济主体之间的最大契约，尤其是国民和政府之间的最大契约。而法治不仅是指全体国民都遵守法律，更是指政府等公权力部门严格遵守法律。法治最大的功能是保护个人权利，进而给人们对未来的充分预期。法治是社会的稳定器。“没有救济就没有权利”，当违法违规的行为成为普遍现象，尤其是当公权力部门违法违规得不到及时有效的纠正和惩戒时，法律的威严将屈服于个人的权力，法治对国民就会丧失信用，对未来就无法进行周密的计划。此时无论社会治安和管理秩序如何井然有序，人们的内心都会充满不安全感。面对不确定的未来，人们会认为唯一确定的就是手中持有的货币，人们的货币价值感受（*VPM*）普遍上升，于是企业主不敢投资，家庭不敢消费，市场整体主观价格（*SP*）下降，生产萎缩，失业率上升，通货紧缩得以发展。

防治通货膨胀和通货紧缩的手段及影响

保持物价平稳，即保持货币币值稳定，是各国中央银行的主要目标，其根本的路径是保持社会群体普遍的商品价值感受（*VPC*）和货币价值感受（*VPM*）的平稳。而人们的价值感受度受到外在市场状况和内在认知状况的共同影响——外在市场状况的平稳有赖商品和服务的适度供给以及货币投放的精准有效，内在认知状况则与人们感受到的法治环境、未来产能、货币政策导向、社会动向的预期等因素密切相关。

具体到如何防控通货膨胀，其主要路径是保证借款人能够提供足够产能、维护或提高存量生产者产能、控制货币发行人对外放贷的增加、提高人们对货币的储蓄意愿等。具体措施和手段我们在本章第五节“通货膨胀和通货紧缩的全要素分析及调控手段”中已经详细讨论。

在此，我们进一步就常见的政策手段如何发挥作用进行探讨。

一是货币发行人减少放贷。其中减少消费贷是直接有效的方式，而消费贷的减少会降低交易量，从而影响经济增长。减少生产贷在减少货币供应量的同时也降低了生产投资，降低了商品提供量增长的可能性。为扬长避短，就要求提高生产贷的精确度，让那些能够为市场带来需求满足的生产者得到贷款，杜绝为过剩产能提供贷款。

二是降低货币持有人使用货币进行交易的意愿，即提高其货币储蓄意愿。通常的货币政策就是加息。由于人们的货币通常以商业银行存款的形式存在，提高货币储蓄意愿并不会提高货币储备量，只会降低货币加权交易频率（*WTFM*），从而降低总的货币供应量（*TMS*），防止经济过热。提高货币储蓄意愿又分为抑制消费和抑制投资，其中抑制消费直接有效，但抑制投资会降低生产，从而降低商品提供量增长的可能性，长期来看并不利于商品价格的回落和稳定。

三是从贷款审批、管理和收回等各个环节保证借款人如期还款。这会推动借款人想方设法为社会提供足额商品或服务。只要借款人能够如期还本付息，市场中的货币量就能因其还款行为而得以回收，从而避免货币的多余和过剩。

四是非借款人的生产者扩大生产。其为社会提供的商品和服务多于其向社会购买商品和服务所用货币的部分，就是抵消市场中多余货币的部分，而这部分多余的货币正是由坏账的借款人产生的。防控通货紧缩的措施和影响可以依照相同的逻辑，我们在此不赘述。

通过加息、降息调节经济运行的副作用

当供不应求，货币量多于商品量，即经济过热时，中央银行选择加息，可以增加储蓄，减少贷款，减少投资，减少消费，减少货币流通量。但并不是所有债务人都有能力归还贷款，利息的增加会提升他们的债务成本，加速他们形成逾期、坏账和破产，这反而会减少社会产能，加剧通货膨胀。同时，加息的

方式只能吸引货币更多地留存在货币发行人体系内，而并没有改变货币的所有权和支配权，同时还让货币拥有者享受更高的利息，得到更多的货币，这些货币最终还是要用于交易。

减少投资和减少消费都会大大打击投资生产的积极性，从而造成商品的进一步短缺，而商品短缺及债务人破产又促进了通货膨胀。因此，采用加息的方式抑制通货膨胀，从短期看确定减少了市场中的货币供应量，而从长期看却增加了市场中的货币供应量——防治通货膨胀的手段反而为更加严重的通货膨胀埋下了种子。此外，已经持有货币的人将货币存入商业银行或中央银行，储蓄增加了，商业银行和中央银行需要支付给他们的利息也增加了，加之贷款萎缩，容易造成商业银行和中央银行的亏损和破产。货币发行人的亏损和破产将对经济整体造成极为严重的损害。

下面，我们运用前文讨论的市场交易方程式对加息对经济的影响进行全面的分析。

$$(M0+EDC+ELC+NL+IP-PR-IR)\times WTFM=$$
$$(EP+NP+S-RP)\times WTFC\times P$$

加息不影响“$M0+EDC$”的总量，在短期内，因贷款成本提高而促进贷款归还，增加了 PR、IR，同时降低了借款人的借款意愿，降低了 NL、$WTFM$，抑制了通货膨胀，同时减少了投资意愿，降低了 NP、S，又因抑制消费而降低了 RP，这些又抵消了抑制通货膨胀的效果。同时，从长期来看，因货币长期储存在货币发行人体系，货币发行人需要支付给存款人利息，即 IP 会增加，而贷款金额的下降会使货币发行人收取的利息减少，

即 *IR* 减少，这最终会导致总的货币供应量（*TMS*）增加，为未来通货膨胀的发生创造条件。

当供多于求，商品量多于货币量，即经济过冷时，中央银行选择降息，可以减少储蓄，增加贷款，增加投资，增加消费，增加货币流通量，但并不是所有债务人都有能力生产出社会需要的商品，利息的降低会促使他们盲目投资，为社会带来更多的多余商品，最终也会产生逾期、坏账和破产，这又会造成通货膨胀。通过促进消费而提振经济，是一次性的提振。人们将储蓄的货币用于消费，而不是用于投资再生产，市场上的商品被消化了，货币留在了市场，但没有新的商品增加，经济没有了进一步增长的动力。消费是对过去的产能的交易，是对已经发生的财富的确认，并没有产生新的社会财富。关于降息对经济所产生影响的全面分析，同样可以市场交易方程式进行，在此我们不赘述。

无论是通货膨胀还是通货紧缩，通过货币政策加以防治都是治标不治本的，根本的治理手段还是从生产和供给的层面解决问题。通货膨胀反映了商品不足和货币过剩，应当增加商品供给或以税收的方式直接收回货币。通货紧缩反映了商品过剩和货币不足，而货币不足的根源在于消费者的生产创收不足，对应的治本之道应是削减过剩产能，同时加大对消费者生产能力和收入状况的提升。通过税收完成二次分配、加强对低收入人群的财富转移也是有效的治理手段，但此举并不长久，不劳而获也不尽公平。

通过加息、降息来调节通货膨胀和通货紧缩，只是短期内在储蓄和交易之间调节货币量，并没有改变社会主体可以支配的货币量，因此只能在短期内产生效果，是治标不治本之策，且有明显的副作用。时间一长，必然事与愿违，破坏经济的正常运转。

货币发行人直接对外购买、出售商品的影响

以上所述的所有货币供应行为都被界定在了货币发行人通过出借方式发行货币的范围内，在这种方式下，货币发行人只拥有了借款人的债权，取得了借款得到还本付息的承诺，并不取得商品。而在现行的货币体系之下，各国中央银行可能会用自己发行的货币直接到市场中购买他国货币或黄金，当然货币发行人还可以再卖出这些商品以回收货币。通常情况下，这种行为只是为了增强自身信用、实现资产保值增值、调节货币供应量。货币发行人直接用自己创造的货币向市场中的其他主体购买资产会带来市场中货币供应量的增加，相应地，当货币发行人对外出售这些资产时，市场中的货币供应量会减少。我们将货币发行人自己创设借款人身份以完成货币创造和收回的行为视为货币的类发行行为。狭义的货币发行仅指货币发行人对其他主体出借货币的行为，广义的货币发行还包括自己直接创造货币并对外交换。如果沿用前述的市场交易方程式，那么货币发行人创设的借款人身份可以被视为一般非货币发行人主体，货币发行人的类发行行为造成的货币增减量被包含在了 *NL*、*PR*、*IR* 之中。货币发行人在类发行行为过程中所购买的商品并

不用于自己的消费，货币发行人也不会自行生产商品，因此类货币发行行为并不会造成商品量的增减。

为了更加清晰地剖析类发行行为对市场货币量和商品流通量的影响，我们在此将货币发行人用自己独立创造的货币购买商品以及之后再出售资产的行为作为独立的因素进行分析。我们仍然坚持货币发行人与市场的界线。当货币发行人对外购买商品时，货币进入市场，商品退出市场；当货币发行人出售商品时，货币退出市场，商品进入市场。细化分析后的市场交易方程式加入了自变量，即货币发行人购买商品付出的货币量（Expenses by the Issuer，EI）、货币发行人购买的商品量（Purchases by the Issuer，PI）、货币发行人出售商品所收回的货币量（Income of the Issuer，II）、货币发行人出售商品量（Goods sold by the Issuer，GI），货币发行人同时参与商品买和卖情形下的市场交易方程式演变为：

$$(M0+EDC+ELC+NL+IP-PR-IR+EI-II)\times WTFM=$$
$$(EP+NP+S-RP-PI+GI)\times WTFC\times P$$

中央银行以外汇为锚发行本国货币以及用本国货币买卖黄金是货币发行人典型的对外买卖商品行为。本国市场主体通过向国外出售物品或服务取得外汇，外汇成为商品进入国内市场。在通常情况下，法律规定在国内只能使用本国货币进行流通，国内市场主体会进行结汇。此时，中央银行收入外汇，将本国货币交换给市场主体，*EI* 增加，本国市场主体的结汇所得货币进入国内市场流通，市场内的本国货币供应量增加。同时，本国市场主体取得外汇时提供的商品已经不在国内，外汇作为商品被收入中央银行，*PI* 增加，国内市场中商品减少。在市场交易方程式中其他因素不变的情况下，中央银行以外汇为锚发行本国货币的行为会推动国内市场中的物价上涨。

同理，当本国市场主体选择购汇，中央银行出售外汇时，*II* 增加，市场中本国货币供应量减少，本国市场主体的购汇所得外汇一般用于购买国外商品。即使不进行进口贸易，外汇也留在了市场中，成为可交易的商品，此时 *GI* 增加，国内市场中商品增加。在市场交易方程式中其他因素不变的情况下，中央银行发行货币所依据的外汇量减少会推动国内市场中的物价下降。中央银行用本国货币在市场中采购和出售黄金或其他商品，也会造成本国货币供应量的增加和减少，进而对市场中的物价造成推升和打击。我们说过，加息可以降低货币流通速率，但并不能从市场中收回货币的支配权，长期看反而造成了市场中货币的增加；降息可以促进贷款，但贷款终究要偿还。如果不能推动生产，市场中的货币供应量从长期看也无法得到补充。加息、降息对货币供应量投放和收回的影响是间接的、短期的、形式上的，区别于此，货币发行人直接买卖商品进行的货币投放和收回是直接的、长期的、实质上的。

价格在市场中的自我调节

在中国哲学思想体系中，“天人合一”的思想占据着核心地位。这一思想强调的是人与自然的和谐统一，认为人与天地万物是相互依存、相互联系的，人应当顺应自然规律，与自然和谐相处。老子的《道德经》对人的行为准则有具体的表述，即“人法地，地法天，天法道，道法自然”。市场因人类天然的需求和供给而形成，各个参与主体都应遵守其自身的发展规律。

当借款人在货币创造过程中的承诺被履行时，市场中的货币供应和商品供应就相称了。我们在前文已经讨论过，当货币发行人的贷款余额增减量与市场中商品的增减量一致时，物价水平就会保持总体稳定。现在我们来看看物价水平如何通过利率和汇率在国内及国际贸易中实现自我调节。

我们通过传统的经济学理论已经了解到，供需关系决定着商品价格的波动。供小于求，会致使价格上涨，引导市场提高供给；供大于求，会致使价格下跌。如此循环，实现商品价格的动态平衡。区别于以上具体商品的价格调节机制，整体物价水平受到货币供应量的影响。当市场中总体物价水平高涨时，意味着通货膨胀的发生，购买相同数量的商品将需要更多的货币，市场对货币的需求就会提升。前文我们探讨过，货币发行，即货币发行人的贷款服务，是一种特殊形式的服务商品，利息的本质是货币发行人的出借服务费。按一般市场规律，服务价格受供需关系调节，市场对货币的需求提升，货币发行人的出借服务费就会提高。也就是说按照市场规律，通货膨胀发生时中央银行的利率应该会提高。利率提高了，市场主体的贷款意愿就降低了，存款意愿也随之提高，市场中的货币供应减少，物价下降。反之，当市场中总体物价水平下跌时，意味着通货紧缩的发生，购买相同数量的商品将需要更少的货币，市场对货币的需求就会降低，货币发行人的出借服务变得不再稀缺。按一般市场规律，货币发行人的出借服务费就会降低，也就是说按照市场规律，通货紧缩发生时，中央银行的利率应该会降低。利率降低了，市场主体的贷款意愿就提升了，存款意愿也随之降低，市场中的货币供应增加，推动物价上涨。

国际贸易也有着类似的内在调节机制。当一国商品倍受国际进口商欢迎时，该国出口增加。不考虑某一特定国家货币作为世界货币的情形，一般情况下出口商要求进口商支付出口国的货币，导致出口国货币的国际需求上升，汇率随即上升，这会推高以进口商所在国货币计价的商品价格，从而降低自购意愿，出口国的商品受欢迎度下降，贸易顺差态势得以抑制。

几百年来，新古典经济学派、芝加哥经济学派、奥地利经济学派等主流经济学派强调并捍卫自由市场的作用，反对通过货币政策或财政政策来干预经济。凯恩斯主义经济学则明确批评新古典经济学，主张政府通过积极的财政政策和货币政策来干预经济，以刺激总需求，实现充分就业和经济增长。

本书所倡导的平权货币理论和平权主义经济学认为，货币发行人和政府都是市场的重要参与主体，应该积极地发挥作用，只是要在遵守市场规律的前提下发挥作用。相较于其他市场参与主体，货币发行人和政府的特殊之处在于，其处于政治统治者的地位，拥有至高的公权力。在此情形下，就要求货币发行人和政府在制定和推行货币政策及财政政策时更要保持自身的谦抑性，时刻牢记公权力是人民赋予的，不能用于对抗市场规律、破坏市场秩序，而应顺应市场要求，在经济运行中摒弃自身的政治强权身份，以平等的市场主体身份发挥自己的经济职能。

享有政治权力的公权力机关应该时刻警醒自己，政治的归政治，经济的归经济，自己的双重身份和双重作用不能混同。为了政治目的而实施的经济措施往往会违背市场规律，破坏正常的市场供需关系，最终受损的还是民众。包括货币发行人、政府在内的每个市场主体都应努力寻找并适应市场规律，将寻求发展的焦点放在洞察市场需求和提升自身的供给能力上。我们坚持认为，没有失灵的市场，只有失灵的市场参与者。

第十一章

债务类型、坏账及影响

通过前文对货币发行方式的分析我们发现，货币发行人无论是通过直接贷款的方式还是通过购买债券资产实现间接贷款的方式，无论是出于出借货币的目的还是调控货币的目的，也无论其行为是被称为“常规货币政策工具”还是“非常规货币政策和量化宽松”，其所做的工作在本质上都只是对外出借货币。货币发行即债务发生，货币就意味着债务，如何发行货币、管理货币本质上就是如何发行债务、管理债务。想要理解货币，必须充分剖析债务。不同的债务类别由不同的债权人、不同的债务人组成，各类别的债务对货币供应量、经济运行会产生不同的效果。

负债的债权人类型及其对货币供应量的影响

所谓负债，就是借款人在出借人的白色墙板上记下债务，拿走货币。按不同的负债双方主体区分，有商业银行向中央银行负债、非货币发行人主体向中央银行负债、非货币发行人主体向商业银行负债、非货币发行人主体之间的负债四种。

第一种是商业银行向中央银行负债。如果商业银行不向非货币发行人主体进行出借，相当于中央银行没有向货币发行人之外完成契约货币发行，此种情形并不会在市场中产生货币供应量的新增。

第二种是非货币发行人主体向中央银行负债。无论是直接还是间接，都可产生契约货币的发行。由于商业银行系统和信息系统高度发达，这些契约货币一般都会被借给商业银行而转换成商业银行发行的存款货币。这部分存款货币会进一步加倍产生贷款货币，即商业银行的贷款会产生货币乘数。

第三种是非货币发行人主体向商业银行负债。此时分两种情况：一是借款人只取走商业银行的存单，即贷款货币，那么市场上只是多出了这部分货币，相当于商业银行完成了一次货币发行；二是借款人提取现金，根据前文表述的货币学第二定律，即市场中的每一份存款都有对应的在发行人处的负债，可以认为商业银行作为中央银行的代办人完成了契约货币的初次发行。此两种情形都会给市场带来相应的货币供应量新增。

第四种是非货币发行人主体之间的负债。无论出借的对象是契约货币（现金纸币）、存款货币还是贷款货币，因非货币发行人主体不具备虚构存款和货币发行的功能，这些情况都不会对货币发行总量产生影响。

债务人类型及其对经济发展的影响

中央银行并不会对外负债，因此债务人只有商业银行和非商业银行主体。货币的功能在于推动商品提供者，即非商业银行主体之间的交易。如果货币没有从商业银行流入非商业银行主体市场，相当于没有完成投放，这种情形没有进一步讨论的意义。我们重点讨论非商业银行主体之间的负债。

货币发行的目的是推动商品交易和经济循环，而不是借款人单向的、一次性的采购。无论是中央银行还是商业银行，都应该向能够满足社会未来需求的产能提供者发放贷款，这样贷款才能如期收回，经济才能良性循环，社会才能实现整体提升。债务人拿到贷款后有两种支付方式，一是为自己的消耗而支出，二是为别人的消耗而支出或者是将货币无偿赠送给别人去支出。同时，这笔贷款最后的结局也有两种，一是借款人如期偿还，二是借款人违约，不进行债务的清偿。根据以上两种支付方式和两种结果，我们可以将债务人分成四种类型并进一步展开分析。

第一种类型是为自己支出，并如期偿还贷款的债务人，我们称之为利己生产型债务人。第二种类型是为自己支出，但没有偿还贷款的债务人，我们称之为利己消耗型债务人。第三种类型是为他人支出，但如期偿还贷款的债务人，我们称之为利他生产型债务人。第四种类型是为他人支出，但没有偿还贷款的债务人，我们称之为利他消耗型债务人。

利己生产型债务人首先满足了自己的需求，同时其自身的产能也增加了，为市场提供了商品，满足了他人的需要。货币投放和回收得到了有效循环，这是良性的货币投放。正如故事三中的情形，农夫、按摩师、铁匠都用多借取的货币满足了自己，同时为别人多提供了商品，他们都是利己生产型债务人。

利己消耗型债务人没有增加自身产能，只是消耗了社会财富，货币的投放只是让商品的占有权发生了转移，如果对其出售商品的人只是持有货币，那么经济只因债务人对外使用货币而得到了一次提升。如故事二，农夫没有对外采购，小岛的经济因按摩师的借贷和消费只得到了一次拉动。如果此部分货币被继续使用，经济将再次得到提升，直到货币不再被使用或无商品可供交易。同时，由于该类型的债务最终没有被偿还，货币被留在了市场中并构成了多余，这对市场中所有持有货币的人会造成货币贬值的损害，损失的部分正是由利己消耗型债务人享用。我们新设一个故事十二来具体分析利己消耗型债务人：故事二中的农夫把按摩师多借取的 500 值 A 币支付给了铁匠，多购买了 5 把铁锹，A 岛上的财富因而又增加了 5 把铁锹。但是按摩师并没有多提供按摩，也不打算偿还多借取的 500 值，货币最后留在了铁匠抽屉里而无法换取其需要的按摩，铁匠的受损正是按摩师的享用消耗。在这种情况下，虽然投放的货币无法循环回收，但还是对经济起到了部分推动作用。故事十二中的按摩师就属于利己消耗型债务人。

我们新设一个故事十三来具体分析利他生产型债务人。我们对故事二进行改编：按摩师多借了 500 值，但他并没有自己使用，而是用这 500 值向铁匠购买了 5 把铁锹并无偿赠送给农夫。这一年，农夫只生产了 1000 千克粮食并出售给按摩师，从而换取了 1000 值，同时他还向铁匠购买了 10 把铁锹；铁匠共生产了 15 把铁锹并取得了 1500 值；按摩师增加产能，向铁匠提供了 150 小时的按摩，并收取了铁匠 1500 值。年底结算时，农夫清偿了债务，并且得到了按摩师赠送的 5 把铁锹；铁匠出售了 15 把铁锹，购买了 150 小时的按摩，也清偿了债务；按摩师提供了 150 小时的按摩，却只得到了 1000 千克的粮食，但如约偿还了全部债务。A 岛上的产值较故事二仍然是增加了 5 把铁锹和 50 小时的按摩，只是利他生产型债务人，即按摩师多提供了 50 小时的按摩，从而遭受了损失。农夫是这个故事中那位少付出而多享用的人——他多享用了商品，但没有产生负债，是因为按摩师多付出了劳动，却没有取得对应的商品，是按摩师的牺牲成全了农夫的不劳而获。

我们新设一个故事十四来具体分析利他消耗型债务人。我们对故事二进行改编：按摩师多借了 500 值，但他并没有自己使用，而是用这 500 值向铁匠购买了 5 把铁锹并无偿赠送给农夫。这一年，农夫只生产了 1000 千克粮食并出售给按摩师，从而换取了 1000 值，同时他还向铁匠购买了 10 把铁锹；铁匠生产了 15 把铁锹并取得了 1500 值；按摩师也像往年一样仅仅向铁匠提供了 100 小时的按摩。年底结算时，农夫清偿了债务，并且得到了按摩师赠送的 5 把铁锹；铁匠清偿了债务后，虽然没有得到更多的按摩，但手中多出了 500 值的储蓄；按摩师得到了 1000 千克粮食，也付出了 100 小时的按摩。A 岛上的产值较故事二仍然是增加了 5 把铁锹，只是铁匠持有货币，因无法换取按摩而利益受损。农夫是这个故事中那位少付出而多享用的人，而利他消耗型债务人，即按摩师，将无法偿还那 500 值的负债。

在持续发展的社会中，货币已经成为一种特有的商品，货币持有者总能购买到自己需要的其他商品，所以不能清偿债务的人无论是不是自己享用消耗了社会财富，其对市场造成的损害都不会由持有货币的某一个人全部负担，而是通过市场整体货币量多于整体商品量的方式由全部的市场主体共同负担。如果是故事十二中按摩师那样的利己消耗型债务人，那么这种负担是因其自身多享用消耗而产生的；如果是故事十四中按摩师那样的利他消耗型债务人，那么这种负担就是因为其他人（农夫）的多享用消耗而产生的。

呆账和坏账的债务人与最终受损者

如上文所述，由于债务人自身或者别人的多享用而不产出，如果没有人作为利他生产型债务人及时付出，就会产生不能清偿的债务，这是各经济部门不均衡发展的表现。为了不断推动经济发展，就只能不断扩大债务，拉动消费。不能清偿的债务要么作为坏账被免除，要么被无限期续延，无限期续延的债务本质上就是呆账。

当坏账和呆账发生时，无论哪种情形，对借款人来说都是无法归还的；对货币发行人来说，货币又是凭空生产的，因此呆账和坏账对货币发行人和债务人都没有本质的损害。只是在这两种情况下，全社会都持续容忍着有人在少产出而多享用消耗，当全社会的产能不再得到补充时，货币持有者将无法用货币换取自身需要的商品或者无法换取与原来数量相等的商品，货币持有者成了实际的受损者，他手中多余的货币对应的就是过去被产生了坏账和呆账的债务人多享用消耗的商品。

对全社会而言，每增加一笔坏账（确定无法清偿的债务）或增加一笔货币投放，都应有等量财富价值的商品进行对冲，这样，货币持有者才不会受损，经济才能向上发展。坏账只是反映有人多享用而少产出，如果社会整体产出不能补充上，就会出现货币贬值和货币持有者受损的现象。

同时，需求是多样的，而单一的需求是有上限的，产能饱和意味着相应的需求已经得到充分的满足，因此，提高社会整体所需的产能才是发展经济的关键。如果补充进来的新产能并不被社会所需要，那么这个新产能就是过剩产能，货币仍然会贬值，持有货币的人仍然是最终的受害者。

优选的债务人和均衡发展的实现

良性的经济是指各经济部门产出和享用匹配、相互促进增长、需求和供应螺旋提升的经济，基本的表现就是货币投放量增加，商品交易量增加，同时没有不良贷款产生。

当我们投放贷款时，交易会增加，经济会增长，但要实现公平良性，还要确保债务人在日后有偿债能力，这就要求我们选择的债务人具备以下特征：一是当时有需求，拿到货币后会去交易别人手中的商品；二是有能力提供别人需要的商品；三是有创新升级的能力，未来可以持续提供别人需要的商品。如果没有第二、第三项特征，货币投入市场后，可以换来短时、片面的经济增长，但债务人的产能缺失需要其他主体新产能的救济补充，实质上就是对其他部门的消耗或对未来新产能的透支。有人坏账，有人补充，看似整体经济没有受损，货币保持了稳定，但如果债务人没有坏账，其他部门的产能或未来新产能就会要求更多的货币投放，这同时会体现在未来的经济增长上。

当我们为了增长而找不准债务人时，我们将货币投放到了落后的产能上。落后的产能要么是低效的，要么是过剩的，换来的是短期的增长和长期的负担。如果债务人能正常还款，那么放贷只是对其本人的透支；如果债务人不能正常还款，那么发放贷款就是对未来社会整体经济的透支。

坏账的直接后果就是货币滞留在市场主体手中而无法按该

有的周期完成回收循环，同时，应该由债务人提供的商品无法被正常提供，货币量较商品量出现了多余。如果没有其他产能的补充，货币就会贬值。

通过前文对债务人类型的分析，我们发现当债务人是利己生产型债务人和利他生产型债务人时，没有坏账产生，不会对市场造成透支，这两种类型的债务人就是我们优选的债务人。

债务的货币类别对经济的影响

我们之前讨论了债务的债权人类别、债务人类别，现在来看看债务的货币类别。现行的货币有三种，一是中央银行发行的4.0版本契约货币，二是商业银行发行的5.0版本存款货币，三是商业银行发行的6.0版本贷款货币。当债务人拿到的是契约货币和贷款货币时，债务人是向货币发行人举债，其坏账的影响就是我们前文论述的由市场中全体持有货币的人共同承担损失。而当债务人是向非商业银行主体举债，且拿到的是契约货币或者存款货币时，情况则不同了，因为存款代表存款人已经付出过商品，只是存款人延时受用，把货币留存了下来。那么如果债务人产生坏账，就是对过去财富积累的消耗，受损的就不是其他部门的经济或未来的经济，而是向其借款的债权人。

政府债务

政府既是独立的法律主体，也是社会主体、经济主体的一员。在当前货币体系下，政府往往又被认为是货币发行人，货币发行人和政府存在着高度的混同。我们在此讨论政府债务，是基于这样的前提：货币发行人与政府相互独立，政府为民众提供公共服务，维护民生公平，还被普遍认为具备提振经济的重大职责，同时政府是最重要的经济主体之一。在当前的货币体制下，政府还被设计为货币发行和货币调节环节最重要的参与主体。

政府作为重要经济主体，通过不断向中央银行或商业银行举债实现货币对市场的投放。政府与其他向商业银行借款的主体一样，需要通过对外出售服务和产品来收回货币、清偿债务。而政府的收款主要来自税收、服务收费和罚款，这三者都可以理解为政府对出售公众服务这一商品的收费。

相较于货币发行人，政府与其他社会主体一样，自身需要消耗，也为社会提供产品或服务。作为一般主体，为了经济的均衡发展，政府也应该实现收支平衡，不应产生坏账或无限期债务。但政府相对于其他主体又具备明显的特殊性，即其消耗的财富以及提供的服务有很大一部分都是为了公益，无法按市场供需规律进行定价。为了保障民生，政府采购食品进行免费发放；为了提高交通条件，政府投资兴建道路供人们免费使用。这些消耗和花费都是为了满足政府之外的社会其他主体的需求，货币支付出去了，却没有回收。同样地，政府提供了大量的公共管理服务，相当一部分的人享用了这些服务，但都没有为此支付费用。

政府的收费和税收就是政府提供服务的报酬，政府的服务收费是有针对性的，谁接受特定而具体的服务项目，谁就为此付费。各种证照类、许可类和管理性收费只针对办理具体业务的对象，而税收是法律规定的标准之下的普适性收费，是为了弥补政府公益性支出的特殊对价安排。富人收入高，就实行高税率，多交税；穷人收入低，就实行低税率，少交税。如此不对称的服务收费标准可实现政府收支平衡以及社会稳定。

政府无法清偿债务意味着政府自身的消耗和对外的无偿付出总和大于其出售自身服务所得，原因有三种，一是消耗过大，二是对外无偿付出过大，三是出售自身服务所得过小。消耗是指政府自身的工作人员占用和享受商品，对外无偿付出是指政府直接将货币送给他人（如直接向民众发放货币）或用货币换取商品供他人无偿使用（如建造基础设施），而出售政府服务所得包括服务质量、数量及定价三个因素。如果政府消耗过大，我们称之为“享受型政府”；如果政府无偿付出过多，我们称之为“造福型政府”；如果政府出售的自身服务质量低，我们称之为“劣质型政府”；如果政府出售的自身服务数量少，我们称之为“懒惰型政府”；如果政府出售的自身服务售价低，我们称之为“克制型政府”。政府无法清偿债务合计有五个因素：一是享受型政府自身消耗大，二是造福型政府对外无偿付出大，三是劣质型政府服务质量差，四是懒惰型政府服务数量少，五是克制型政府服务售价低。对人民有利的政府显然是非享受、非劣质、非懒惰、造福型、克制型的政府。当政府债务不断扩张时，我们要具体分析原因是什么，进而判断是谁受损、谁受益。

第十二章

国际货币关系

国家是由一定范围内各市场主体组成的主体群组，国家与国家之间的关系本质上是各主体群组之间的关系。各主体群组内部用特定的货币进行交易，而群组与群组之间则要通过货币兑换进行交易。当全部群组之间的贸易采用某一特定群组发行的货币时，该群组就会因此而享有特权。如果经济一体化、公平化完全实现，不存在刻意维护某一群组利益的法律、政策或力量，国与国之间进行平等的交易，就不会有金融剥削的存在。

别国对本国货币的储备越多，说明本国占有别国的财富越多

现在正发生的故事十五较故事二又有所变化了：A 岛的产值变回 3000 需，即 100 小时按摩、1000 千克粮食、10 把铁锹。农夫没有多生产 500 千克粮食，按摩师仍然向铸币人多借了 500 值，只不过按摩师用这 500 值向 B 岛上的农夫采购了 500 千克的粮食，500 值的 A 币被留存在了 B 岛农夫的抽屉里。A 岛上的产值没有变化，却多占有了 500 千克的粮食。

另一个例子故事十六也类似：相较于故事二，A 岛的产值变回 3000 需，即 100 小时按摩、1000 千克粮食、10 把铁锹。农夫用手上留存的 500 值 A 币向 B 岛的铁匠采购了 5 把铁锹，500 值 A 币留存在了 B 岛铁匠的抽屉里，A 岛上的产值没有变化，却多占有了 5 把铁锹。B 岛拥有了 A 岛的外汇储备，为自己的贸易顺差感到高兴；A 岛多占用了商品，同时在铸币人的白色墙板上，按摩师名下多出了一笔无法清偿的 500 值债务。

在上述两个故事中，A 岛的产值都是 3000 需，却占有了

3500需的财富，多出的那价值500需的粮食和铁锹正是用500值的A币换取的。

每个国家的货币都由法律保证在其本国范围内可以用于交易。在货币购买力，即货币财富价值稳定的情况下，货币的使用量应该与商品的交易量对应。当某国的货币可以被国外的商品提供者接受时，该国中央银行就可以向本国的主体借出多于国内商品交易所需的货币，然后债务人就可以用借来的货币去换取国外的商品，将该货币留在国外。由于中央银行只能对本国主体借出货币，我们可以推断出，留在国外的货币量越多，就说明本国主体占有国外的商品量越大。同时，由于每一份留存在市场中的货币都代表着其国内主体在中央银行的记账簿上有一笔债务没有偿还，可以这样理解：国外主体处每多留存一份货币，国内主体就多一笔债务没有清偿，在本国中央银行资产负债表的资产端就多一份资产。由此可见，本国总债务净值的增加是实际占用他国财富的结果。现代货币理论也认为从资源的角度而非从货币的角度看，进口才是受益，贸易逆差才是本国财富的净流入。

国内外公平的经济来往应该是有对等往来的贸易，即外汇发行国之外的外汇持有者应该可以用持有的外汇换取外汇发行国的商品，从而实现外汇持有者需求的满足，同时实现外汇发行国货币的回流。与货币输出国对应的是外国货币的留存国，一个国家如果持有大量的外汇储备，说明其已经向国外输出了对应体量的商品，说明本国民众的劳动成果被外国人大量占有了。

各国货币的汇率及其影响

货币的财富价值在于交换，其他商品的价格是这些商品的实用价值与货币的交换价值之间的比例，而货币的价格则是不同货币的交换价值之间的比例，这个比例被称为汇率。在决定货币的汇率时，货币的使用范围及货币的购买力是人们重点考量的因素。当一种货币背后的货币发行人给人们以希望和信心，或是可以采购足够且多样的商品和服务，抑或是可以在更大的范围内被使用时，人们就更愿意持有这种货币。哪一种货币受欢迎的程度高，其汇率就会相应提升。

有一种说法是一国货币的贬值有利于该国的出口，因此货币贬值是有利的。其实这种说法既是不准确的，也是片面的。对于国家整体是利是弊，最终要看本国占有的资产是多少。一国货币贬值确实能带来本国产品在国际市场上价格竞争力的提升以及出口的整体提升。当本国货币的汇率下降时，想获得等值的外国货币，就要对国外出售更多的本国资产，而换取的外国货币只能购得数量不变的外国资产，也就是说最终是用本国更多的资产换得了外国更少的资产，这无疑是本国的损失。

说是有利，其实只是相对于本国产能过剩、在国内无法消化的情况。对于出口企业，本国货币贬值，可以提高国外买家购买的动机，销售量可以提高，换取的外国货币可以拿回国内换取本国货币。这相当于自己的产品在以本国货币计价时的单价不变的情况下，销量大增。这会提高销售收入，取得的本国货币可以在国内正常交易。对于出口商而言，本国货币在国内市场的购买力受到的汇率影响被全国国民分担了，但自己全部占有了销售额增加的好处。这样看来，出口企业如果只在国内消费，就是实实在在的受益者，但这种受益是建立在国内民众的利益整体受损之上。本国的商品出口量因外国货币的流入增加了，同时，流入的外国货币导致本国货币在本国市场中增加，而相对应的商品却没有流入国内，本国货币的整体购买力被削弱了。

贸易战的本质

货币的根本职能在于交易，国与国之间的交易就是国际贸易，一国发行的货币被理所当然地认为可以通过向该国出售自己生产的商品而取得；同时，人们可以通过付出自己所赚取的货币来换取自己所需要的该国商品，这是公平贸易的必然要求。当一国通过颁布法令，禁止他国用本国发行的货币购买本国的商品时，实际上是对货币法定使用权的剥夺。无论其给出的理由是国家安全还是人民利益，如果不是对其他所有国家的统一行为，这种法令就是不合理的、有违契约精神的，是对他国利益的损害。他国用自己生产的商品换取了一国的货币，而这批货币却不能用于购买此国特定的商品，这是赤裸裸的国家歧视，相当于将本国人民的劳动置于他国人民的劳动之上，是严重的不平等单方条约。

当一国制定法律，要求对特定国家的商品加征关税时，也是一种经济上的歧视。税收被理解为政府公共服务收费，关税一般由进口商支付，即由进口国的进口商担负关税支出职责。加征关税意味着同样的服务对特定国家商品的买家收取高额服务费，收费的对象是国内的购买者，这会严重降低购买者的购买意愿，从而降低被针对国的商品出口。

所谓经济，就是需求与供给之间的关系。畅通的贸易，尤其是国与国之间的贸易，可以充分发挥各地区要素禀赋，在全球范围内实现资源配置优化，最大限度地增加人类福祉，增进经济繁荣。各国的交易主体在具体的国际贸易过程中，一方付款，另一方交货或提供服务，双方进行的是平等自愿的交易，没有任何不平等或不公正。由于各国国情不同，某一个国家的整体对外贸易可能出现贸易逆差，这只能说明该国在经济竞争中处于劣势，而无法说明存在任何不平等、不公正，更谈不上什么剥削。如果该国采用政治手段，强行加征关税，本质上是直接在与本国民众争抢他国劳动成果的剩余价值。其间接的影响才是变相提高了他国产品在本国的销售价格，进而打击了其市场份额。因此，该加征关税的行为首先应该受到本国民众的强烈反对。但有意思的是，这类提高税收、单方面提高政府服务费的行为，通常被包装成保护本国产业、保护本国就业的爱国举措，可以有效转移民众注意力，让民众丧失反抗意识。但是，一国实体产业的振兴与衰落，有一个长期的、系统的、市场选择的发展过程，也是国际经济发展的自然结果，并不是提高关税就能有效解决的。

一国发布的出口禁令是限制他国主体使用本国货币的权力，而进口加税则是对本国主体使用货币购买他国商品的高收费。

面对强势国家，他国可以通过提高自身实力争取被平等对待，这种实力包括科技、军事等硬实力，也包括政治、文化、法治等软实力。

如果将全球经济视为一个整体，那么这个整体经济的提升也一样有赖各经济部分的均衡发展。高端产业与低端产业之间互为依存，相互供给，各取所需，这对双方来说都是福音。但出于政治、文化等非经济性因素，自由贸易被非市场因素破坏，技术封锁代表着属于高端产业或拥有先进产能的产品不再对部分国家供给，而贸易壁垒代表着不再对拥有低端产能的产品开放需求市场，这是人为打破供需匹配，打断经济良性循环，在世界范围内造成经济不均衡的行为，破坏了全球整体经济，应当受到理性经济人的共同反对和抵制。

美国国债的产生及扩大

美国国债规模不断扩大，可以认为其已经多次逾期，但其仍以不断调高上限、借新还旧的方式在维系。那么在这场无限延续的游戏中，谁受益了，谁受损了？这场货币的游戏又会如何收场？由于美国的强大和先进，美元在全世界范围内被普遍接受，美国之外有多少美元储备，美国国内就有多少美元负债。正如前面章节所述，当下流通的货币有三种，分别是契约货币、存款货币和贷款货币。如果国外储备的是美元纸币或者是存款货币，那么这部分贷款就是美联储发放的；如果是贷款货币，那么这部分贷款就是商业银行发放的。无论是谁发放的，都有对应的负债。由于美联储只能对美国国内的主体放贷，而商业银行可以对国外主体发放贷款，可以推断，美国之外的外汇储备除了国外主体向商业银行贷款而取得的贷款货币，其余部分都是经由美国国内主体向美联储或商业银行借款而来。美元（包括契约货币、存款货币和贷款货币）在国外留存的越多，美元债务就越大。即使国外留存的美元回到美国，只要没有用于削减美联储和商业银行的贷款，而是被当作存款，美元债务就不会减少。由于货币的发行只有出借这个唯一的手段，人们用商品换到的美元都有对应的主体向美联储和商业银行的负债，这就从根本上决定了总有主体来承担这笔不断扩大的美元债务。美国政府作为美国国内重要的美元使用者，在美元不断对外输出的过程中成了主要的美元借款人和债务人。

美国的国债不断扩大，美国国会不断提高债务上限以维持在其不发生违约的情况下，有人简单地用国债总额除以美国人口得出每个美国人平均负债多少美元的结论，这完全是无稽之谈，因为国债是美国政府的负债，与美国人民并无法律责任上的直接联系。相反，由于美国国内的民主政治、健全法治和严格监督，可以看出美国政府属于非享受型、造福型、非劣质型、非低效型及克制型政府。美国联邦政府举的债没有用于自身享受，而是送给了他人，他人用取得的货币对外采购商品。从政府手中拿到货币或商品的人是最终的受益者。按照我们前文对债务人类型的分类，美国政府属于利他消耗型债务人，它的负债扩大代表着美国人民享用商品的数量在增加，是有利于其本国人民的。

相较于美国政府债务，部分国家中央政府和各级地方政府的债务不断提高，尤其是地方政府债务及地方政府平台的债务已经到了不可复加的程度，有的已经出现多次违约。上文中提到的政府债务扩大的五大因素在这里同样适用：在这些国家，政府人员对社会资源的享用、政府服务的低质量以及政府服务的高收费已经成为共识。同时，部分政府服务的数量多，提供的基础设施也多，这些都是政府债务不断提高的主要因素。这些政府可以被认为属于享受型、劣质型、懒惰型、造福型、非克制型政府。如果要降低债务规模，就要减少公务支出、提高服务质量、增加服务数量、减少低回报的基础设施建设、提高税收及收费标准，这些是所有债务人都可参照的举措。

如果美国政府不增加税收、提高收费、加大罚款，那么它的债务就会不断扩大，其上限就会不断提高，使美国人民用政府借来的货币在全世界采购并用于享受。美国政府债务的扩大有两种方式，一是向美联储和商业银行借款，从而致使出借人扩表，进而带来通货膨胀的后果。二是向其他已经持有美元的主体借款，最典型的就是向其他国家的政府借款，而这些美元都是其他国家通过商品换取的。

债权国的政府用本国人民通过辛勤劳动产出的商品换取了美元，而这些美元都是由美国政府、企业和人民凭信用从美联储或美国商业银行借出来的，债权国将换取来的美元又借给了美国政府，从而持有了美国国债。可以这么说，债权国用实实在在的物品或服务换取了美国的国家信用，再用这个国家信用二次换来了美国政府的信用。由此可见，美国将自己的信用用到了炉火纯青的地步。

美国国债的发展及终局

美国联邦政府的债务规模如果要实现缩减或者维持稳定，美国应提高国内的产值，打破贸易壁垒和技术封锁，且提高政府的收入，让国际货币可以完成循环，让国际经济可以实现均衡，让世界贸易可以实现公平。对于美国政府而言，在快速出售商品、收回美元、清偿债务的方式中，挑起战争，制造他国对军火和高科技产品的需求，从而增加出口可能是最为快捷的方式——这一点应该受到全世界人民的抵制。

美国联邦政府的债务规模如果不断扩大，则可能有五种结果。一是美元的国际使用不断扩大，美国持续享受。全世界的产能不断提高且人们使用美元的程度不减少甚至扩大，那么美国政府债务的扩大并不会损害美国的利益，美国只是用印出的纸换取了全世界的商品，然后把负债记在了联邦政府的名下。二是美元衰退，持有美元者受损。当世界的产能不足或各国减少使用甚至不再使用美元时，美元就会贬值，甚至变成废纸，持有美元的人就会利益受损，美国在美元贬值后出售少量商品换回美元，清偿债务。三是美国联邦政府衰退，债务清零。当美国国会不再允许美国联邦政府举债时，将无人再向美国联邦政府借款，包括美联储、美国商业银行，那么美国联邦政府就会宣布违约，甚至破产，并宣布对全部债权人不再清偿债务。四是通过战争手段或利用各种借口向个别国家或特定债权人宣布不再对债务进行清偿。五是与债权人达成债务重组，债务人被迫进行债权减免。

美联储、美国联邦政府和美国联邦政府债权的持有者对结果可能各有偏好。美联储和美国联邦政府本质上是一体的，或者说是具有高度关联性的，它们的偏好顺序是“第一种—第四种—第五种—第二种—第三种”。而持有美国政府债权的他国政府或主体的偏好顺序是“第一种—第二种—第五种—第三种—第四种”。

IMF 普通提款权和特别提款权的本质

我们在前文已经分析过，银票铺户所发行的 2.0 版本的凭证货币以及商业银行所发行的 5.0 版本的存款货币本质上都是前一版本货币的凭证。我们来回顾一下 2.0 版本的凭证货币和 5.0 版本的存款货币的发行过程：铺户将实物货币收入自己的仓库，为实物货币的提供者开具自己的储存凭证，商业银行将中央银行发行的契约货币收入自己的仓库，为提供现金的人开具自己的银行存单。人们用储存凭证和存单在市场中进行交易。我们以此进行推理：如果有一个跨越国家的国际组织将黄金或者各个国家所发行的货币收入自己的仓库，并为提供黄金和货币的各国政府开具自己的凭证，那么情况会怎样呢？这样的凭证因为有黄金和各国货币的支持而具备了信用，人们接受并使用这个凭证来进行交易完全符合逻辑和情理，那么这个凭证就成了国际版的 5.0 版本的存款货币。

现在，我们来看看国际货币基金组织（IMF）的普通提款权。当一个国家加入国际货币基金组织时，必须按一定的份额向该组织缴纳一笔资金，我们称之为份额。按照 IMF 的规定，认缴份额的25%必须用黄金或可兑换货币缴纳，其余 75%须以本国货币缴纳。当成员国发生国际收支困难的情况时，有权以本国货币抵押的形式向 IMF 申请提用可兑换货币。提用数额分五档，每档 20%。申请条件逐档严格，第一档最为宽松，一般只要提出申请便可提用，其余四档为信用提款权。

其内在的逻辑是，IMF 收入各国存入的黄金或货币，为各国提供了普通提款权，这个普通提款权可以向其他国家主张货币交易，即进行国际贸易。虽然普通提存权没有以纸币的方式向我们展示，但其本质和原则与我们分析过的 3.0 版本的凭证货币和 5.0 版本的存款货币完全一致，我们可以将这个普通提款权视为一种新型 3.0 版本的凭证货币和 5.0 版本的存款货币的雏形。当普通提款权的使用在认缴的黄金份额之内时，它是黄金的凭证，本质上是 3.0 版本的凭证货币；而当其超出黄金份额时，就是可兑换货币或本国货币的凭证，本质上就是 5.0 版本的存款货币。这个被命名为“普通提款权”的新型货币替代了各国提供的黄金和本国货币，并且可以用于国际贸易，这种新型货币可以被视为凭证货币和存款货币的复合体，只是这种新型货币的使用受到了严格的约束。

我们再来看看 IMF 特别提款权是不是也符合六个版本货币的蜕变晋级逻辑。区别于普通提款权是各 IMF 组织成员国都可以广泛进行的游戏，特别提款权仅供特定的几个国家操持，并且在使用上自由得多。根据 1980 年基金执行理事会通过的第

6631号决议和第6708号决议，自1986年1月1日起，将由国际出口贸易和服务贸易额最高的五个基金成员国的货币组成特别提款权货币篮，以后每五年调整一次，该五国货币被定为可自由使用的货币。2022年5月11日，国际货币基金组织执董会完成了五年一次的特别提款权定值审查，维持现有特别提款权篮子货币构成不变，即仍由美元、欧元、人民币、日元和英镑构成，并将人民币权重由10.92%上调至12.28%。五个特定国家按照特定的比重将自己国家的货币存放到IMF，以换取IMF提供的相应金额的特别提款权，这个特别提款权可以向基金组织申请兑换其他参与国可自由使用的外汇，也可以通过与其他参与国达成协议的方式兑换为等值的他国不可自由使用的外汇，还可以经基金组织批准后用于基金成员国与非成员国之间的其他相关金融业务，包括但不限于远期贸易付款、特定的贷款、国际金融结算、国际金融业务保证金、基金利息与红利支付、赠款等。如果说普通提款权是一种新型5.0版本存款货币的雏形或者是凭证货币和存款货币的复合体，那么特别提款权已经是完整的新型5.0版本的存款货币了，它不再要求任何的黄金份额，完全建立在可自由使用的外汇之上，只不过这种新型的存款货币并没有被称为货币，而且仅供少数几个国家的政府使用。

沿着货币演变的历史路径，我们有理由期待IMF普通提款权和特别提款权的拓展与优化，同时有理由展望国际6.0版本的贷款货币的诞生，期待国际通行货币的创设能够消除强国通过货币对弱国进行的掠夺和收割，对此我们将在后面的章节进行具体的探讨。

第十三章

美国的金融强国之路及其弱点

一个国家强盛的根本意义在于其国民需求能够在很大程度上得到满足，即国民可以得到足量的物品或服务。在平等的金融制度和国际贸易制度下，一国的强盛在于其强大的生产能力，尤其是能够生产出别国生产不了的物品或服务，以此换取大量的别国产品和自然资源。金融强国有两层含义：一是金融服务好实体，即货币保障交易，让国家需要的产能得到提升；二是金融掠夺，即用货币换取商品，让国家需要的产品只凭信用发行的货币就能从别国换取。

美元已经成为国际通用商品，这是美国的第一波获利

前文我们说过，货币在其流通范围内就是一种商品。当一国货币只在本国流通时，无论商品与货币在国民间如何流转，国家的整体财富都不会因货币而增减。但当只是凭借国内信用而发行的货币流出国内，并被其他国家留存时，因进口而流入国内的商品就是纯粹的财富增加了。

美国用黄金、石油以及强大的政治、文化、科技、军事等优势实力，建立起了美元的地位，美元被其他国家广泛储蓄和使用。只要多 1 美元留在美国之外，就相当于美国多免费占有了别国价值 1 美元的商品，其代价就是美国中央银行的资产端多了 1 美元的债权，美国国内某社会主体多了 1 美元的债务。

当世界人民不再怀疑美元的使用价值时，美元就是商品，就是黄金。美国一直抗议中国对其具有巨额贸易顺差，实则是得到了实惠的国家正在喊冤叫屈。真正受益的是美国，受损的是中国，因为中国输送给美国的是能够实际享用的商品，是实实在在的劳动成果，而留存的美元只是美国凭借国内社会主体的信用发行的纸张。

用更少的美元去交换别国资产，这是美国的第二波获利

一个国家的商品和资源通常用该国的货币进行定价，当美国人用美元购买时，先要通过该国货币和美元之间的汇率换算成美元价格再进行交易。当美元和该国的货币汇率不变，同时该国的资产用本国货币计价的价格也不变时，等额的美元能够换取的该国资产量也不变。当美元汇率升高或者该国资产以本国货币计价的价格下降时，等额的美元就可以换取更多的资产。美国用美元换取别国资产已经是无成本的财富占有，但美国并没有满足于此，它还想用更少的美元去换取更多的别国资产。美国用尽手段使美元走强，同时制造别国危机，使别国资产以该国货币计价的价格下降。当到达极限时，美国再用美元购买大量资产，以实现更大程度的财富掠夺，这对其他国家来说是一种灾难。

趋利避害是人类最普遍的本性，美国的货币掠夺战完美演示了《孙子兵法》中的“能使敌人自至者，利之也；能使敌人不得至者，害之也”。美国惯用的手段是通过加息引导全球美元回流美国。由于美元发挥着世界货币的职能，各国纷纷以美元为锚发行本国货币，各国货币发行人也都以美元储备作为自身的信用背书。当美元回流美国时，他国市场中的本国货币通过换取美元而回流到本国的货币发行人体系，此举会造成他国市场的流动性不足，用于市场交易的货币变得珍贵，资产价格自

然大幅回落。如果美国发现货币、经济、市场的手段还不够有效，则会利用文化、政治、军事等多元手段制造各种不安定因素，促成目标国家的动荡，以此迫使美元逃离目标国。美国正是通过“诱之以利，胁之以灾”的策略，使目标国的货币价格和资产价格被双重打压，为美国人利用美元占有更多该国财富创造了黄金坑。

举例说明，近年来，土耳其里拉对美元的汇率持续走低，一家美国的跨国公司原本就对土耳其市场有兴趣，但由于之前土耳其里拉汇率较为稳定，以美元计价的投资成本相对较高，因此一直未进行大规模投资。然而，随着土耳其里拉汇率的下跌，这家美国公司发现，用美元收购土耳其的某些资产，如工厂、房地产或企业股权变得异常划算。2023 年，收购同样的资产所需要的美元金额仅仅是 3 年前的 1/5。

美国政府对外国进行借债，这是美国的第三波获利

如果说美元外流是美国对其他国家的第一次利益剥夺，即用美元换资产，而通过汇率操控和对他国资产定价的打击完成低价收购是美国对其他国家的第二次权益剥夺，那么美国政府对他国举债就是美国对其他国家的第三次权益剥夺。

前文我们说过，货币的背书来自向货币发行人取得贷款的借款人承诺，人们持有货币是因为其相信货币发行人对借款人的考查和选择，即相信了货币发行人对借款人的相信。具体到美元，美联储相信美国政府以后能够提供服务以换取美元进

行偿还，从而购买美国国债并完成美元的货币发行。他国政府和人民相信美联储的专业与担当，也相信美国政府会如约提供服务、偿还债务，同时基于美元在国际上受到的广泛认可，开始用商品换取美元并进行储存，形成了自己的外汇储备，以期这些外汇储备可以在未来从美国或其他国家购买所需商品。

但美国政府并没有能力按期向美联储清偿全部债务，在此情况下，只能扩大债务，要么向美联储继续借款，要么向其他美元持有者借款。当美国政府选择后者时，本质上是对自身信用的再一次贩卖，同样是承诺将来如期偿还本息。

购买美国国债的人相信美国政府有能力赚取美元并按期还本付息。很少有人会想，美元本身就来自美国的信用，或者准确地说来自美联储的债务人信用。持有美元的人现在又将美元基于美国政府的信用再次借给美国政府，本质上是对违约者的再次信任。

不得不说，这是美国政府对自身信用进行运作的极致，也是美国政府利用自身优势剥夺世界资源的更高深手段。

如果美国政府宣布废除债务，这将是美国的第四波获利

当美联储购买美国国债从而发行美元时，美联储希望美国政府可以按预期提供服务、偿还债务，这是对美国政府的第一次希望以及美国政府的第一次信用使用。

当他国政府进行外汇储备时，其希望未来可以用这些外汇从美国购买自己需要的商品和资源，这是对美国政府的第二次希望。美国政府的信用被放大延伸了。当他国政府将自身的外汇储备用于购买美国国债时，对美国政府的第三次希望产生了，即美国政府可以按期筹得资金对自己还本付息。美国政府的信用被第二次放大延伸了。

当美国政府实在无法清偿债务时，它只能宣布违约，而且极有可能是针对个别债权主体宣布违约。这时，对这个债权人而言就是三次希望的全部破灭，也是美国政府信用的彻底瓦解。但实际遭受损失的还是这个债权人，美国政府通过对自身信用的运用完成了对这个债权人彻底的剥夺。

这种失信并不意味着美国信用及美元信用的完全崩塌，美国人可以利用其政治、文化、科技、军事等全方位的优势向世人宣告，这种失信的原因不在其自身，而在于债权人，从而完成对弱肉强食的社会达尔文主义的验证。这种结局也许不可避免，或正在推进，相关债权人国家应该警醒。

通过强大的生产力抑制货币政策副作用

无论是为了低价收购他国资产还是防治经济过热，当美国加息时，同样会产生贷款减少、储蓄增加、债务成本高企、投资减少、银行压力增加、消费减少等副作用，综合来看就是经济受到抑制。这种抑制可以通过失业率、人均收入等指标反映出来。

但正如前文所述，经济增长的根源在于生产。对于产能的增长，货币只是其中一个环节，更多的是依赖法治环境、教育水平、科技创新能力等其他非货币因素——美国在这些方面可谓优势占尽。特别值得一提的是，实业部门的非债务融资能力受到加息的影响较小。美国拥有发达的资本市场，优质企业很容易获得直接融资，从而有效避免了加息对产业投资的影响。

美国通过先进的生产力为经济增长提供充足的源动力，给货币政策留下了巨大的发挥空间，使其可以通过货币剪刀差更好地剥夺他国权益，造福本国。

需要指出的是，科技的进步是有限度的，也是艰难的。美国的先进生产力对货币政策的支撑也是有限度的，无节制的掠夺性货币政策必然会突破美国综合国力的极限，最终给美国自身经济造成无可避免的伤害。

新型美元难题和出路

在布雷顿森林体系之下，美国面临“特里芬难题”，布雷顿森林体系的崩溃注定只在于时间早晚。时至今日，美元早已不与黄金挂钩，却又面临着新的难题。在当前货币体制下，要保持美元的世界货币地位，美元就要大量净输出，美国就要保持国际贸易长期逆差。而长期的贸易逆差所流出的货币都是美国国内主体尤其是美国政府向美联储举债而来的，这势必造成美国国内主体债务尤其是美国政府债务的不断扩张。而债务的不断扩张就是变相的违约，违约就会造成美国政府乃至美国国家信用的破坏。当美元只能通过美国政府和美国国内主体的借款而发行时，美元信用与美国政府和美国国家信用直接挂钩，美国政府和美国国家信用的破坏会导致美元的世界货币地位受损。要保证美国政府的信用，就要保证美国政府债务不违约，就要美国实现贸易顺差，这又会使美元无法大量留置在国外而发挥世界货币的作用。美国政府和美国的国家信用既是美元国际化的推手，又是美元国际化的拉手。

新型美元难题是美国国家信用不受破坏和美元国际化不可兼得，具体表现为美国不可能同时实现贸易顺差和贸易逆差。新型美元难题是“特里芬难题”的变种，本质都是“美元使用量和美元含金量不可兼顾”，是量与质之间的矛盾。在美元与黄金挂钩的时代，美元的内涵是黄金，“特里芬难题”的根源在于美国乃至全球的黄金储备不足以支撑海量的国际贸易。而在信用货币时代，信用替代了黄金，人们不再寄希望于以美元向美国换取足量的黄金，而是寄希望于以美元换取足量的国际商品。新型美元难题的根源在于美国的国家信用不足以支撑海量的国际贸易。世界上有两种强制力，一是人类内心的强制力，即自愿，二是外在的强制力，即暴力。美元通过与黄金挂钩以及美国的产能让人们建立起接受美元、使用美元的自愿，后续用军事、外交等多重手段维持美元对石油等大宗商品的购买力。但随着国际贸易量的进一步扩张，美国的产能不足以支撑起海量的美元发行需求，靠暴力维持的购买力也终将被人类抛弃。因此，如果美元不改变现行的发行途径和方式，美元的世界货币之路必将终结。

当初美元挂钩黄金不必要、不合理的人为限制已经被取消，但美元的货币发行仍然主要面对美国政府和美国国内主体的限制，这同样是不必要、不合理的人为限制，也是新型美元难题的根源。自信用货币产生后，货币的创造已经由以货币发行人为中心演变成以借款人为中心，货币的信用由借款人的信用决定。如果美元要真正承担起世界货币的大任，就需要美联储和美国商业银行打破只对美国国内主体特别是美国政府发放贷款的传统路径，将贷款对象扩展到全世界范围内的各个政府和非政府经济体。此时美联储变为全球贷款人，也成了全球的中央银行，美元也就成了真正的世界货币。对于美国来说，此举将彻底解决美元难题，实现美元使用量和美元含金量的兼顾，代价就是放弃利用美国国内主体借出来的美元去无偿换取他国商品的特权。

美国关税乱拳的根源正是美元的“新型特里芬难题”

2025 年 4 月初，特朗普政府开启了对全球的关税讹诈，震动资本市场和世界经济。

特朗普宣扬的“美国多年来遭遇不平”“美国长期受到剥削”并不成立，因为美国用自己印的纸轻松换取了别国人民辛勤劳动的成果，而这些纸的购买力在不断下降。同时，美国将这些纸借回去循环使用，还限制别国用这些纸换取美国的高科技产品，形成了实质上的剥削。

抛开这个层面不谈，就算美元不贬值，也不限购，有真实而全面的价值，那么，在国际贸易中，你交钱我交货，货款两清，每一笔支付都是双方自愿平等的交易，并不存在所谓不公或剥削。

另外，我们要看到，在加征关税的背后，是一个深层次的、根本性的问题，这是包括中美两国在内的世界各国都必须要面对和解决的重大现实问题。这个问题就是：在当前货币制度和货币体系下，美国的债务危机和世界的流动性危机两者必选其一。

无论特朗普如何解读、如何处理，美国产生了长达 50 年的连续性的、普遍性的、大规模的国际贸易逆差都是不争的事实。

与此同时，经济全球化带来的广泛的国际贸易，需要海量的货币作为支撑。由于美国产生了贸易逆差，美元源源不断地从美国国内流向世界各地。美元无疑承担起了世界货币的职能。

货币从哪里来？中央银行是货币之母，借款人是货币之父，两者共同创造了货币。至于美元从哪里来，很多人说，美元是美联储凭空印出来的——这个说法是不准确的。事实上，美元是美联储向市场主体借出去的。并且，在美元的所有借款人之中，美国政府是最主要的借款人。美国政府通过财政赤字将美元带出美联储，带入美国市场，美国市场再通过贸易赤字将美元带出美国，带到全世界。

那么，问题来了。借款是要还的，美债与日俱增，总有发生债务危机的那一天。美国政府要想偿还债务，就要收回美元，这就给世界带来了两个问题。

第一个问题是，美国政府的收入从哪里来？解决之道无非是从节流和开源两个方面。在节流方面，美国是高福利社会，政府的开支是巨大的。特朗普指派马斯克领导政府效率部，正是在节流。在开源方面，前文我们已经说过，美国正在从关税入手。但加征关税遭到了美国民众和世界的反对，并不是一个长久之计。

第二个问题是，如果美国政府消除了财政赤字，美国真的实现了贸易平衡甚至贸易顺差，大量收回了美元，清偿了债务，全球贸易所需要的世界货币从哪儿来？经济全球化所需要的充裕流动性从哪儿来？事实上，美元作为美国的主权货币，需要美元借款人的信用作为支撑，而借款人的信用又需要以借款人自身的生产能力作为支撑，即以自身的产品和服务来换回美元，清偿债务。但是，美国的生产能力根本支撑不起全球贸易所需要的美元，尤其是在美国政府作为主要借款人的情形下，美国政府的收入更是无法平衡其开支。

以上两个问题综合在一起，就是“新型特里芬难题”。布雷顿森林体系下，美元与黄金挂钩。由于黄金存量有限，“特里芬难题”表现为“美元的数量与美元的含金量不可兼得”。布雷顿森林体系解体后，美元与借款人的信用尤其是美国政府的信用挂钩。由于美国的产能尤其是美国政府的产能有限，“新型特里芬难题”表现为“美元的数量与美元的含信用量不可兼得”。当前货币制度和货币体系下，“新型特里芬难题”不可避免，会引导美元走向两种可能的路径。一是回归之路，即美元大量撤回本土，回归主权货币本位。二是扩张之路，即美元继续扩张，继续冒充世界货币，美国政府债务负担越来越重，最终信用崩塌。两种路径最终的结局都是美元失去世界货币的霸权地位，可谓殊途同归。

美国关税乱拳的根源在于美国政府债务负担过重，所以要增加税收。而美国政府的债务负担过重又源于美元的世界货币地位。因此，美国的关税乱拳根源正是“新型特里芬难题”。加征关税解决不了这个难题。如果加征成功，美元就会走向回流之路；如果加征不成功，美元会继续沿着现行的扩张之路前行。特朗普朝令夕改，原因是没有看到美国经济的病根，只能头痛医头，脚痛医脚，病只会越治越乱。这样只会加速美国政府的公信力崩塌，加速美元霸权的崩塌。因此，要想从根本上解决“新型特里芬难题”，就要建立真正意义上的世界货币，我们将在后文中进一步讨论。

美国经济的弱点

美国实业及金融的虚实兼备、全面过硬是其世界霸权的根基，但美国经济也有其弱点。政治是经济的基础，经济弱点的根源也是政治。美国的强大源于其民主政治。可以说，美国霸权的根源是民主。按照中国《易经》和《道德经》的思想，任何事物的正面都必然有其反面，高度民主使美国国民享有高福利，致使美国国民过度享受。在部分美国国民低产出而高享受的情况下，只有两种方式可以维持现状：一是美国国内高税收，即对多产出的美国国民进行剥削，但这又被其民主制度所限制；二是在国外搞霸权，即对美国国外民众的产出进行剥夺，而对外剥夺除了战争的方式就是上述的金融方式。现行货币大都通过政府举债的方式发行，这会造成政府债务的不断扩大，而这正是美债不断提升上限的现实。

在现有的货币体系下，美国政府债务规模不可能实现缩减或良性循环，不断扩大是其宿命——这就是美国经济的弱点所在。根本原因不在于美国政府无能、不作为或高消耗，而在于两点。一是国际化的美元被大量储存在美国之外，而美元发行主要面对美国国内主体，相对应的负债必然被记在美国国内主体的名下，这是货币发行制度的不科学和不均衡。这一点，我们将在第十五章“现行货币体制的主要问题”第二节“货币供应端结构性失衡”中进行详解。二是美国国民的高享用低产出受到美国政府福利的庇护，所产生的债务最终主要被记在了美国政府名下。

如果不对美元的发行进行制度性的改革，美国经济的这个弱点将导致的可能结果我们已经在第十二章“国际货币关系”第五节“美国国债的发展及终局”中进行过分析。对于美元体系或美国整体而言，要解决这个问题，就要正视当前货币制度发行不公正、不均衡、不合理的现实，将货币的发行对象普及至全部社会主体，而不是主要通过中央银行对政府发行货币和商业银行对优质客户发行货币的方式进行货币投放。这一点实际上已经在近些年美联储实施的量化宽松货币政策之中得到了实践和验证。只是这种实践是被动的探索行为，因为在这之前没有扎实的理论基础和逻辑推理，美国也是抱着探索和试验的心态。我们通过分析发现，这是完全应当实施的，正因为其符合科学原理，才取得了巨大成功。美元作为世界货币，还应对国外主体进行货币发行，即允许国际经济主体直接向美联储举债以获取美元，这样才能有效减轻美国国内主体特别是美国政府的债务。关于这一点，我们已经在本章的“新型美元难题和出路”一节中进行过详细论述。

当然，广泛的授信并不代表可以忽视授信对象的信用资质。如果取得货币发行的主体没有如约提供产能，就会造成货币过剩——这一观点我们已经在前文进行过分析。对于那些产能不足的社会群体，从公平正义的角度看，根本不应该享受太好的生活。在美国民主体系下，普遍的民众低产出、高消费是不合理的社会现状，应当得到纠正，否则美国终将被民主反噬。

对于社会弱势群体，美国政府理应提供基本的公共服务和民生保障，没有理由也无法要求他们提供对应的产能。这一部分负担应由美国政府通过税收的方式进行解决，以实现能力强的人对能力弱的人的扶助，这是人类社会性的表现。

对于美国之外的他国政府来说，要想在与美国的竞争中取得优势，就需要在美国没有克服自身弱点之前，集中力量攻击其弱点。在金融方面与美国竞争的关键在于针对前文提及的“美国对世界的四波收割”制定和实施应对方案，包括防范被美国针对性违约，避免过度对美国政府借款，维护本国资产价格，稳定本国货币汇率，减少对美元储备的依赖，最终打破美元在世界范围内的通用商品地位，这无疑是一个艰难而漫长的过程。而在主动出击之前，首先要避免自己的失败，正如《孙子兵法》所言，“先为不可胜，以待敌之可胜。不可胜在己，可胜在敌”。对此，我们将在下一章进行分析。

第十四章

现行货币体制下各主体的应对策略

世界范围内现行货币的体制是通过人们不断实践演化而来的，是建立在经验之上而非理性之上的。经验的产物必然包括利益争夺，其中的既得利益者拥有绝对的话语权并精心维护和争取自身的利益最大化。但人类文明在不断进步，更多的理性被纳入我们对社会制度的改造，以改善经验产物的先天缺陷，避免单纯的利益驱动给人类社会带来的伤害。适者生存，物竞天择。对于具体主体而言，无论是国家、政府还是个人，都应在尊重历史和现实的同时，对不完善的规则和不合理的体系提出挑战，努力实现并维护自身的利益。

国家应保证货币独立与稳健

国家的主要目的是在国与国的关系中维护全体国民的利益。当一国国内主体用本国货币换取了国外的商品，国外主体也可以用此种货币来换取本国的商品时，就是平等的。如果货币被交换出去之后留在了国外，对本国而言，就是单方面占有了国外的商品。因此，一个主权国家想要争取本国利益的最大化，就要做到以下两点：第一，避免对他国货币的过度储备和对他国国债的过多持有，以防止因他国货币的购买力下降以及他国债务违约而给自己造成财富损失。第二，避免本国货币对他国货币的依赖，要深刻理解本国货币的价值根源在于本国的商品供应，而不在于与强势货币挂钩；要在全世界范围内更广泛地促进本国货币的流通，并且想方设法将本国货币留在国外。这种留存要么是他国的外汇储备，要么是他国的贸易用款。当然，如果这样，本国中央银行的债权就会变大，对应的就是本国国内主体的负债无法偿还。

对于货币的稳健性，法治环境的打造是最根本的。法治的本质就是不允许任何权力超越法律、破坏法律，尤其是不允许强权主体特别是政党主体、政府部门等公权力做出违法行为。法治的最大特征就是为人们提供未来的可预期性，法治环境下的货币自然具备更高的安全性和稳定性。法治可以为国民提供最大程度的自由，人民在自由的环境下有更好的创造性和积极性，同时广泛的交易自由会让人民的需求得到全方位、深层次的满足，经济从而具备了充足的活力之源。而法律的根基在于民主，法治建立在民主政治之上，实施广泛而科学的民主是一个国家的强盛之本。

在法治的根基上，需要进一步深刻认识到经济的根本在于产能，即生产力。要通过教育、科研、创投等全方位的举措，大兴实业，尤其是发展新兴产业，让本国货币有充足的购买品类和购买数量。物品或服务是真正的财富，也是国家强盛的具体依托。国家在发展新兴产业的同时，还要兼顾传统产业以及农业的生存和发展。货币的循环建立在各经济部门均衡的发展之上，传统产业的败落会造成国民需要的基本物品或服务的短缺，也会造成经济失衡和循环中断。

中央银行应控制货币发行量

在当前货币体系下，中央银行作为间接货币发行人，首要的任务就是保证货币币值稳定。所谓的币值稳定，是指货币购买力稳定，即货币使用量与交易商品量保持同步升降，以此保持物价稳定。

当市场中的货币过多时，要将货币回笼到货币发行人处，即将货币吸收进中央银行或商业银行；而当市场中的货币不足时，就要加大对外借款，完成货币投放。增加货币量一般是通过向市场主体贷款的方式，而减少货币量一般是通过加息的方式。当中央银行向政府或商业银行放贷，商业银行向社会其他主体放贷时，市场中的货币量就会增加。中央银行通过规定货币拆借利率，可以将货币吸收，使其回归货币发行人体系。当然，货币发行人出售已经持有的债权，就相当于减少了对社会其他主体的放贷额，这也是货币发行人回笼货币的主要方式。

中央银行直接向政府购买国债，政府手里的货币就用于流通交易了；中央银行向商业银行购买国债，商业银行取得的货币就可以向其他社会主体发行了。所谓回购、逆回购等常规、非常规货币政策工具，通俗地讲就是对债权进行买卖以及放贷、收贷。在当前货币体制下，中央银行应该更新自己对货币的理解认识，按照本书所描述的货币分类方式重新对流通中的货币进行分类和管理，以提高货币政策的准确度和有效性。同时，中央银行还可以充分引入人工智能和大数据等先进科技，辅助货币政策的研究和决策，避免中央银行出现“信息茧房”和货币政策顾此失彼。

中央银行在充当货币发行人角色的同时，更多地扮演着货币公共政策制定者、执行者的行政部门角色。要充分认识到在现行货币体系下，商业银行才是货币发行的主要力量。同时作为商业机构，商业银行天生以营利为目的，对于中央银行的政策理解和政策落实很容易出现误差变形。中央银行既然无法直接实施具体的金融服务，就要下大工夫狠抓商业银行和政策性银行对中央银行货币政策的落实。

商业银行应精选放贷对象并争取存贷联动

正如前文所述，经济的良好运行，依靠借款者能够如约提供商品并偿还债务；如果不能，就只能依靠其他人的产能进行补偿。商业银行作为商业机构的一员，对外发放贷款时一般不会考虑社会整体的经济效益，而是追求自身利益的最大化，也就是要追求借款者的还本付息——这与经济发展的要求完全一致。在现行货币体系下，商业银行作为以营利为目的的公司组织，在完成政府指示任务的同时，无须过多考虑公平性、普惠性，而是要追求在一定成本投入下的利润最大化和收益最大化。因此，寻找优质客户进行放款就是最佳策略。何谓优质客户？贷款金额大、付息意愿强、坏账风险小就是优质客户的主要特征，这也正是目前各商业银行使用的标准。

商业银行的利润除了服务费，主要来自存款和贷款之间的利差。在存款准备金制度下，一定金额的存款产生后，需要留存一部分作为准备金，剩余的大部分可以用于贷款，从而产生利息收入。如果借款人将借取的货币留在贷款银行的账户内，或者借款人对外支付的收款人账户也开设在同一家银行，那么这部分货币又形成了存款。基于这部分存款，商业银行就可以再发放贷款。存款准备金制度限制了贷款要少于存款，但经过“以贷引存”的方式，可以达到对存款的重复利用，从而扩大利息收益。

政府应做好统筹者和兜底人的角色

政府是全民的代表。在推进经济增长的同时，维护公平、促进公益、实现均衡和可持续是政府的重要职责。

经济增长的标志就是货币用于商品交易的数量得到提高。为了实现这一点，一是要有丰富的商品可以提供，这就需要政府大兴教育、科研，同时最大限度地允许人们为社会提供物品或服务。二是要让已经持有货币的人愿意交出货币以换取商品，让没有货币的人愿意申请贷款用以对外交易，这就需要政府守法，严格在法律规范下行使公权力，以保障人们自由、自主、自强的最大化。同时，政府应在医疗、养老等重大民生领域提供足够的保障，解除民众对重大不确定事件的隐忧，增强民众的安全感和安定感，降低民众的存款意愿。我们看到越是法治体制健全、社会福利体系优渥的国家，民众的消费意愿就越强。三是扶助有需求而无能力的社会弱势群体，他们必要的需求得到满足也是人类社会性的要求和体现。政府通过社会财富二次分配的方式，将富人多余的货币和购买力转移给穷人。穷人用于交易以完成消费或者投资，同样可以增加货币交易量。同时，他们的需求得到满足，也是经济增长的一部分。

政府除了作为公共政策制定者和公共服务提供者，还是最重要的经济主体。政府可以通过加大自身债务的方式扩大投资，尤其是对投入大、周期长、收益低项目的投资，以提升货币使用量，直接推动经济增长。

政府还可以加大对外汇、黄金以及其他重要战略资源的持有，通过与中央银行等货币部门的良性互动，增强货币稳健性。

总之，政府应当做的就是那些满足国民真实需求，但其他经济主体无利可图、不愿意做或者没有能力做的事项和工作，发挥国民经济安全网和兜底人职能。

个人财富密码

对于个人而言，目标是非常单一而明确的，即实现货币持有量的增长。通俗地讲，就是“努力赚钱”。总的来说，获取货币的方式有两种。

第一种方式是借。按出借人的不同又可以分为两种。一是从货币发行人处借入货币，即向中央银行和商业银行借。在当前货币体制下，只有商业银行和政府才有资格向中央银行借款，非商业银行、非政府的普通社会主体只能向商业银行借款。二是民间借贷，即向非中央银行、非商业银行主体借入货币。用借的方式获得货币无疑是最轻松和成本最低的方式，但有借就有还，还本付息是借款人的负担。借来的货币如果用于直接消费，那么只是对未来货币的提前支取，并不能产生更多货币。而只有用于交换和投资，才能得到更多的货币。

第二种方式是交换。按交换物的不同又可以分为三种。一是用自己的劳动去交换，即出售自己的物品或服务，或者说是出售自己的时间和劳务——这是普通工薪阶层都在做的事，俗称“打工”。二是用别人的一般性商品去交换，即出售别人生产的产品或提供的服务，俗称“做生意”。关于货币与商品进行交换的原理，我们已经在本书第六章“财富的本质及财富的价值计量”以及第七章“商品的价格”中进行过论述。我们应尽量寻找那些对我们商品的价值感受度高而对货币的价值感受度低的对象进行交换。当然，选择那些能产生大规模销售的商品和模式，用微小的单位价差和庞大的销售数量赚取金额较大的总差价也是行之有效的策略。三是用特殊的金融产品或具备金融属性的商品去交换，俗称“投资”。区别于一般性的产品和服务，金融市场和资本市场中诸如股票、期货等权益类产品与金融衍生品以及房产、能源等具备金融属性的特殊商品，因其交易规模、价格波动、交易便捷而成为通过交易获利的最优选项。

在当前货币体系下，对于普通社会主体来说，赚钱的秘诀是努力提升自身信用，通过向商业银行申请或民间借贷的方式，以尽量低的成本借取尽量多的货币，用借来的货币换取商品和投资品，然后再用这些商品和投资品换回更多的货币，用这些货币再换取更多的商品和投资品，以此实现货币的循环增长。我们通过交易得到货币，在归还借款后多出的部分就完全属于自己了，可以用于满足自己关于衣食住行和娱乐等方面的真正需求。

中间这些过渡性环节的商品和投资品包罗万象，可以是别人的产品、劳动力，包括天然的或法定的各类实物和权利，当然也包括名目繁多、结构复杂的金融产品。用于经营的商品和投资品无论种类如何，基本要求都是具备可期待的价差，这样才可以通过买入、卖出换回更多的货币。这种价差可以通过变换一个空间来实现——可以是等待一段时间，可以是包装整合之后变卖，也可以是找到对货币需求度低的富人。通俗地说，就是要持有可以溢价出售的商品和投资品。判断的基本逻辑还是看商品和投资品的供给量与需求量。当然，如果你选择的商品具备做空机制，操作起来就更加方便了，只是这时的价差来自先卖后买，而非做多机制下的先买后卖。

总之，获取货币的密码就是对未来的正确预期。若你持有那些在未来社会中需求会增长的商品，未来你就可以换取更多的货币。或者你可以借取那些价格会下降的商品然后卖出，未来再用少量的钱将其买回来进行偿还。当我们对价格涨跌的预期成功率高时，我们可以称之为“投资”；当这种预期的成功率低时，我们可以称之为“投机”。通过借入、交换、归还、结余的方式赚取货币的前提就是要对未来有准确的预见。如果你没有这样的能力，那么努力为社会提供物品或服务吧！毕竟，高收益意味着高风险，做生意和做投资需要承担损失本金的风险，做一个安分的打工人是大多数人的人生选择。而且，打工并不意味着低收入，在各个行业，“打工皇帝”并不少见。

如果你选择用劳务赚钱，这当然是国家、社会都应大力提倡的方式，因为人类财富的根本来源是劳动。如果人人都以交易的方式赚钱，市场中就没有可供交易的商品了。此时你取得金钱的方式在本质上就是出售你自己的才智、时间、劳动甚至外貌。根据前文提及的关于商品的价格形成机制，你首先要选择那些对货币的价值感受度低而对商品的价值感受高的行业和雇主，即那些不在乎金钱而注重人才的行业和雇主。要知道，同样的人在不同的行业和不同的雇主那里，工资可能完全不同。同时，你要通过学习和训练努力进一步提升自己的客观价值，增加自己的稀缺性，还要想方设法提高自己的社会美誉度和行业认可度，以提高雇主对你的主观价值感受度和主观价格。当然，当你需要货币做这些时，你可以先借入货币，以保障学习培训或者增加自身设备，使自己有更好的服务能力，使自己的服务更受期待。这样，你就能以更好的价格出售自己的服务，换取更多的货币。

我们习惯探讨企业的商业模式，以评估企业的盈利能力。对于我们个人而言，是不是也应立足自身的资源禀赋，去为自己规划一个更容易获取货币的人生商业模式呢？社会中有一种观念认为，一个人获得幸福的关键是做自己喜欢的事并以此为赚钱的手段。但如果你追求的是赚更多的钱，那么找到一个更容易赚钱的方式或许比从事自己喜欢或擅长的工作更重要。毕竟，在合法的前提下，无论你通过什么方式所赚的钱，用起来都是一样的。而在不同的行业、不同的赚钱方式中，赚钱的机会和效率有着明显的不同，甚至差别很大。所以，有些人说选择比努力重要，方向比速度重要，平台比能力重要。

第十五章

现行货币体制的主要问题

理想货币的四大天职是便利交易、稳定币值、推动经济和维护公平。自现代金融制度建立以来，各种金融危机、经济危机层出不穷。面对复杂多变的经济现象，经济学界既无法准确预测，也无能力有效应对。建立在经验之上的现行货币体制存在诸多先天缺陷。

政府、中央银行、商业银行的职能交叉

在整个金融体系中，参与主体主要有货币政策制定人、货币政策监管人、货币发行人、货币经营管理人和货币使用人，这五个参与主体的根本职能不同，应该予以更加专业化的分工，将货币政策制定权、货币监督问责权、货币创造发行权、货币经营权、货币使用权进行分设。这样可以实现“裁判员”“运动员”的分离以及“运动员”的专业化、差异化发展，有利于国家货币管理的科学化、高效化、公平化和公益化。在当前世界各国的货币体系中，普遍存在着分工不清、职能交叉的现象，政府的货币政策制定和监督功能在很大程度上被让渡给了中央银行，同时政府作为借款人和货币使用人担当了运用财政政策、参与市场交易的重要职能。中央银行作为货币发行人被赋予了制定货币政策、监督政策实施的政府职能，具备了货币监督问责权。同时，中央银行为了增强自身信用和调节货币供应，还亲自下场，作为货币使用人直接进行外汇和黄金等商品的买卖，而商业银行作为以营利为目的的商业机构，则同时被赋予了直接的货币发行权和货币经营权。

1. 货币发行人与货币经营人职能交叉

现代中央银行的根本职能是发行货币，并对与借款人共同创造出来的货币进行管理。由于货币已经完全演进为信用货币，创造货币依托借款人的信用，借款人在尚未为社会创造财富的情况下，从中央银行取得货币用于市场交易。货币的创造对于借款人来说是透支未来，对于中央银行来说是投资未来。借款人的消费为市场带来了需求，借款人后续的财富创造为市场提供了物品或服务的供给，因此货币创造和收回是经济运行的发动机。货币发行的目的不是收取利息，而是保障市场交易，激发生产潜能，推动经济增长。只要货币完成了发放和收回，经济就得到了维护和促进，货币发行的职能就完成了。中央银行的目的不在于收取利息，而在于对外发放贷款并完成回收。同时，货币按法律规定在全国范围内流通，货币创造关系到全体国民的切身利益，需要有专业的部门专门实施。

在现行货币体制下，中央银行的货币发行职能并不直接履行，而是通过商业银行——依靠其自身的利益诉求和独立评判选择借款人，对外发行货币。中央银行实际上失去了选择借款人的权力——如果它想要实现具体的货币目标或者想要向特定的行业和领域发行货币，就只能通过货币政策工具将货币导入商业银行，再由商业银行自主运用。中央银行货币发行的根本职能得不到直接高效的实施，中央银行的责任和权力不相匹配，其责任大于权力。

银行用公共货币发放贷款的重要之处在于，公共货币的供应不再是由国家或中央银行决定的，而是由众多私人贷款决定的。在拥有庞大银行体系的资本主义经济体中，创造货币的主权实际上已经被私有化了。①

2014年英国中央银行发布了两篇关于货币性质的文章《现代经济中的货币创造》（*Money Creation in the Modern Eeonomy*）和《现代经济中的货币：简介》（*Money in the Modern Eeonomy*: *An Introduction*），这两篇文章对许多主流经济学家来说都很有启发。英国中央银行的经济学家证实，现代经济中的大部分资金都是由私人银行提供的贷款创造出来的。此外，英国中央银行强调，这“与课本中描述的一般顺序正好相反”。在此我们需明确一点，即这不是某几本教科书的失败，而是几乎所有经济学教科书的失败。这导致的结果就是，经济学学生仍然在被灌输一种错误的货币理论。②

商业银行是公司，其根本职能应被界定为经营货币而非发行货币，即对存量的货币进行经营管理。但现实中，商业银行却承担了主要的货币发行职能。在保证金制度下，商业银行可以在没有存量货币的情况下对外发放贷款，本应是经营货币的主体实际上行使着创造货币的权力。商业银行的权力大于责任。同时，对外发放贷款并完成回收是商业银行盈利的手段而非目的，推动经济增长也不是商业银行的职能。

商业银行营利的正当性在于其为社会提供货币的经营管理服务。当信用货币是通过借贷和信用而发行时，货币不再是黄

---

① ［英］玛丽·梅勒．货币的真相［M］．李宏佳，张维懿，译．北京：中国社会科学出版社，2022.

② ［英］安·佩蒂弗．货币权力［M］．远读重洋，译．北京：中信出版社，2022.

金白银等实物，而是已经从私人财富演变成公共产品。货币发行已经从私营权力演变为公共权力，利用货币的创造来营利是不道德的，甚至是不符合自然法的。亚里士多德的斥责应当引起人们的重视："货币是以交换为目的而被发明出来的，通过利息来增值是违反其本质的。"

同时，以营利为目的的商业银行也无法完全胜任货币发行人的角色。

2. 货币政策制定人和监管人与货币发行人职能交叉

一国的货币政策制定应着眼于整体经济的均衡发展。在确保提供货币平等权的同时，货币政策应该针对国民经济发展现状，区分重点发展的经济部门，预测未来经济发展态势，科学研判货币投放和收回的领域、规模、期限、利率等要素，而不能仅仅着眼于货币发行人自身的业绩和利益诉求。货币政策的制定权应属于代表人民行使权力的国家最高权力机关，以保证货币政策对全体人民负责，受全体人民监督。

有权力就应有监督，失去监督的权力必然成为谋取私利的工具。有责任也应有监督，失去监督的责任必然致使不作为和乱作为。对于货币发行和货币经营的监督权也应当属于代表人民行使权力的国家最高权力机关，或至少也应由独立于货币发行人的政府来行使。如果将这种货币政策制定权和监督权赋予中央银行，就相当于任由货币发行人实行自我管理和自我监督，这种内部监督必然是低效和低质的。在现有货币体系下，货币监督问责权由中央银行执掌，国家最高权力机关和政府的货币监督问责权被架空了，货币政策的科学性、高效性、公平性和公益性被严重削弱。

在现行货币体制下，中央银行作为货币发行人，实际上行使着本应由政府或者国家最高权力机关行使的货币政策制定权和货币政策监督权。在许多国家，中央银行还被设置为政府的一个分支机构。这种既当“裁判员”又当“运动员”的做法，一方面使中央银行无法专心从事货币发行和回收工作，另一方面又使其无法超脱地制定和实施独立于货币发行人的货币政策。

3. 货币政策制定人和监管人与货币使用人职能交叉

货币使用人应当凭自己的劳动成果在市场中换取货币，或者凭借自己的信用向货币发行人借取货币，而借取的货币必须要通过自己未来的收入进行还本付息。政府也是货币的使用者，也是和其他国民经济单位一样的经济主体，并且是最大的、最重要的经济主体和货币使用人。政府要获得中央银行的贷款，也应通过为民众提供公共产品和公共服务而取得税收与费用，并以此进行债务偿还。货币发行人对政府进行贷款，应当与向其他经济主体贷款一样，充分考量政府的服务能力和创造能力，确保其可以按约还本付息。

在现行货币体系下，许多国家的中央银行隶属于中央政府，中央政府又担任着货币政策制定人和监管人的角色。在中央政府面前，中央银行发行货币的独立性丧失。这就带来了一个天然的问题，即让一个特定的货币使用人去实际控制一个货币发行人，很可能会让货币发行失去科学性、公正性和公益性。货币政策制定人和监管人、货币发行人、货币使用人三者的立场与利益存在着根本的不同、冲突，三者的混同容易造成公器私用。可能正是为了避免这种嫌疑，中央银行的货币发行才被设置了层层限制，比如法律规定中央银行不得直接向政府发放贷款。但职能交叉才是根本的问题，错误的解决问题的手段只会让错误更严重。

4. 货币发行人与货币使用人职能交叉

货币发行人的根本职能是充分而深刻地考查借款人的信用，选择那些能够在未来为市场提供所需物品或服务的借款人，并根据借款的具体情况决定贷款金额、期限和利率。包括政府在内的货币使用人应准确判断社会需求，充分利用货币整合资源，组织生产要素进行财富创造。尤其是政府，在为民众提供公共物品或服务的同时，应充分发挥自身规模大、公信力强、生命周期长的优势，着眼于国民经济大局，在那些重大民生项目、重大基础设施、重大安全部门等投资大、周期长、回报低、敏感度高的经济领域发挥主力军的作用。

无论是政府还是其他经济主体，无论所投资的项目是何种性质，只要从货币发行人处取得贷款，都应保证能够按约足额还款。这是货币稳定的基础，关系到全体国民和全体货币持有人的利益。包括政府在内的全部市场主体都应将主要精力放在增强自身产能上，这是推动经济发展的力量源泉。而货币发行人除了提供货币发行，并不具备生产产品或提供其他服务的能力，货币发行人应专注自己的本职工作。

正如我们在第十章“货币与经济的关系”第九节“货币发行人直接对外购买、出售商品的影响”中所描述的那样，在当前货币体系下，货币发行人通常直接对自己发行货币，并使用货币在市场中购买商品，这超出了货币发行人专营借款的业务范围，容易造成货币秩序的混乱和对主营业务的干扰。正如我们在第四章“信用货币的本质和逻辑”第三节“信用货币的本质和三层信用”中所讨论的那样，货币发行人的信用本质上是中介信用，源于对借款人的平等对待和严格考查。货币发行人的职能是保证有产能者皆能得到借款，同时保证借款人皆能还本付息。货币发行人没有必要为了增强自己的信用而储备资产。至于调节市场中货币供应量的职能，完全可以交由政府部门、商业银行或政策性银行实现，而中央银行只需负责向这些货币借款人和货币使用者进行货币投放与回收。

货币供应端结构性失衡

在现有货币体制下，通常只有政府、商业银行才能向中央银行举债。虽然向商业银行举债的社会主体相对普遍，但商业银行的逐利性致使能从商业银行贷款的主体相对较少，市场中绝大部分主体并不能直接享有货币发行的福利，必须通过自己的劳动才能取得货币。大部分社会主体得不到发行的货币，同时政府的货币承接负担过重，许多政府的债务都在持续扩大。

向货币发行人举债的特定性和局限性对经济体产生了诸多不良影响。第一，这抑制了具备创造潜能的个体利用货币制造产能的机会。例如，一位有法律天赋的年轻人因为要赚钱养家，被困在并不擅长的工厂流水线上。如果可以向货币发行人举债，争取一定时间准备司法考试和实习，他就可以成为一名出色的律师，为社会提供优质的法律服务。

第二，这致使社会普遍需要的货币通过少数主体负债使用才能流入市场，而经济的正常运转需要货币的充足供应。由于发行对象单一，中央银行的货币不能高效顺畅地流入市场，这就是金融史上频繁出现“钱荒”的原因。例如，一个国家某一段时间内经济的增长主要依靠房地产，货币发行主要也是房地产公司承接。一旦房地产萎缩，货币供应就会受阻，大量货币只能停留在中央银行和商业银行体系内。其他社会小微主体无法得到商业银行的青睐，难以获得货币用以经营，经济发展动力不足。

第三，具备举债优先地位的经济主体在自身产能不足或是并不需要资金的情况下可以获取大量资金，造成货币的低效发行、泛滥使用。例如，政府作为主要经济体，为了提振经济，不断向货币发行人借取货币。由于自身产能不足，投资回报不高，国债不断累积，无法偿还，最终只能导致政府信用降低。如果社会其他主体的产能无法补充，还会导致通货膨胀——美国政府的债务危机就是正在发生的实例。商业银行在经营模式和内部考核上有规模情结，对规模企业发放贷款超过了实体经济的有效融资需求；部分企业借助自身优势地位，用低成本贷款所得到的货币买理财、存定期或转贷给别的企业，形成货币空转和资金沉淀，降低了资金使用效率；部分国企、央企在自身并不需要货币来激发和提升产能的情况下，获取了大量的商业银行信贷资金，这些资金要么供自身低效使用，要么转借出去获取利息回报；钢铁、房地产等部分产能过剩和产能落后的行业凭借自身积累起的体量和信誉依然可以获取大量贷款，但因无法适用后续市场需求，造成大量违约和坏账，货币发行人的货币无法实现回收，国家经济遭受严重拖累。这些普遍存在的现象致使货币发行对经济的提振和刺激作用大打折扣，甚至危害国民经济健康发展。

中央银行的货币政策以公益为目的，力求对实体经济进行流动性支持。但中央银行无法对实体经济进行货币发行，只能出台诸多支持普惠、科技等方向的货币政策。直接对社会经济主体进行放贷的是商业银行，而商业银行受限于其作为商业机构的营利属性，在执行中央银行货币政策时必然打折扣或发生变形，致使中央银行的货币政策无法精准发力，只会产生隔靴搔痒、拳打棉花的效果。

权利和义务是对等的，货币发行权对应的是对国民经济发展的投资义务；货币发行机构具有向有产能者发放货币以促进生产、提振经济的义务；货币发行人的第一职能是发现、激活潜在的、被压抑的产能。在现行货币体制下，中央银行将货币发行的工作大部分转移给了商业银行，商业银行变成了货币发行的主要角色。而商业银行是公司，正如美国知名演员鲍勃·霍普所戏称的那样，商业银行是一旦你能证明自己不需要钱，它就一定会借给你钱的地方。商业银行的首要目的是营利而非促进社会生产、增进社会福祉，社会对商业银行的考核也是从营利的角度在进行。我们没有理由要求或期待一个以自身营利为宗旨的机构去履行促进生产力发展、推动经济提升的义务。相反，我们完全可以理解商业银行选择贷款对象时所表现出来的“嫌贫爱富”。而对于货币发行而言，首要且唯一需要考查的是贷款对象有无潜在产能，能否按约定出售自己的商品并取得收入，而不是可以收回多少利息回报。货币发行权的公益功能与商业银行的营利目的从机制上造成了现行货币体系功能错位，这也是货币政策失灵的体制性、根源性问题。

在当前的货币体系下，6.0 版本的货币，即商业银行发行的贷款货币，已经占据主要地位，而商业银行的营利属性决定了金融脱实向虚的宿命，这与货币发行的根本目的，即服务实体经济背道而驰。实体经济就是产出物品或服务的经济主体，货币应当促进物品或服务的提供和交易。而商业银行作为商业机构，并不会将服务实体经济作为第一要务，相反，营利才是商业银行的根本目的。为了营利，就要追求效率。商业银行会将大量货币发行给金融投资或投机机构，而不是实体经济主体，这些金融投资机构或投机分子取得货币后主要通过对投资品和投机品的买卖而获取丰厚利润。此类投资品、投机品的交易行为大都不产生任何物品或服务，对社会并无贡献。例如，如果商业银行将货币借给了房屋开发商，开发商建造了楼盘，就是服务了实体经济。但如果是借给了炒房客，炒房客持有房产后又售出，房屋价格涨了，炒房客赚取了利润，但房屋还是原来的房屋，社会财富并没有真正增长。再如商业银行将货币借给金融机构，金融机构用这些货币持有了上市企业的股权，企业获得了资金并扩大生产，就是服务了实体经济。但如果金融机构只是在二级市场交易，通过做空或做多赚取了利润，社会整体就并没有新增物品或服务。还有一种常见的情形，即商业银行将货币出借给其他银行或非银金融机构，货币仅仅在这些金融机构中循环使用，并没有进入实体经济部门。金融体系内部货币流转产生了利润，看似经济得到了发展，但市场上并没有增加任何产品和服务，这就是货币的空转。为了盈利，就要规避风险、追求规模，因此，商业银行还有一个显著的倾向，就是向那些并不需要货币的优质企业或已经很成功的成熟企业发行货币。此种行为要么会带来货币效率的低下，要么会带来过剩产能的积累。货币发行即贷款的期限也应与产能的收益周期相匹配，对于那些投资金额大、回报周期长的项目就应该发放长期贷款。但商业银行的考核指标决定了其只能进行中短期贷款，短则一两年，长则三五年，无法满足长期产能的发展需要。这会造成货币发行的短视和局限，迫使诸多对经济发展有利、能够满足社会需要但周期长的优质项目只能进行短债长投，疲于资金过桥、借新还旧、债权置换等不必要的融资行为，且一旦形势有变，就极易造成违约和破产。中国大量城投公司的融资用于周期长的基础设施投资，对长远的经济发展具有积极的支撑作用，但所借资金大都来自中短期贷款。当中央政策收紧，无法借新还旧时，大面积的违约必然产生，这是由货币发行的制度缺陷造成的。

在广泛的社会主体得不到及时、充分、与生产周期相匹配的授信和放贷的同时，政府作为主要的授信对象和货币发行管道自然承担了超负荷的货币承接使命。政府只是社会主体的一员，没有理由要求其过度担负推动经济发展的责任，市场所需要的货币也没有必要依赖政府的承接和使用。正是这种不合理的货币体系造成了市场上的“钱荒”和经济的紧缩，与其对应的还有政府负债不断膨胀、财政对经济边际效用的递减。

总而言之，在现行货币体系之下，法律让特定的货币垄断了交易，却没有为交易主体提供畅通的获取原始货币的渠道。货币只向有限的主体发行，造成了制度性的不公。能向货币发行人举债变成了特权和福利，同时让广大有产能的社会主体无法获得原始货币，从而造成货币供应的不均衡，导致局部的钱荒和政府的巨额负债。

货币需求端取得机会不平等

在现行信用货币体系之下，货币已经从实物完全抽离，经由借款人举债而发行，并且以借款人的未来产能作为背书。因此，全体社会主体只要有交易需求且有未来产能，就应当一视同仁地获得向货币发行人举债的权利。

随着信用货币的盛行、经济活动的多样以及不平等信贷政策的持续，人们获得货币的方式较以往更加多样，同时也愈发不平等。有的人通过投资、贸易或中介服务拥有了巨额的货币，他们用轻易获取的货币可以随意地换取其他人的劳动、智慧、产品，甚至健康、生命。绝大部分人俯首劳作，终其一生只能赚取微薄的工资用以养家糊口。有人游手好闲而日进斗金，有人起早贪黑而身无分文。收入的差别不仅取决于其对社会做出的贡献大小，还广泛受到行业、职业、地域等因素的重大影响。金融操盘手用几个指令取得的货币可能是一位诺贝尔奖获得者几十年的收入。有人在流水线上用时间和劳动换取货币，有人从商业银行贷款做生意套利，有人将巨款放在商业银行收取利息，还有人从事天使投资取得超额回报，其中的不公显而易见又似乎理所当然。

人与人之间有天赋和出身的区别，这是人的自然性决定的。但人类的社会性要求我们通过制度设定和人为努力去创造更加公平的社会环境，机会的平等才是最根本的平等。在当前货币体系下，人与人之间最根本的不平等在于获取贷款的机会不平等，显著表现为商业银行出于私利而非公益对不同群众采取不同的放贷标准和利率，这也给社会带来了极大的不公平、不公正。

货币作为公共产品，理应服务于社会整体利益，像阳光、空气和水一样利万物，即所有有产能的人都应该获得借贷，且通过向货币发行人借贷而获利多的人应多缴纳利息。而现实中，商业银行出于对风险控制和盈利规模的考虑，往往向体量大、优质的客户以极低的利率发行货币，而对那些小微、弱势社会主体的正当信贷需要视而不见，这导致严重的两极分化和社会不公，造成货币意义上的马太效应和社会达尔文主义。

货币政策的有效性和精准度缺失

经济已全球化，国内外贸易繁杂，交易信息量大、变化快，中央银行没有力量和手段对交易数据进行全面而准确的测量和评估。加之各商业银行对外独立进行储蓄和贷款，仅凭中央银行和商业银行的资产负债表与存贷款数据无法判断应当投放的货币量。往往是经济困难了就大量发行货币，物价上涨过度了就收缩货币，这些都是凭着经验和估计进行的货币决策，并没有科学的测算和理论依据，所以效果常常不尽如人意。

我们正生活在一个灾难性的货币时代。在这个时代，金融部门肆意扩张，与实体经济的商品和服务生产没有直接关系，实体经济中的生产者和创造者周期性地被“容易获得但利息很高的货币”淹没，并且经常缺乏可负担得起的资金。

中央银行和商业银行的货币政策就是放贷、收贷、加息、降息。通过数据我们可以发现，新投放货币所能产生的 GDP 增量越来越少，发行货币对经济的提升效率越来越低。而收贷的实现依赖借款者的偿还能力和偿还愿意，无法做到应收尽收。加息能够提高储蓄、抑制贷款，但同时也抑制消费、抑制投资，让使用货币的成本过高，这会减少交易，降低经济。降息能够减少储蓄，促进贷款，刺激消费和投资，推动经济增长。但人们选择储蓄还是贷款，并不完全受加息、降息的控制，还受政治、法律、舆论等因素的影响。

货币的购买力持续下降

历史数据表明，即使是经济增长最快的国家，其货币的购买力也在不断下降。自 1913 年以来，美元的购买力也是如此。当时 1 美元被定义为 1/20 盎司黄金，布雷顿森林体系建立时是 1/35 盎司，到今天 1 美元只能购买 1/1300 盎司——随着消费价格指数的提高，美元的购买力随着时间的推移而降低，同样数量的货币购买的商品量越来越少。世界范围内的货币没有能逃脱此宿命的特例，10 年贬值一半属于正常现象。激烈的通货膨胀更是让人瞠目结舌。从 1914 年到 1920 年，德国的物价涨了约 15 倍，委内瑞拉的货币玻利瓦尔则在 13 年间直接贬值约 100 万亿倍。

不论是富裕国家还是贫穷国家，对货币的管理工作都不尽如人意。各国政府和中央银行或许都知道维持物价稳定的重要性，但很少能真正做到这一点。20 世纪 70 年代，美国的物价在 10 年间翻了一番，英国则只用了 5 年时间。1923 年 11 月，德国物价在 4 天内飞涨 1 倍，全年 GDP 下跌 15%。德国的高通货膨胀率极大地削弱了魏玛共和国的力量，同时助长了纳粹集权主义的滋生。过去 150 年的金融史在很大程度上可以说是一段试图维持货币价值稳定但一直遭遇各种失败的历史。各国政府可能存在令本国货币贬值的意愿，这个不争的事实已经在史实中多次得到验证。可以说，几乎所有的纸币，不论政府是故意还是无能，都在不同的历史时期遭遇过大幅贬值的困境，包括大革命时期的法国、独立战争时期采用内陆货币和南北战争时期采用绿背美元的美国、20 世纪 20 年代魏玛共和国时期的德国、苏联解体后的东欧，以及 2008 年的津巴布韦。比这些历史案例稍微缓和一点的，还有很多工业化国家，包括英国等，都遭遇了 20 世纪 70 年代的大通胀困扰。①

---

① ［英］默文·金．金融炼金术的终结：货币、银行和全球经济的未来［M］．束宇，译．北京：中信出版社，2016.

世界范围内各国货币的购买力普遍持续走低，民众对此心知肚明并似乎已经习以为常。货币贬值对普通消费者来说是巨大的损失，它意味着同样的储蓄所能换取的财富更少了。如果你在银行存储了一笔 100 万元的五年期定期存款，取款时才发现这五年间被人秘密盗取了 20 万元，你一定会暴跳如雷并选择立即报警，这样的信息大概率还会登上报纸新闻。相对而言，五年间累计 20%的通货膨胀率却很容易被民众接受，即使这与前者是一样的效果。毫无疑问，通货膨胀就是对全体货币持有者的偷盗，而偷盗者就是那些当初大量借入货币的人，他们要么将以贬值后的货币进行偿还，要么无力偿还，要么根本不打算偿还。

2023 年阿根廷的通货膨胀率达到了惊人的 211. 4%，这是该国自 1990 年以来的最高纪录。在 2023 年 12 月，居民消费价格指数（CPI）攀升至 25. 5%，这是当年其他月份的两倍多。价格上涨主要集中在食品饮料领域，上涨了 251. 3%；其次是家用电器领域，上涨了 231. 7%。同样的剧本在不同的国家纷纷上演。过去几年，土耳其的通货膨胀率一度超过 60%，并在 2022 年达到了 85%的峰值；委内瑞拉经历了严重的通货膨胀，在 2022 年 4 月，其通货膨胀率高达 222. 3%；同月，苏丹的通货膨胀率也达到了 220. 7%。这些夸张而冰冷的数字背后是千万家庭、亿万民众的血泪，持有货币的民众捶胸顿足，而身负贷款的人弹冠相庆。

我们再也不要煞有介事地说“货币贬值也可能带来一些积极的影响，例如，贬值可以提高出口商品的竞争力，促进出口增长，从而带动经济增长。贬值还可以刺激国内生产，增加就业机会，提高国内产业的自给自足能力”。这就好比说，偷盗也有积极的意义，可以让被偷者更加勤奋地工作，从而为社会创造更多的财富，同时，偷盗还给小偷的家庭带来了财富，帮助其解决了孩子上学、父母看病的难题。

资产价格大幅波动

资产的价格是资产与货币之间相对应的数量关系，是人们对货币和资产进行衡量后作出交换行为，进而形成的动态平衡结果。人们根据自身的需求评价资产和货币，无论是资产还是货币，其根本的价值在于满足人们需求的程度。人们对货币的拥有量在一般情况下不会突然暴增或剧减，资产的价格理应根据其自身的品质或紧缺度而发生变化。例如粮食减产，价格自然提升，上市公司有重大技术突破也会带来自身的产品竞争力提升，进而反映在股票价格上。如果人们仅着眼于资产和货币的根本价值，资产价格的变化就应该是理性的、合理的，也就是说，价格的变化应该反映出其对人们需求的满足程度。但现实中，各类资产价格的波动巨大，往往与其自身的品质变化毫无关联，价格变化无法反映或服务于对人们需求的满足。正如前文提到的，2024 年 4 月 9 日，港股中国天瑞水泥的股价在 15 分钟内暴跌；浩森金融科技（03848）上演了“同步剧”，15 分钟内股价跌幅超 90%；升能集团（02459）当日股价腰斩。这样极端的事件反映出资产价格与资产价值的严重背离，也反映出以货币作为财富价值度量标准的巨大不稳定性。

资产价格的大幅波动造成其内在真实价值的失真，对实体经济造成非正常的干扰，对整体社会有害而无利。发生资产价格大幅波动的原因在于投机，而投机是短期主义的行为，其本质是通过货币与资产的交换，在短时间内获得更多货币。货币被人类发明出来，其根本职能是交换满足人们各自真实需求的商品。当交易行为仅仅出于获得更多货币的目的时，交易的性质已经脱离了人们的真实需求。投机者用货币产生货币，然后去换取别人的商品，在此过程中却并没有为社会提供商品，这是违背货币的根本职能的。

若投机者用于投机的货币是通过为社会提供商品换来的，这说明他在过去已经通过为市场提供商品赚取了货币；投机者如果盈利，就只是将别人的货币装到了自己的口袋，对社会总体商品供应量和货币使用量并无影响，只能说是其凭本事赚了钱，似乎并无货币制度上的不公。但如果投机者用于投机的货币是借来的呢？其自始至终也未向社会提供任何商品，只是通过货币与资产的对倒，就拥有了属于自己的货币，就可以直接去购买、享用其他社会主体的劳动成果，这就是货币制度的不公了。事实上，资产价格的暴涨暴跌大都受到海量资金的操控，而海量资金大都源于信贷，即货币发行。

理论上，货币发行的目的是促进生产，而现实中货币被广泛用于投机，这是资产价格大幅波动的根源。因为只有波动，才能实现短期收益，这是投机者所极力促成的。

在公平的制度和社会环境下，资产价格不应有脱离其自身价值的大幅波动——这样的波动只会造成财富的掠夺，对社会生产和商品供给没有任何裨益。我们并不反对投资，但对社会真正有价值的投资是让有产能者拥有货币，从而整合资源，让产能变为现实的商品。投资者通过投资标的自身品质的提升而享有价差，这样的价差对应的是市场上新增的商品或产能，并不是零和博弈下的货币掠夺。

银行挤兑和经济危机无法根本避免

在现行商业银行可以发放贷款的体制下，商业银行对外出具的银行存单远远大于其库存现金，如果发生挤兑，必然造成银行崩溃。各商业银行资产负债表中“现金及存放中央银行款项”科目以及“吸收存款”科目之间的巨大差距，就是商业银行无法挤兑的金额。在不到 50 年的时间里，英国各家银行持有的流动性资产占总资产的比例从 33%左右下降到不足 2%。在美国，2008 年金融危机爆发前，这一比例下降到了 1%以下。

社会上存在一种理论，即不可能出现所有储蓄者在同一时间去取钱的情况，这种观点助长了民众对金融炼金术的迷信。如果说对大量储蓄者的行为进行分析后，发现储蓄者提取资金的意愿是可预测的，那么储蓄余额就可以被银行用作长期的运作资本。但是，如果出现相当数量的储蓄者在同一时间提取资金的情况，那么银行要么对储蓄者违约，要么立刻收回自己发放的贷款，而后者通常会导致借款人紧急出售自己的资产，但回笼的资金往往还不足以偿还银行欠款。①

---

① ［英］默文·金. 金融炼金术的终结：货币、银行和全球经济的未来［M］. 束宇，译. 北京：中信出版社，2016.

由于货币发行人及相关工作人员的私利考量，致使大量贷款无法收回，同时，大量需要货币且具备生产能力的人无法取得贷款，造成经济失衡，货币和商品在不同人群手中集中，无法实现良性循环。生产煤炭的企业员工，因煤炭过剩，无法出售而失业。失业就没有工资，就无法购买企业生产的煤炭，最终没有煤炭取暖，只能受冻。生产牛奶的企业员工挨着饿将无法出售的牛奶倒入河中，这也是经济学课程中关于经济萧条时期的经典画面。这些看似是笑话，却都真实发生过。货币滥发、局部短缺和缺少统筹是造成金融危机甚至经济危机的重要原因。

经济全球化和各国货币分裂化的矛盾日益突出

信息、物流及金融体系的打通使全球经济相互融合、相互依存，人类有着共同的利益，但各国货币当局制定货币政策时，往往只一味注重本国利益，影响货币政策的因素往往是本国就业、通货膨胀率等数据，而没有对其他国家的影响。强势货币和强势国家更是恶意利用自身货币优势，通过各种方式对国外进行没有硝烟的财富掠夺。货币在便利化全球经济、造福人类社会的同时也成了国与国之间、人与人之间相互剥削和掠夺的工具。美国利用自身对全球流通美元的掌控，通过美元的宽松和收缩影响全球资产定价，再通过高抛低吸不断收割生产型和资源型国家。“货币无国界，而货币政策有国界”，这一现状是货币掠夺出现的根本原因。

国际金融大鳄也会兴风作浪，通过操控货币掠夺巨额财富。索罗斯在 1992 年大规模做空英镑而打败英格兰商业银行，在 1997 年做空泰铢而引发亚洲金融危机，这些操作都给他国人民带来了巨大痛苦和深重灾难。国家经济政策同样可能带来本国货币汇率的大幅波动。

对于储备货币发行国而言，国内货币政策目标与各国对储备货币的要求经常产生矛盾。货币当局既不能忽视本国货币的国际职能而单纯考虑国内目标，又无法同时兼顾国内外的不同目标——既可能因抑制本国通货膨胀的需要而无法充分满足全球经济不断增长的需求，也可能因过分刺激国内需求而导致全球流动性泛滥。理论上的“特里芬难题”仍然存在，即储备货币发行国无法在为世界提供流动性的同时确保币值的稳定。[①]

---

① 周小川．关于国际货币体系改革的思考［EB/OL］．http：//www. pbc. gov. cn/hanglingdao/128697/128719/128772/2847833/index. html.

第十六章

平权货币体系的构建原则

在现代社会生活中，交易是最普遍的行为。交易是经济的呼吸，货币是交易的工具。货币是人造的普适物，应该践行“坚持公益目的、保持购买力稳定、维护社会公平、促进经济增长”的原则，充分发挥价值尺度、流通手段、贮藏手段、支付手段以及世界货币职能，进而服务全社会、全人类。随着人类文明的进步，政治平权已经在越来越广泛的范围内和越来越深刻的程度上得以推进，但经济平权尤其是货币平权却很少有理论和实践上的进步。在全世界范围内，贫富差距进一步扩大，货币和金融在给我们的经济带来整体繁荣的同时，也在给我们的社会造成越来越明显的不平等、不公正。一个国家、一个社会的强盛首先源于其科学的社会制度，谁率先把握了货币的规律，建立了完善而高效的货币制度和货币体系，谁就将在现代文明的竞争中占得先机和高地。

设立第四政治权力——货币权，坚持铸币权独立原则

交换是人类社会最广泛的社会活动，货币被用作交换媒介，对国家和人民都具有无与伦比的重大意义。货币是财富的直接象征，每一位公民都有为其交付商品和服务的义务，同时，信用货币是基于借款人信用而发行的，接受货币、使用货币的全体公民都应具备平等的借款人资格。

德国著名经济学家格奥尔格·弗里德里希·克纳普创立了货币理论的国家主义学派，其所著的《货币国定论》是货币思想史上的里程碑。他在书中指出，货币不是仅由市场力量塑造的经济现象，它在很大程度上是由国家法律和制度决定的公共现象。国家通过法律和行政手段确立了某种货币形式（如硬币或公开发行的纸币）的合法地位和价值，货币是“法律的产物”，因此，对货币体系的研究应当被视为政治学的一个分支，而不仅仅是经济学的范畴。

在西方国家，有观点认为在行政权、立法权、司法权之外的第四种政治权力是关于媒体和公众视听的，即舆论权。事实上，即便是在欧美发达国家，也没有具体的法律、法规来解释、

设立第四权力，所谓的第四权力是自然而然形成的。但是无论是从象征性、实用性、功能性，还是从专业性、重要性、普及性上看，货币对人类的影响力都远远大于舆论。美国前国务卿基辛格曾说："如果你控制了货币，你就控制了全世界。"我们可能会遇到很多不关心舆论的人，甚至还会遇到很多不关心、不接触行政、立法和司法的人，但我们极少遇到不关心、不接触货币的人。货币权理所当然地成为人类政治生活中的第四权力，我们相信在第四权力之争中，货币权必然能战胜舆论权，最终被人类的观念和法律认可。我们在此强烈地呼吁各国政府和人民早日将货币权确立为行政权、立法权、司法权之外的第四种政治权力。

货币权包括货币发行权（铸币权）、货币申请权（向货币发行人申请贷款的权力）、货币使用权、货币经营权，国家应通过立法确立货币权。货币发行权立法应包括铸币权机构的产生、运行、监督制约、发行规则等内容；货币申请权立法应包括申请条件、程序、清偿和救济途径等内容；货币使用权立法应包括利息及坏账处置、保障全市场流通、维护币值稳定等内容；货币经营权立法应包括经营者资质、从业机构及人员执业规范等内容。通过系统的立法实现货币发行的民主化、法治化，可以使人民自主掌控货币并形成对货币的充足信心。在信用货币体系之下，货币的发行权由民主产生，发行的货币由全民共担，全民都应享有获取货币发行的同等机会，这样的货币"民主、民担、民享"的思想应当成为世界主流认知，货币发行权不应是少数人尤其是权贵阶层的工具和特权。

为了实现货币功能，货币应该具备易识别、可信赖、可控制的特征。因此，一个国家只能有一个发行主体，且这个发行主体应该独立于任何使用货币的主体，以保证货币为全民所用，而不是服务于任何特定主体。

尤其需要强调的是，货币权应独立于政府，因为政府也是经济社会主体的一员，也是货币使用人，不应享有高于其他社会主体的特权。政府也应通过自身信用获得货币发行，通过自身的产品或服务换取货币并偿还债务。政府区别于其他社会主体之处在于其公益性和规模性，但这并不是其染指货币权的理由。

应通过立法的形式明确铸币机构的两大核心功能，一是保证货币购买力的长期稳定，二是促进生产，推动经济增长。要实现货币购买力的长期稳定，就是要从根本上避免市场中由货币发行人借出的货币没有产生相应的商品，即避免多余的货币留存在市场中。我们将在后面进行详细讨论。推动经济增长，就是要强调货币发行对经济的促进功能，就促进生产力的发展设置考核指标，出台政策举措，而不是现行商业银行实行的将利润作为考核指标。

特设铸币机构，坚持铸币权专有原则

在国家范围内，铸币权是关乎全民的重大权力。为了维护货币的集中统一，铸币权不应外溢。应根据法律规定，在全国范围内建立统一的中央银行机构，专门从事货币发行和管理。

货币发行机构应当通过民主的程序产生，不应有其他机构未经法律授权或以营利为目的直接或变相发行货币，否则将无法维持货币发行的独立性、公益性和专业性。

针对现有商业银行实际拥有的货币发行权，应设定过渡期和过渡方法，使商业银行逐步回归货币经营人的身份。中央银行可以通过购入商业银行持有的发放贷款及垫款进行发行权的置换和回收，从而废除商业银行的准备金制度，没收商业银行的货币发行权。

关于废除准备金制度的建议，早在20世纪上半叶就有经济学家提出过。这是1933年“芝加哥计划”的重要精神，一直得到许多经济学家的推崇，正如杰出的美国货币理论家欧文·费雪所说，“我们可以给银行自由，让银行按照它们乐意的方式提供贷款，但前提是不再允许银行制造这些用于贷款的货币……简言之：将货币国有化而不是将银行业国有化”。

目前流通中的大多数货币都是私营领域的银行创设出来的，这是当今社会在货币管理这件事上最危险的雷区。在其著名的题为《黄金十字架》的演讲中，威廉·詹宁斯·布赖恩声情并茂地提出了金本位——社会大众的需求应该优先于华尔街的需求。但他的这次演讲中有一部分几乎已经被人们遗忘的重要内容：“我们相信铸造和发行货币的权力应该是政府职能的一部分。我们相信这是国家主权的一部分，就如同国家不能把刑罚和征税立法的权力交给个人一样，这项工作同样不能交给私营领域……发行货币是政府的职能之一，银行应该彻底退出管理社会生活的职能空间。”他在说这些话的时候其实有意识地引用了托马斯·杰弗逊于1809年发表的名言：“发行货币的权力应该从银行手中收回，并且返还给人民，毕竟人民才是权力真正的归属。”①

有人质疑通过官僚机构垄断货币发行，会造成经济专制，严重打击自由。这是不必要的担心，因为专门机构的设立是建立在民主政治的基础之上的，由民主程序产生，货币发行机构并不是没有制约、没有考核或者没有救济的最高权力机关，只是行使专门职能的服务机构。

还有人质疑，在风险评估、提供融资方案并进行融资管理等工作中所需要的专业知识和技能无法由单独的机构获得。这更是没有任何依据的担忧——在中央银行体系下完全可以设立多层次、不同类别的附属机构或分支部门全方位开展业务，通过培训达到忠实勤勉、严谨专业的工作水准。既然商业银行系统被认为可以胜任这项工作，没有理由认为中央银行系统无法做得更好。

新自由主义的代表人物哈耶克主张货币的非国家化，倡导自由市场经济，认为货币发行权应该是一种私人权力，而非政府的垄断权力。他提出了“竞争性的私人货币发行”的解决方案，即废除中央银行制度，允许私人发行货币，并认为这样做将结束货币垄断，恢复货币的稳定。哈耶克的观点看到了货币供应应当遵循的普惠性、公平性和市场化原则，却没有看到货币在自由市场中所发挥的价值标尺作用，没有看到自由市场建

① ［英］默文·金．炼金术的终结：货币、银行和全球经济的未来［M］．束宇，译．北京：中信出版社，2016.

立在稳定的秩序之上。如果货币发行人分散、多元，货币种类多样繁杂，必将造成价值标尺参差不齐、交易秩序混乱无章。铸币权专有可以实现市场交易的公平、统一和高效。同时，铸币权专有并不是指政府垄断货币发行，而是指独立于政府的专门机构垄断货币发行。货币发行并不是货币发行机构单方面就能完成的事，还要依赖借款人。货币发行权的垄断并不意味着货币的垄断，恰恰相反，它意味着真正的普惠性、公平性和市场化。通过保障民众享有平等的货币权，货币的供应可实现民主化、市场化、自由化和平权化。类似的主张和观点已经被有远见、有理想的学者提及。

中央银行将专门负责创造新的货币，以支持非通货膨胀性增长。它将直接管理货币的创造，而不是利用利率来影响银行的借款行为和货币创造（目前就是这种情况）。创造货币的决定权将由一个新成立的货币创造委员会（或现有的货币政策委员会）来行使。该委员会将对财政部特别委员会负责。财政部特别委员会由跨党派的国会议员组成，负责监督审查中央银行和财政部的行为。委员会将不再制定利率——利率将由市场决定。要想清除银行创造的债务及其增长的动力，最简单的方法是从银行体系中取消创造新公共货币的权力，或是严格限制它。银行将受到限制，只能做被大多数人认可的事情：把储户的钱借给贷款人。新的公共货币可以由公共货币当局无债发放，直接投入经济中以满足公共需求，而不是银行通过发行债务来创造。[①]

---

① ［英］安·佩蒂弗．货币权力［M］．远读重洋，译．北京：中信出版社，2022.

货币发行人应坚持不自利原则

货币发行权来自民众，其目的也是促进全民福祉。货币发行人只能凭借借款人的承诺，通过出借而完成货币发行。货币的价值根源在于借款人的信用，并由市场中商品买卖的双方商定。正如我们前文已经分析过的那样，货币发行人的本质只是信用中介。

货币发行人不应用自己创造的货币进行市场交易，即货币发行人只应以对外出借的方式完成货币发行，而不应以凭空创造的货币交换社会主体的商品，这样才能保证市场交易行为的对等性和有偿性。商品的价值根据社会需求进行评定，市场主体在交易中完成对商品的价值评定。如果货币发行人自身将货币用于交易，将对商品价值的判断造成破坏。

货币发行人更不能用自己发行的货币去交易商品以满足自己的需求。货币发行是法律赋予的神圣职责。由于发行货币基本没有成本，如果货币发行人可以使用自己发行的货币去交换其他主体的商品和服务，就好比印钞厂的工人用印出的纸币直接去市场购买商品，那是绝对的不公——货币失去了独立性、福利性和公平性。货币在没有通过出借到达其他社会主体手中之前，不能用于交易，更不能用于满足货币发行人的私利，这是严肃的法治问题。同时，货币发行应特别做好与政府的隔离，坚持发行机构的独立性和中立性。

货币发行人也不应利用货币发行盈利。货币发行工作是职责所在，货币发行机构及工作人员是国家公职机构和公职人员，应具备完全的公益性，其运营不能有盈利目的，工作报酬仅限于劳动工资所得，应纳入国家财政预算。至于中央银行对外出借货币所收的利息，应改称“铸币税”，通过立法纳入国家税收系统进行管理。前文我们论述过，中央银行的利息就是中央银行的货币出借服务费，但中央银行的铸币权来自人民，中央银行的货币是凭空制造的，其货币发行服务与其他国家机关提供的公众服务性质相同，其服务费在法理上有着税收性质。

优化职能分工，完善六级货币体系

货币体系的构建是国家建设的重要部分，应遵循民主、平等、独立、专业、制约的原则，科学设计并逐步构建一个集金融立法、货币政策制定、货币政策监管、货币发行、货币经营、货币使用、货币流动于一体的货币金融体系。

第一级，创设货币法律法规、政策的制定机构和监督问责机构。货币问题关系着国家前途命运、人民切身利益，货币的创造和使用必须处于人民的监督管理之下。基于货币权是独立于立法权、司法权、行政权的第四种政治权力，应在代表全体国民的国家最高权力机关中设立专门的委员会，牵头制定货币法律，构建货币组织体系，并为货币政策的制定和货币政策的监管提供常态化的组织保证。

第二级，强化政府机关、司法机关对货币法律和货币政策的行政监督与司法救济职能。政府应在货币法律和货币政策的指导下，充分重视法律和政策的有效实施，设立专门的政府部门对货币发行人、货币经营人、货币使用人进行独立的、中立的、专业的监督问责，以此保障国家货币法律法规、货币政策的高效执行。司法是最后的救济，当社会私权主体认为自身的利益受到货币发行人或相关政府部门的损害时，可以就其不作为和乱作为发起诉讼，货币政策监管人、货币发行人、货币使用人都可以通过司法途径寻求冲突解决。

第三级，回收并细化中央银行的货币发行权。货币的创造发行权专属于中央银行，商业银行发放贷款货币的权力应该被废除，因为发放贷款货币实为国家铸币权。铸币权不应由追求自身利润的商业机构享有，同时，中央银行直接发行货币可以保证其根据自身的职能高效精准地实施货币投放，实现中央银行的责权统一。货币创造发行的本质是透支未来、投资未来，根本职能是推动经济增长。中央银行可以通过设立分支机构、公益性下属单位、政策性银行等方式，加强自身对外发行货币的专业技能和专业能力。中央银行作为公共产品和公共服务提供机构，应区别于商业银行，将货币投放的重点放到那些基础性、长期性、公益性、低收益性项目上，加强对国民经济重点领域、基础设施建设、薄弱环节和社会事业的货币投放，同时深化对社会弱势群体、小微企业、县域经济和“三农”（农业、农村、农民）的信贷支持，弱化利息收益，将促进产能、推动经济作为根本职能，充分担当“国家和国民第一投资银行”的角色。中央银行还要从货币使用者的角色中抽离出来，专职从事货币出借。也就是说中央银行不再向自己借款，用自己创造的货币在市场中进行债权之外的外汇黄金等商品买卖。如果一定要通过这种手段进行信用展示或货币调控，则可以由政府或商业银行作为货币使用人来完成。中央银行根据需要向政府和商业银行出借货币，再由政府和商业银行来完成对黄金、外汇及其他资产的买卖，以此实现货币调控。中央银行将货币政策的制定和监管交给立法机关、行政机关、司法机关，将货币发行权收回自有，将货币使用权，即参与市场交易的权力让渡给政府。通过对这些功能的优化分配，中央银行成为专职货币创造、对外借款、管理债权、统筹信用的专门行使国家货币权的机关。中央银行作为国民及政府的信用考查和管理机关，无须拥有什么资产，其核心价值在于信用管理能力以及实现收支平衡的能力。

第四级，充分发挥商业银行等持牌金融机构的货币经营管理职能。中央银行体系回收现行商业银行的变相货币发行权，并不意味着对商业银行专业贡献的否认，也不意味着商业银行功能的退化，而是要求商业银行回归货币经营管理的本职，专职从事货币的储蓄、出借、投资和结算。废除商业银行的存款保证金制度后，商业银行对外发放贷款必须基于真实的、足额的存款，市场中的货币不再是实为商业银行兑付承诺的贷款货币，而是实实在在的由中央银行发行的契约货币和银行用以替代的存款货币。也就是说银行仍然可以贷款，但存款准备金率必须达到 100%。中央银行可以对商业银行的借款采取特惠政策，通过向商业银行的放贷间接影响商业银行对社会其他主体的贷款。商业银行的对外放贷业务照常进行，只是不再有自主创造货币的功能，其货币来源被中央银行和存款人完全掌握。商业银行与其他货币使用人一样，自主经营、自负盈亏，不再因其自利性动机造成货币发行权的滥用，同时，其在风险管理、财务管理、融资管理、支付结算等方面的专业优势也可以继续发挥。货币经营管理的本质是优化财富配置、促进民间合作，根本职能是实现货币的自由流动。在此基础上，应加大银行的社会财富收容调节功能。商业银行可以根据经济发展需要，直接在市场收购商品进行储备，以实现货币量、商品量的适度调节，发挥稳定物价、稳定经济的助手功能。基金、信托、保险、小额贷款公司等持牌金融机构，也应作为法律特许的货币经营主体，充分发挥各自的专业优势，使货币在不同经济领域以不同的方式进行流通。

第五级，建立健全民间借贷体系。在现行存款准备金制度下，商业银行对外发放贷款依托储户存款，商业银行通过贷款收取利息，储户收取的存款利息正是基于对商业银行贷款利息的贡献和分享。当中央银行对商业银行实行优惠的借款政策后，如果商业银行对外发放贷款不再依托储户的存款，而是依托自有资金或中央银行的贷款资金，储户收取存款利息的基础就没有了。为了实现社会资本的合理分配和利用，国家应加强民间借贷的发展和规范。

第六级，发展壮大资本市场。人们将手里积累的货币用于对外出借从而收取利息，可以实现社会资源的优化，帮助借款人发挥产能潜力，为社会创造物品或服务。但基于债权的货币调配给出借人带来了稳定的收益，容易滋生社会不劳而获和获取无风险收益的习性。利息的收取是对借款人劳动成果的占有，无论借款人产出如何，利息都是借款人的固定负担。而资本市场的股权投资则大不相同。货币持有人与未来产能的拥有人共担风险、共享未来，通过人力、财力的合作，共同为社会创造所需物品或服务，这是国家应当大力倡导的资金运用方式。发达的资本市场可以实现货币的有效运用和再生产、实体产业的资本充实、国家的产业发展等多方面的互惠共赢。

坚持货币普惠原则

货币发行的根本职能是激活社会生产力、推动经济增长，而经济活动来自全部社会主体而非特定主体。货币发行的唯一标准是考察发行对象是否具备潜在生产力。货币应当服务全民而非特定主体，凡有生产能力的人都应得到货币发行的福祉。货币权作为一项极其重要的政治权力，应该为全体国民平等共有。每一位公民、每一个私营部门自诞生之日起，除了拥有一个在公安机关、工商管理部门等政府部门可供认证的法律身份，还应在中央银行设立一个专用账户，国家通过这个账户保障全体公民货币权的实现，使全体公民享有平等的金融可获得性，这是人民货币、人民金融的根本要求和具体践行。

传统的中央银行只向某一特定主体发放贷款，通过购买政府债券、商业票据、接受资产抵押等方式向政府或商业银行放贷，而商业银行通常只对符合其商业目的的对象发放贷款，这与社会主体普遍需要货币且大量产能有待货币激活的现实并不匹配。货币是最宝贵的公共产品，进行货币供给侧改革和金融供给侧改革已是时代所需。

区别于现行货币体系下货币发行只面向特殊主体的方式，在理解了货币的普适性以及借款人信用背书的本质后，中央银行应构建自身全面覆盖的分支机构，发挥基层治理组织的群众基础，将“发行对象是否能够提供未来产能并如期还本付息”作为放贷的核心考量因素，对所有社会主体进行信用评估后再放贷。

首先，此举能实现货币发行权的公平公正，使全体国民都能有机会通过自身信用获得初始货币，用以提升自身产能和发展事业。其次，此举能实现货币的直接投放、精准投放。在现行货币体系下，中央银行要对特定行业进行货币支持，要么通过出台指导政策并依赖商业银行开展业务，要么对政府放贷，通过财政手段进行支持。前者无法产生充分而直接的效果，普遍存在政策失灵的现象，后者使政府负担过重，而受到支持的相关行业主体却没有担负起应有的责任，造成权利义务的失衡。最后，此举能全面推动经济增长。经济增长的源泉在于各个经济单元的产能。产能的激发需要货币调动资源，当货币发行全面覆盖所有产能潜在提供者的时候，经济将被全面激活。现代货币理论主张通过无限政府信贷来增加就业，将货币交换给就业者，达到推动经济增长的效果——这是传统的火车由车头带动的前进方式。当货币发行兼顾全部经济单元时，整个经济就被改造成了动车组，社会的各个部门都能得到适度的信贷，并用所得货币组织生产要素进行物品或服务的创造。

现代货币理论的先进之处在于其试图推动一种真正服务于人民的货币制度，试图打开现代普惠货币的大门。这种先进的货币思想应当受到肯定，但其将货币发行人与政府的功能混为一谈，错误地认为政府并不是货币的使用者，而是货币的发行人，使两者的边界变得更加模糊，加重了政府的权力，同时加重了政府的负担；削弱了货币发行权的行使，同时削弱了货币发行推动经济增长的功效。

现代货币理论在看到现代社会对货币的大量需求之后并没有提出全民信贷的措施，而是局限于通过传统的政府信贷来提供货币供给，企图以政府无限的信用信贷来推动经济，造福人民。这是传统的、认为货币的信用在中央银行和政府的错误观念，没有真正理解现代货币的信用本源在借贷人。

基于现行货币是借款人信用这一本质，我们可以看出，现行的货币已经从实物凭证演变成了信用凭证，货币已经从对过去的财富证明转变为对未来的财富期望，即期望从货币发行人处取得货币的借款人能够为社会提供等值或超值的商品。因此，凡有信用的人都应拥有获得货币发行的权力。

政府在货币发行人面前与其他市场主体一样，也是货币借款人、使用人、赚取人、偿还人。相对于其他经济主体，政府的特殊之处有三点：一是政府体量大、服务领域广、提供的产品多样；二是政府不以自身营利为目的，而以推动国民经济整体发展和保障全民福利为目的；三是政府的收入来源是税收和服务收费，具有垄断性、强制性。除此之外，政府并无其他不同，不应享有特权。作为一个庞大的经济主体，政府理所当然地可以从货币发行人处进行贷款。贷款金额无论多么巨大，也应遵守借款人承诺，即保证按期还本付息。当然，货币发行人可以根据政府贷款项目的特性制定符合项目建设要求的贷款金额、贷款期限、贷款利率。同时，政府可以根据国民经济发展的现状，按照法律规定的程序确定自身提供公共服务和公共产品的价格，即推动制定符合国情的税收制度和收费制度。政府的债务不应没有限度，而应与自身的服务能力、产品能力和收入能力相匹配。

直接通过中央银行实行普惠货币制度带来了一个担忧，即通过信贷获取原始货币的主体不能按期归还会产生大量坏账。但这种担心是没有必要的，因为目前商业银行其实已经在对主要的社会主体放贷，普惠货币制度只是覆盖面更广，对象更全面，待遇更公正。为了防止贷款违约的扩大，国家还可以配套实施利息差异化、中央银行利息冲抵中央银行坏账、专项政府补偿、贷款保险等制度进行风险防范。

货币发行的本质是凭信用创造货币。权利永远与义务相等，中央银行享有货币发行权，同时就有义务让所有具备信用的人可以获得中央银行发行的货币，这也是文明社会金融可获得性的本质要求。对于社会主体而言，在自身有生产能力的前提下，其有权利要求中央银行对其发行货币，相对应的义务就是按约还本付息，隐含的义务就是向社会提供物品或服务。没有救济就没有权利，当中央银行不履行义务时，或者当中央银行与借款者就是否符合借款条件发生争议时，应该赋予借款者就中央银行不批准发行的行为提起复议或诉讼的权利。因为中央银行行使的是公权力，应当接受质疑和监督。若其不作为或乱作为，应当有法律进行约束和规范。商业行为基于平等自愿的原则，可以嫌贫爱富。公权力行为基于公益原则，应当体现公平、公正。

保障货币发行人收支平衡以维护币值稳定

货币如自然界的水，水的循环是为了实现物质的运动。水起作用建立在两大前提之下。一是循环，即不能有死水。对于货币，就是要让其用于商品的交易，服务于人们的生产生活需求。当货币停留在金融体系之内或仅用于投机获利时，货币死水就形成了。二是均衡，即局部不可缺水也不可积水。实现经济部门货币的均衡，首先在于实现发行对象的普适性，以此保证局部不缺水。对此我们在前文第五条意见中已经释明。那么，如何保证局部不积水呢？就是要实现货币总量的适度、可控、可回收。由于部分借款人的违约是必然事件，当借款人违约时，货币被留在储蓄者手里，借款人却没有按约提供商品，货币量就出现了多余。对于发行出去之后不能够回收的坏账，必须通过公众的力量加以填平，即通过其他方式从市场收回等量的货币，以此实现市场中流通的货币量和商品量的均衡，避免坏账部分的货币没有对应的商品而造成市场整体货币购买力的下降。

中央银行应当在忠实勤勉、谨慎管理的原则下完成货币发行，以期达到激发借款人产能、促进经济增长、实现均衡发展的目的。货币从发行人处流入市场，如果借款人能够如数清偿债务，就意味着借款人在付出货币消耗商品的同时为市场提供了商品。即便借款人用于清偿债务的货币是用投资或是用民间借款的方式取得，这些货币也是其他人创造财富的所得。只要货币发行人能够收回货币，市场中的货币量和商品量就能维持平衡，货币的购买力就会稳定。

有贷款就会有坏账，有投资就会有风险。建立在普惠货币制度下的中央银行借款人遍布各个行业、各个阶层。当部分借款人不可避免地产生坏账时，被留在市场中的货币就会相对多余。如果将多余的货币金额从其他人处收回货币发行人处，也可以实现市场中总体货币量和商品量的均衡。我们之前讨论过，货币发行是政治权力，是公权力，是国家公共服务，不应被货币发行人用于谋取私利。货币发行人通过对外贷款的方式发行货币，就会收取利息，这个利息在本质上应属于公权力的服务费，是多出借款人所借取本金的部分，所对应的是借款人生产的商品价格多出所借金额的部分。此时，贷款人对该借款人收回的货币多于当初出借的货币，这意味着市场中流通的货币因利息部分的回收而减少了。但并不是每一笔贷款都可以完成回收，货币发行人收取的利息可以用于填补坏账部分的贷款，从货币发行人的账簿上看，如果其收入和支出是平衡的，市场中商品量和货币量就是平衡的。

国家货币发行人的收支状况是该国整体经济的健康指标。当货币发行人入不敷出时，市场中货币多于商品，会致使通货膨胀；当货币发行人产生大量盈余时，市场中的货币就会紧缺，经济就会有发生通货紧缩的风险。因此，作为货币发行人，其根本职能是保障交易、激发产能、保证币值稳定。收取利息的根本目的不在于自身盈利，而在于保障自身高效运营并弥补发行坏账。货币发行人职能发挥的核心是在维持货币循环的过程中保持自身的收支平衡。请注意，收支平衡是指既不亏损，也不盈利。

货币发行人的收入是贷款利息，支出是自身的运营成本以及不能回收的贷款，这就从根本上确立了货币发行时的贷款利率标准——货币发行人制定的利率应该正好平衡运营成本和贷款坏账。我们将货币发行人对外贷款总量（Total Loan）记为TL，将货币发行人对外贷款利率记为r，将货币发行人无法收回的贷款本金（Bad Debts）记为BD，将货币发行人建立并运营自身体系的成本（Self Cost）记为SC。那么，要从货币发行人源头保证货币购买力的稳定，就要求利率制定符合下列等式。在本书中，由于我们已经将利息区分为发行利息和租用利息，在此称这个等式为发行利率等式。

$$(TL-BD)\times r=BD+SC$$

$$\text{即 } r=(BD+SC)/(TL-BD)$$

货币发行人作为一个独立的法律主体，是金融体系的心脏和货币循环的发动机。正如心脏想要良好运转，就不能缺血，也不能积压血液，货币发行人在货币的流通中也应保持输出与输入货币的平衡。

在这个等式中，我们并没有将货币发行人因揽收货币持有人的货币而支付的利息作为其向市场流出货币的一部分，因为货币发行人的货币主要源于对货币发行权的行使，没有吸收货币的必要。在现行货币体系下，中央银行因商业银行向其存储的准备金而支付利息，商业银行因储户的存款而支付利息，这种行为在本质上是货币经营者的行为，而非货币发行人的行为。我们认为货币发行人没有必要向货币使用人借款。货币使用人如果因各种原因一定要将货币存放在货币发行人处，就应当支付存储费，即实行负利率。至少没有合理的逻辑要求货币发行人向货币使用人支付借款利息。

在当前货币体系下，中央银行和商业银行作为货币发行人，出现大规模的亏损甚至破产倒闭，直接反映出大规模的借款人违约和货币循环的中断——这是通货膨胀发生的根本原因。以美国为例，在很长的时期内，其政府及其他国内经济主体存在贷款坏账、呆账的情况，却长期实行低利率，最终的结果必然是作为货币发行人的美联储和各商业银行的入不敷出与巨额亏损。2024 年 3 月 26 日，美联储公布了其经过审计的 2023 年财务公告。报告显示，2023 年美联储的支出总额较收入高 1143 亿美元，即营业亏损为 1143 亿美元（约 8262 亿元），为有纪录以来最高年度亏损。同时，2023 年 3 月以来，美国硅谷银行、签名银行、第一共和银行相继关闭。美联储的报告显示，美国 700 多家银行由于资产负债表上存在大量浮亏，面临重大的安全和偿付能力风险。美联储和美国商业银行是美国货币发行人，其亏损的金额就是市场中没有商品对应而多余的货币金额，也是美国通货膨胀的源头。

在一些其他国家，与美国情况相反的案例正在发生。这些国家的商业银行规模庞大，利润丰厚，长期保持盈利，实体经济产生的利润大都被商业银行系统占为己有，商业银行无法将这些货币投入市场流通，致使实体经济得不到充足货币来发展壮大，造成市场中的流动性缺失，进一步加剧了通货紧缩的风险。

货币发行人利用利息收入实现收支平衡是维持经济可持续发展和币值稳定的最优方案，因此，中央银行发行货币时收取利息就具备了法律上的正当性和经济上的必要性。中央银行甚至可以根据借款人类型或借款收益等因素的不同而收取差异化的利息，这部分利息应优先用于抵消中央银行坏账，以此实现对中央银行体制下货币总量与商品流通量的有效控制。

如果中央银行无法通过自身力量保持收支平衡，就需要通过公众的力量或政府的力量归还货币发行人的债权。通过外部力量有效消除货币多余的影响，同样可以从根本上消除通货膨胀。如果中央银行自行调节确有困难，应由政府进行坏账补偿——在政府的统筹下，将市场中盈余的货币进行收集并将其归还至发行人，以此抵消借款者坏账的影响。而政府的货币源于税收，我们将在后文进行讨论。当然，也可以建立中央银行货币发行保险机制，由全体借款人共同投保，用以弥补个别借款人产生坏账的损失。

在本书所倡导的平权货币理论下，货币发行是激发社会生产力的基本手段，货币发行人扮演着全民投资人的重要角色。为了追求经济增长，货币发行人必须承担无法收回货币的投资风险。留存在市场中的多余货币由中央银行、政府或保险机构集聚全民的力量进行吸收和消化，这符合国民整体利益。民间借贷机构可以亏损，因为损失的是私有的财富，财富仅仅是在个体间进行转移，既不会影响全体国民，也不会危害整体经济。但中央银行不可以亏损，因为这意味着市场中的货币多于商品，持有货币的民众的利益会受到损害，国家金融稳定会受到破坏。

同样的逻辑，如果货币发行人产生了盈收，也应属于国家，用于为公共利益服务。政府是公众利益的代表，中央银行和其他货币发行人的盈利收入应上缴国库并用于对公共产品和公共服务的采购。

至此，我们已经讨论了从货币发行人的源头防治货币多余和货币不足的原理，但货币在各个不同的经济部门存在“积水”和“缺水”现象的源头可能并不在于货币发行人的整体货币供应，而在于各个经济部门不愿意将货币及时花费出去，也在于缺少货币的经济部门不愿意从货币发行人处进行贷款。人的需求是客观存在的，发展的冲动也是与生俱来的，各个经济部门不愿意花费货币和不愿意贷款的原因在于不敢——不敢消费，不敢投资，不敢贷款，这就涉及社会整体安全感、市场预期、经济信心甚至政治稳定性的问题。这些都不是从货币发行人层面就可以解决的问题，需要从国家整体战略和规划上进行破局、解题。

严肃处置逃废中央银行债务行为

信用货币建立在高度的契约精神之上，正是这样的契约文明为人们提供了高效而可靠的市场环境。可以这样说，社会活动中契约精神的含量决定着经济的质量。普惠货币制度的实行打破了特殊个体享有货币发行福利的特权，同时带来了普遍性违约的风险。

在严肃中央银行发行行为、防止权力寻租的同时，应加大对逃废中央银行债务行为的处理，杜绝过错、过失行为产生的中央银行坏账。对于商业银行贷款或者民间借贷，由于其坏账仅仅造成私权力主体的个体损失，并不会危及经济整体，只需在合同法的范畴下进行解决，将由市场进行自我调节，没有必要通过法律进行特殊规制。

通过国家立法的形式明显区分中央银行贷款、挂牌金融机构贷款、民间借贷三种不同类型贷款的处置方式。中央银行贷款因其关系到货币流通总量、社会契约精神、通货膨胀及紧缩等全民性、整体性问题，应当设置最高响应机制，通过职责考核、刑事追责、行政处罚等多种手段，最大限度地维护国家铸币权的威严。

在许多国家的司法实践中，对于进入司法强制执行阶段的债务，执行难、执行不力、选择性执行、拖延执行等现象较为普遍。表面上看这是司法问题，表现为司法机关对合同中的权利义务不够重视，本质上则是经济问题甚至是政治问题。市场中的债务累累会侵蚀社会整体契约精神，降低社会信任感，提高市场交易成本。强制执行是司法链条的最后一个环节，是当事人到达权利目的地的“最后一公里”。执行不能是司法“烂尾楼”，否则会严重影响法律公信力，破坏社会诚信度。如果债权人是非货币发行人，损失将由债权人承受；如果债权人是货币发行人，由于货币发行人的货币源于货币发行权，货币发行人并没有为所借出的货币付出什么成本，也就没有什么损失，那么不能偿还的债务就会直接造成市场中经由债务人借取并花费出去的货币没有对应的商品提供，市场中存量货币的价值就会被稀释，损失将由全体持有货币的人承受，这会造成信用货币的贬值以及货币信用的破坏。

确立货币特种税收

国家税收的本质是政府公共服务费，特征是具有垄断性和强制性，目的是进行公共建设、扶助弱势群体、推动社会公平、保障经济发展。货币发行的功效对各社会主体来说并不相同，有的个体从中央银行借取货币后会得到极大助力，而有的个体借取了货币，即使努力也可能造成坏账和破产。而契约货币体系下的坏账和破产就是对社会全体的违约与损害，需要用公众的力量加以弥合。

前文我们说过可以通过政府和保险进行弥补，这就要求政府针对货币发行设立专门的税种。中央银行利息是普适的铸币税，除此之外，还可以根据借款人的收益采取超额累进税率制。政府因货币发行而收税，应该和中央银行收取的利息一样，优先抵扣无法偿还的贷款人债务。

作为独立行使货币发行权的机关，中央银行从理论上讲应该可以通过自身经营，尤其是科学的贷款利率制定来实现自身的收支平衡，而不应再由政府等其他外力帮助其维护市场中的货币供应量。但在实际操作过程中，总会出现各种差错——中央银行存在亏损和盈余的可能性，这就需要有补救的途径。当中央银行出现盈利时，盈利部分应当上缴国库；当中央银行出现亏损时，政府也有义务为了市场中货币供应量保持适度而用财政对中央银行进行补贴。

这样的特殊税种安排，既可以保证货币的充分发行，激发社会创造力，增加市场商品供给，又可以使全民共担风险，有效化解必然存在的坏账呆账，避免货币过剩、商品不足所产生的通货膨胀。

事实上，已经有国家进行了法律上的明文规定，即中央银行的利润上缴政府，而亏损则由政府进行补贴。此举本可以从根本上杜绝货币购买力持续下降的问题，却因忽视了现行货币体系下商业银行才是主要的货币发行人这一事实，而使该规定无法在保证货币购买力方面发挥定海神针的作用。例如，《中国人民银行法》第三十九条规定，“中国人民银行每一会计年度的收入减除该年度支出，并按照国务院财政部门核定的比例提取总准备金后的净利润，全部上缴中央财政。中国人民银行的亏损由中央财政拨款弥补”。美国《联邦储备法》第7章“收益分配”中也有类似规定，“联邦储备银行已经超过或将来超过第（A）子段规定的限额的任何盈余资金，应转交给联邦储备系统理事会，转交给财政部部长，存入财政部普通基金”。值得注意的是，《联邦储备法》并没有明确规定当美联储出现亏损时，美国政府必须对其进行弥补。

建立人类统一的财富价值基本单位

如何度量财富是一个困扰人类的历史难题，在如此重大问题上，人类至今没有找到统一的标准答案。度量衡是指衡量的标准，用来测量物体或现象的数值或数量，确定它们之间的比例和关系。度量衡最重要的特征是固定性。从古至今，人们始终用货币作为财富的度量衡。在实物货币时期，主要是对实物重量进行度量。进入信用货币时代，各国都以自己的货币作为度量衡。但货币本身并不具备固定性特征，当下各国货币因其自身价值的波动性也无法提供更可靠的标准。财富的度量衡必须找到稳定、准确、可测量的标准，这个标准既可能是生产事物的劳动时间，也可能是事物含有的物质能量。既然财富的本质是满足人类需求，那么用满足需求的程度来衡量财富或许才是准确、科学的方法，而对需求的测量涉及对人类自身的研究和了解。关于如何构建国际单位制第八基本单位，我们已经在第六章“财富的本质及财富的价值计量”中进行过详细讨论。在这一领域，我们才刚刚起步。

创立世界货币——世界通行的6.0版本货币和4.0版本货币

在现行货币体制下，通过国内立法向本国主体发行的货币却在国际上通用，这种明显不合理的体制会带来先天的运转失控和利益偏差。正是因为各国货币强弱不同以及本国利益至上原则的盛行，强势货币国家对其他国家已经展开广泛的金融掠夺。

要想打破这种不合理，有两种方式。一是两国间的贸易只用两国的货币。如此来往，商品得以互换，即使存在一国货币被另一国大量留存的情形，也只是发生在局部，不会形成世界范围内显著的不公和失衡。二是设立国际货币。国际贸易使用此种国际通用的货币，而不是特定某一国家的货币，以此打破货币霸权和货币绑架。经济全球化是人类实现分工和交换的根本要求，符合各个国家的根本利益。经济全球化亟须无国界的贸易，无国界的贸易渴望无国界的货币，无国界的货币呼唤无国界的中央银行。

创造一种与主权国家脱钩，并能保持币值长期稳定的国际储备货币，从而避免主权信用货币作为储备货币的内在缺陷，是国际货币体系改革的理想目标。超主权储备货币的主张虽然由来已久，但至今没有实质性进展。20 世纪 40 年代，凯恩斯就曾提出采用 30 种有代表性的商品作为定值基础建立国际货币单位“Bancor”的设想，遗憾的是未能实施。而后以怀特方案为基础的布雷顿森林体系的崩溃显示凯恩斯的方案可能更有远见。早在布雷顿森林体系的缺陷暴露之初，国际货币基金组织就于 1969 年创设了特别提款权（下称 SDR），以缓解主权货币作为储备货币的内在风险。遗憾的是，由于分配机制和使用范围上的限制，SDR 的作用至今没有能够得到充分发挥，但 SDR 的存在为国际货币体系改革提供了一线希望。超主权储备货币不仅克服了主权信用货币的内在风险，也为调节全球流动性提供了可能。由一个全球性机构管理的国际储备货币将使全球流动性的创造和调控成为可能。当一国主权货币不再作为全球贸易的尺度和参照基准时，该国汇率政策对失衡的调节效果会大大增强。这些能极大地降低未来发生危机的风险、增强危机处理的能力。①

由于没有一股足够强大的力量可以在世界范围内维护国际货币的信用，国际货币必须采用 5.0 版本的存款货币的形式，即由联合国建立专门机构，以存储各国货币的方式发行替代货币，即国际货币。任何持有国际货币的人都可以向该机构兑换回其要求的任一国家货币。人们持有国际货币也可以进行国际结算，我们可以称这样的国际货币为标准储备货币，其本质上是 5.0 版本的存款货币的国际升级版本。前文我们已经探讨过，现行 IMF 的 SDR 虽然只有几个强势货币国玩家，但已经具备了这种新型货币的特征，我们可以期待它进一步地发展推行。

让我们按照货币形态的历史演变逻辑进行推测，2.0 版本的凭证货币是 1.0 版本的实物货币的凭证，3.0 版本的承诺货币承诺兑换 1.0 版本的实物货币，而 4.0 版本的契约货币打破承诺独立发行，5.0 版本的存款货币是 4.0 版本的契约货币的凭证，6.0 版本的贷款货币承诺兑换 4.0 版本的契约货币。国际 5.0 版本的存款货币是各国 4.0 版本的契约货币的凭证，那么下一步将产生国际 6.0 版本的贷款货币。国际 6.0 版本的贷款货币将在

① 周小川．关于国际货币体系改革的思考［EB/OL］．http：//www.pbc.gov.cn/hanglingdao/128697/128719/128772/2847833/index.html.

没有充足的各国契约货币储备的情形下，承诺可以兑换各国契约货币，再下一步就是打破这种承诺，独立发行国际4.0版本的契约货币。

值得关注的是，当前正在兴起的稳定币，或许能从技术层面和市场化运行模式上对真正意义上的世界货币崛起注入时代动力。当前，各类稳定币大都挂钩于某一特定的法定货币，也仅局限于1∶1的兑付，其价值主要体现在通过区块链等新技术提高便捷性、安全性、隐私性等技术性能。假以时日，我们可以设想，当某一稳定币对应的是全球各国的法定货币，得到了全世界人民的普遍共识和广泛信任，其发行方式由现阶段的通过存储发行，进一步拓展到通过出借发行，那么这一稳定币将是建立在新技术地基上的新型世界货币，其发行主体也可能由政府转变为市场。

当人类文明发展到无须通过武力来维护秩序时，才能说人类真正成熟了。真正文明的人类社会应该建立在契约精神之上，而非暴力统治之下。唯有这样，才能充分体现人类的智慧、尊严和自由意志。契约精神之上的政治是民主政治，经济是市场经济。人类通过缔结契约构建社会，公共的契约是法律，特别的契约是合同，法律是制定人发布的公共契约，合同是订立者之间的特别法律，法律和合同应当成为人类的唯一行动准则。

当人类命运共同体意识形成共识，人类社会建立在对共同利益的追求之上，人与人之间完全平等，理性思考和对理想的追求成为人们内心最大的强制力时，国际专门机构可以摆脱主权国家货币的背书，根据自身对世界范围内各经济主体的信用评定来发放贷款、发行国际6.0版本的贷款货币和国际4.0版本的契约货币。这时，这个国际专门机构就是世界人民的中央银行，其基于借款人的信用独立对全世界的经济主体发行货币，我们可以称之为“世界货币”。

在世界货币体系之下，各国的个人、企业、政府都可以基于自身的信用而获得世界货币的发行，通过自己的劳动为世界提供物品或服务。人们获得货币，要么是已经为社会提供了物品或服务，要么是将在未来为社会提供物品或服务。人与人之间、国与国之间回归物品或服务的交换，没有人可以仅凭借货币发行而享用别人的商品、占有他国的财富。货币仅仅是交换的媒介，不再是收割劳动成果的工具。人类货币体制的民主、自由、公平和正义得以实现。

摒弃了掠夺和剥削职能的货币将回归其交易的根本功能，最终被人类改造为完美货币、理想货币和人民货币。世界货币的实施将从根本上消除国与国之间通过金融而进行的剥削和掠夺，这需要人类理性、智慧和文明的进化，更需要强权国家为了全人类的利益而放弃自身的利益，并用自身的国力和信用为全人类作出贡献。在利益驱动的现实世界里，这种世界货币很难在短时间内出现和完善。但我们坚信，随着文明的进步、人类的成熟，以及生产力的提升，这一公正、公益、理想的新类别货币一定会成为现实。

结　语

本书通过对历史的分析和逻辑推理诠释了货币的本质和运行，对比当前已经存在的传统和新兴的货币理论，本书的观点有力印证了诸多行之有效的理论，同时批判了许多流行理论的肤浅和错误，对现存的诸多经济学困境以及难题进行了全新的分析和解答。作者并不认为科学的理论必须建立在对其他理论的支持或批判之上——经济学应该摆脱雾里看花、自娱自乐的现状，更加务实、准确、有效。

在文明社会中，人与人之间的关系、人与自然之间的关系、国与国之间的关系就是在规则或法律之下的权利和义务之间的关系。本书正是从权利和义务的视角，揭示货币的本质，探索经济的原理，构建货币的未来。人类的历史由人民书写，经济的动力在于人民，财富由人民创造，创造财富的目的也是满足人民的需求。本书立足对货币的理性分析，主张货币权力平等化，致力于构建一个全新的平权货币理论。该理论认为，在货币体系中，所有参与者，无论是个体、组织还是国家，都应该享有平等的权力。货币的创造、发行、使用和管理等各个环节都应该遵循公平、公正和公开的原则，确保每个人的经济权益得到平等的保护。本书主张货币政策的制定应该基于公共利益而非特定利益集团的利益，以实现经济社会的可持续发展。随着经济全球化的加深，货币权力的不平等现象越来越突出，导致贫富差距、金融动荡等问题日益严重。因此，推动货币权力的平等化，有助于实现经济社会的公平与和谐。平权货币理论在现代经济中具有重要的实践意义。

本书创设的平权货币理论立足责权利相统一、权力制衡、专业分工、交易自由等重要原则，基于严谨的逻辑和美好的理想，为推动货币体系之下的各相关方获得平等权利提出了具体可行的方案。通过确立货币权的第四政治权力地位，避免国家和人民对货币权的忽视，同时推动货币权的具体化，实现货币权与立法权、司法权、行政权的政治地位平等。通过普及世界货币，打破强权国家货币对其他国家的掠夺，实现国家与国家之间的货币权平等。通过确立中央银行的独立货币发行权，使中央银行独立于政府等公权力机关，避免政府利用自身优势，出于自身利益滥用货币发行权，实现中央银行与中央政府之间的公共权力平等。通过剥离中央银行对外交易职能，使其回归全社会信用经营者、国民投资银行、专业放贷人角色，杜绝中央银行向自己发放贷款，杜绝中央银行利用自己发行的货币对外进行买卖交易，杜绝中央银行同时履行货币发行人和货币使用人职能，实现货币发行人和全社会货币使用人的利益平等。通过没收商业银行的货币发行权，实行100%存款准备金制度，推动商业银行回归货币经营本职，将商业银行对外贷款纳入持牌金融机构特许经营范畴进行管理，尊重民间借贷利率市场化，实现商业银行与其他非银行营利机构及私营部门之间的货币使用权平等。通过落实货币发行普惠原则，扩大、细化、深化中央银行货币发行工作，使每一个有产能的借款申请人都可以得到货币，实现私营部门之间金融可获得性的平等。通过维持中央银行收支平衡，保证市场货币供应适度，稳定货币购买力，实现借款人与货币持有人之间的利益平等。通过从法律上区别对待中央银行借款人、持牌金融机构借款人和民间借贷借款人，严防借款人利用货币发行普惠原则不劳而获，破坏货币循环运转，实现初始货币获得人与社会大众之间的利益平等。这些建议都是平权货币理论为推动货币民主化、公平化、市场化、平等化而提出的独特见解。

本书作者同时是平权主义经济学的创始者、倡导者和推动者，秉持人本主义思想，将人的需求和满足置于经济的核心地位，认为人的生存质量与生活质量是社会发展最根本的价值，强调人的需要是衡量事物价值的唯一标准，主张经济活动应该以促进人的全面发展和社会进步为目标，同时强调各经济主体之间的平等性、互利性、非掠夺性。通过探讨货币与经济活动之间的关系，力求通过平权货币理论和货币实践最大限度地满足人的需求。本书大力提倡国与国之间、阶层与阶层之间、行业与行业之间、人与人之间在市场经济中平等以待、优势互补、互通有无，用诚实的劳动去创造财富，用自由的交换去分享财富。本书畅想一个在经济领域没有愚昧、没有欺骗、没有压迫、没有掠夺的完美世界。

本书坚信，人类的力量源于对真相的揭示、对真理的探索、对真情的追求，基于理性思考和理想追求的平权货币理论一定能够形成人类共识并造福人类社会。一个完善世界所需的全部品质只是人类的常识和良知，一个完善的货币体系并不难以企及。